U0836064

全国职业教育规划教材·国际贸易系列

国际汇兑操作

主　编　刘文霞

副主编　潘晓霞　符建利

北京大学出版社
PEKING UNIVERSITY PRESS

图书在版编目(CIP)数据

国际汇兑操作/刘文霞主编.—北京:北京大学出版社,2014.11
(全国职业教育规划教材·国际贸易系列)
ISBN 978-7-301-24990-1

Ⅰ.①国… Ⅱ.①刘… Ⅲ.①汇兑结算—国际结算—高等职业教育—教材
Ⅳ.①F830.73

中国版本图书馆CIP数据核字(2014)第232182号

书　　　名:国际汇兑操作
著作责任者:刘文霞　主编
策 划 编 辑:王　莹
责 任 编 辑:王　莹
标 准 书 号:ISBN 978-7-301-24990-1/F·4073
出 版 发 行:北京大学出版社
地　　　址:北京市海淀区成府路205号　100871
网　　　址:http://www.pup.cn　新浪官方微博:@北京大学出版社
电 子 信 箱:zyjy@pup.cn
电　　　话:邮购部62752015　发行部62750672　编辑部62756923　出版部62754962
印　刷　者:三河市博文印刷有限公司
经　销　者:新华书店
787毫米×1092毫米　16开本　17.5印张　415千字
2014年11月第1版　2014年11月第1次印刷
定　　　价:38.00元

前　言

随着中国融入世界经济的程度不断加快加深，中国经济得到飞速发展。目前，中国经济总量已位居世界第二。越来越多的中国企业参与到国际竞争中。据商务部统计数据，2013 年，中国企业的货物进出口总额达到 258 267 亿元人民币（即 41 600 亿美元），出口 137 170 亿元人民币（22 096 亿美元），进口 121 097 亿元人民币（19 504 亿美元），进出口总额不断增加，外汇储备持续增加。至 2013 年年末，国家外汇储备达 38 213 亿美元。面对日新月异的国际经济形势，中国的进出口企业在发展壮大的同时，同样面临着人民币升值、国内物价上涨、银行利率变动、进出口贸易活动风险加大等众多挑战。

如何面对国际、国内环境的变化和企业、产业、行业的发展需求，由大变强，人才是关键。懂经营、会核算、能避险，有危机处理能力和安全贸易意识的应用型人才成为经济社会发展的迫切需要。培养高素质高技能应用型人才的高等职业教育已成为中国高等教育的重要组成部分，承担着为地方经济发展服务的重要职责，如何更好地将培养目标与社会需求相契合，成为本教材编写的出发点。

基于此种情况，本教材在编写思路上，将国际汇兑与操作相关知识与技能要求落实到具体的进出口业务中，在内容的选择和组织上，以实际工作岗位的需要为出发点，以进出口贸易业务中国际汇兑与操作的核心工作为基础，将工作过程领域向学习过程领域进行转换。帮助学生从外贸及相关工作领域的视角，领会掌握国际汇兑与操作的业务要领与技能，提升学习积极性与主动性。

具体而言，本教材努力突显以下几方面的特色：

第一，项目性。本教材内容的选择与组织均来自实际工作岗位的需要和企业、银行的真实情景与案例。教材以国际汇兑操作中最核心的出口和进口业务为基础，即货币汇兑—折算报价—风险防范—贸易信贷—结售汇操作为完整的业务线索，注重实际进出口业务需求，设置【应知目标】【应会目标】【素质目标】【企业典型案例导入】【任务分析】等环节，突出教、学、做一体化。尤其是每个任务的结尾都有【评价考核标准】，提出应知、应会目标的具体化测评点和分值，既有利于教师教学和对课程标准的把握，又有利于学生的学习与自我评价。

第二，前瞻性。本教材的编写者有企业工作经历，在编写过程中充分结合了当前国际汇兑与操作实务工作中的最新实践与规定，利于学生掌握最前沿的汇兑理论知识与实践技能，熟悉领会最新的外汇相关业务政策与要求。

第三，趣味性。本书在每一个任务的开始均选取具体的实际工作情景来导入任务,以问题疑惑为引领,激发学习兴趣,结合具体案例,灵活运用富含趣味性的【超级链接】和【延伸阅读】,诱导学生的立体发散思维,促使其更好地掌握技能,提升理论与实践能力,培养良好的职业素质。

本书可以作为高职高专的教材,也可以作为相关工作人员的培训教材或自学读物。

本书在撰写过程中参考了国内外专家学者的研究成果和著作。本书的编写者都是具有多年教学经验的一线教师,他们凭借丰富的教学工作经验和企业实践经历,为本书的撰写付出了大量的心血。全书共分七个项目,项目一、二、三、四由刘文霞执笔,项目五、六由潘晓霞执笔,项目七由符建利执笔,全书由刘文霞完成编写大纲的制定和修改、统稿的工作。另有郑璐、支程光一起参加了部分材料提供和编写工作。本教材的编写同样得到相关校企合作企业、银行同仁和政府相关机构的大力支持。在此一并表示感谢!

由于我们水平有限,本书难免有错误和疏漏之处,敬请各位读者批评指正。

编　者

2014 年 7 月

本教材配有教学课件,如有老师需要,请发电子邮件至zyjy@pup.cn或加QQ群(279806670)索取,也可致电北京大学出版社:010-62765126。

目　录

项目一

国际汇兑入门

【应知目标】

了解国际汇兑市场的内涵，了解国际收支平衡表的含义与构成，了解国际收支平衡表的编制原理；理解外汇的定义、分类与作用，理解顺差和逆差的意义。

【应会目标】

- 能区分外汇与外币。
- 能通过手机、电脑等现代化手段查询国际收支平衡表。
- 能计算国际收支的各项差额。
- 能通过阅读国际收支平衡表判断顺（逆）差。
- 能简单分析当前中国的国际收支基本情况。

【素质目标】

- 培养团结协作精神。
- 培养亲近外汇的情感和关心国家经济地位的态度。

【企业典型案例导入】

宁波海曙玉楚贸易有限公司是一家主要经营各类家电、灯具、开关等进出口贸易的公司，成立于2008年，注册资金500万元人民币，公司地址位于浙江省宁波市海曙区柳汀街888号，产品销往美国、欧盟、南美、中东、俄罗斯等30多个国家和地区。

2012年9月，公司新招国际商贸专业毕业生小波为公司新员工，主要从事与外贸业务相关工作。工作第一天，国际市场部主管Alice告诉小波，公司与30多个国家和地区的外商都有业务往来，要求小波熟悉中国进出口主要交易国家*的相关行情和当前中国国际收支的相关情况，以正确判断国际进出口贸易相关行情。

---

* 本书所讲的泛指的国家，均指国家（地区）。

【任务分析】

作为一名外贸工作从业者在进行业务操作之前，首先需要了解国际汇兑的相关知识，知道外汇及外汇市场；能结合外部环境对各交易国（地区）的国际收支的相关情况进行分析，判断经常项目顺差和逆差等情况，这都是工作入门的基础。因此，师傅建议先来认识国际汇兑市场，学会正确判断外汇，然后对国际收支和国际收支平衡表进行解读，了解国际收支行情，熟悉与进出口贸易业务相关联的机构，为进一步学习国际汇兑打下良好的基础。

任务 1.1　认识国际汇兑市场

2012 年 7 月，宁波海曙玉楚贸易有限公司以每件 10 万美元 CIF[①] 纽约，和美国商人签订家电产品出口合同。买方应于 2012 年 8 月 10 日前将全部货款通过电汇方式交于卖方，卖方在收到货款后装船。如图 1－1 所示，买方（债务人，美国商人）在规定日期前将全部货款通过电汇交于卖方（债权人，宁波海曙玉楚贸易有限公司），卖方按合同规定和要求按时装船发运。出口国银行收到进口国代办银行的美元汇票后，通知中国出口商到银行收汇。出口商把美元外汇按银行挂牌价卖给银行，拿到人民币，以了结中国出口商与美国进口商的债权、债务关系。

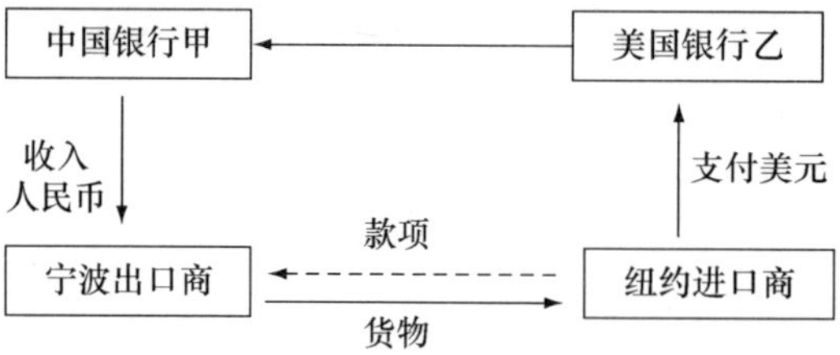

图 1－1　出口贸易国际汇兑流向图

【操作指南】

步骤一：先看国际汇兑涉及的主体与关系，辨析外汇与外币。

步骤二：在了解国际外汇市场后，熟悉外汇管制相关要求。

【相关知识】

一国内部债权、债务的清偿通常是通过收付该国的法定货币实现的，但由于各国都有自己独立的货币和货币制度，一国货币一般不能在另一国流通。因此，国与国之间的债权、债务的清偿，就需要将本国货币兑换成外国货币，或将外国货币兑换成本国

---

① CIF：Cost，Insurance and Freight，是成本加保险费加运费，在《OO 通则》里规定的含义是指由出口商承担货物运输到进口商的保险费和运费。

货币。

一、国际汇兑

(一) 国际汇兑的概念

国际汇兑(International Exchange)是指把一个国家的货币兑换成另一个国家的货币,借以清偿国际间债权、债务关系的一种专门性的经营活动。这种国际间的货币交换的过程称为国际汇兑。

国际汇兑简称外汇,即国际间的债权、债务双方,不使用运送现金的方式,而是通过两国特定的金融机构,借助多种信用流通工具,清算国际间债权、债务关系的一种专门性的经营活动。

国际汇兑也指因办理国际支付而产生的外汇、汇率、外汇市场、外汇管制等安排和活动的总和。

(二) 外汇

1. 外汇的概念

外汇(Foreign Exchange)是国际贸易的产物,是国际贸易清偿的支付手段。外汇即国际汇兑,"汇"是货币的异地转移,"兑"是货币之间进行的转换。国际货币基金组织(IMF)给外汇的定义是:外汇是货币行政当局(中央银行、货币管理机构、外汇平准基金及财政部)以银行存款、财政部库券、长短期政府债券等形式所保有的在国际收支逆差时可以使用的债权。其中包括由中央银行及政府间协议而发生的在市场上不流通的债券,而不管它是以债务国货币还是以债权国货币表示。

外汇的概念有动态和静态之分。

动态外汇是指把一国货币兑换成为另一国货币,以清偿国际间债务的金融活动。

静态外汇又有广义和狭义之分。广义的外汇是国家外汇管理法令所称的外汇。例如,根据国务院于 1996 年 1 月 29 日公布并于 1997 年 1 月 14 日修改的《中华人民共和国外汇管理条例》第一章第三条的规定,外汇是指下列以外币表示的可以用作国际清偿的支付手段和资产:(1) 外国货币,包括纸币、铸币;(2) 外币支付凭证或者支付工具,包括票据、银行存款凭证、银行卡等;(3) 外币有价证券,包括债券、股票等;(4) 特别提款权;(5) 其他外汇资产。

狭义的外汇是人们通常所说的外汇,是指以外币表示的用于国际结算的支付凭证和信用凭证。它包括存放在国外银行的外币存款,在国外能得到偿付的汇票、本票、支票,以及外国政府的国库券和长短期证券等。

2. 外汇具备的要素

作为外汇,必须具备以下三个要素。

(1) 它是债权凭证,即这种支付凭证产生的基础是确实存在的一种债权、债务关系。

(2) 它是自由兑换货币,包括两层含义:① 票面货币为自由兑换货币;② 支付凭证或信用凭证可以在国外市场上兑换成其票面所表示的货币。

(3) 它是一国的外汇资产,能够用以偿还国际债务。

这里应该注意的是:不是任何外币或以外币表示的资产都是外汇。例如,以外币表示的有价证券和黄金就不能视作外汇,因为其不能直接用于国际结算,但当把它变为国外银行存款,能用于国际间结算时,就属于外汇。英镑可以自由兑换和用于国际间结算支付,但它对英国来说是本币,而不是外汇。越南盾对中国来说也不是外汇,因为越南盾虽然是以外国货币表示的,但因其不可以自由兑换,所以不能视作外汇。从形式上看,外汇是某种外国货币或外币资产,但不能认为所有的非本国货币都是外汇,只有那些具有可兑换性的外国货币才能成为外汇。

中国外汇市场上挂牌的外币主要有美元(USD)、欧元(EUR)、日元(JPY)、英镑(GBP)、瑞士法郎(CHF)、丹麦克朗(DKK)、瑞典克朗(SEK)、澳大利亚元(AUD)、加拿大元(CAD)、港币(HKD)、新西兰元(NZD)、新加坡元(SIN)、澳门元(MOP)、马来西亚林吉特(MYR)等。

火眼金睛

外汇与外币不是同一概念,外汇包含可兑换的外币,同时还包括外币表示的支付凭证和信用凭证。不是所有的外币都是外汇。外汇必然是外币,外币并非都是外汇。

超级链接

货币的自由兑换是指政府对一种货币的持有者不设置任何障碍,使其可以按照市场汇率自由地把该货币兑换成另一种货币,它包括经常项目可兑换和资本项目可兑换两种。

《国际货币基金组织协定》第八条款对经常项目可兑换作了具体规定:不得对国际间经常性往来的对外支付和资金转移施加限制;不得实行歧视性的货币措施或多重汇率;兑付外国持有的在经常性交易中所取得的本国货币。经常项目可兑换是指取消对经常项目外汇支付和转移的汇兑限制。实际上,只有发生国际间的交易行为,且必须是属于经常项目下真实的交易行为,才能凭正式的交易凭证购汇支付。可见,一国实行了经常项目可兑换并不意味着本国居民可以自由地将本国货币兑换成外汇。资本项目的可兑换是指国家允许资本项目下的长短期资本自由地流出流入而不加限制,它包括国际直接投资、国际证券投资和国际贷款。

可见,货币的完全的自由兑换具有以下特点:(1) 兑换渠道自由——居民获取外汇有经常项目的交易和资本项目的交易两种渠道;(2) 持有外汇自由——居民所获外汇既可以在外汇市场上出售给银行,亦可以在国内或国外持有;(3) 经常项目和资本项目下交易所需要的外汇可自由在外汇市场上购得;国内外居民可自由地将本币在国内外持有来满足资产需求。

3. 外汇的分类

从不同角度，外汇有多种分类方法，主要有以下几种分类方法。

（1）按兑换限制程度分类，外汇可分为自由外汇和记账外汇。

自由外汇（Convertible Currency）是指在使用时不需要货币发行国批准，可以自由兑换成其他国家或地区的货币，也可以向第三国办理结算支付的外国货币及支付凭证。截至2012年，世界上已有50多个国家或地区接受了《国际货币基金协定》中关于货币自由兑换的规定，也就是说，这些国家或地区的货币被认为是自由兑换的货币。

记账外汇（Agreement of Foreign Exchange）又称非自由兑换货币、双边外汇，是指在使用时，如果不经过货币发行国批准，就不能自由兑换成其他国家或地区的货币，也不能向第三国办理结算支付的外国货币及支付凭证。记账外汇只能根据协定，在两国间使用。

（2）按来源和用途分类，外汇可以分为贸易外汇和非贸易外汇。

贸易外汇（Foreign Exchange of Trade）是指由于商品进口和出口而产生的支出和收入的外汇。贸易外汇主要包括贸易货款和贸易从属费用等。

非贸易外汇（Foreign Exchange of Invisible Trade）是指由于非贸易业务往来而产生的收入和支出的外汇。非贸易外汇主要包括由劳务、旅游、国外留学等引起的收入和支出的外汇，以及因银行、交通、邮电等部门的对外业务活动而产生的收入和支出的外汇。

（3）按交割期限分类，外汇可分为即期外汇和远期外汇。

即期外汇（Spot Foreign Exchange）也称现汇或外汇现货，是指在买卖成交后的两个营业日内办理交割手续的外汇。

远期外汇（Forward Exchange & Foreign Exchange Futures）也称期汇，是指买卖双方先按商定的汇率和数量签订买卖合同，约定到将来（如30天、60天、90天等）办理交割手续的外汇。

（4）按持有者分类，外汇可分为官方外汇和私人外汇。

官方外汇（Authority of Foreign Exchange）是指由一国中央银行、国家财政部、其他政府部门以及国际组织等持有的外汇。

私人外汇（Private Foreign Exchange）是指从法律上讲，具有自然人地位的居民和非居民持有的外汇。

4. 外汇的作用

（1）促进国际间经济、贸易的发展。用外汇清偿国际间的债权债务，不仅能节省运送现金的费用，降低风险，缩短支付时间，加速资金周转，更重要的是运用这种信用工具可以扩大国际间的信用交往，拓宽融资渠道，促进国际经济、贸易的发展。

（2）调剂国际间资金余缺。世界经济发展的不平衡导致了资金配置的不平衡。有的国家资金相对过剩，有的国家资金严重短缺，这样客观上就存在着调剂资金余缺的必要。而外汇充当国际间的支付手段，通过国际信贷和投资途径，可以调剂资金余缺，促进各国经济的均衡发展。

（3）外汇是国家国际储备的重要组成部分，也是清偿国际债务的主要支付手段。它跟国家黄金储备一样作为国家储备资产,在国际收支发生逆差时可以用来清偿债务。

二、国际外汇市场

中国加入世界贸易组织,正式进入世界经济和贸易圈,也就同时进入了世界外汇市场。因为国际贸易要用外汇来结算,国际投资也离不开外汇资本,何况外汇本身就有价值,可以为营利而买卖。从广义上解释,国际汇兑市场即为外汇市场,就是指由经营外汇业务的银行、各种金融机构以及进出口企业、个人进行外汇买卖和调剂外汇余缺的交易场所。

(一) 国际外汇市场的构成

参与外汇市场运作的主要成员由下列三方面机构组成。

1. 外汇银行

外汇银行(Bank of Foreign Exchange)通常包括专营或兼营外汇业务的本国(本地区)商业银行,另外还包括在本国(本地区)的外国银行分行或代办处以及其他金融机构。外汇银行不仅是银行及其他金融机构间外汇供求的主要中介人,而且自行对客户买卖外汇,即外汇银行既面向银行间市场,又面向客户市场。

2. 外汇经纪人

外汇经纪人(Agent of Foreign Exchange)是专门从事介绍外汇交易成交的职业人员。他们自己不买卖外汇,而是依靠同外汇银行的密切联系和对外汇供求情况的了解,促进外汇买卖双方成交,从中收取手续费。买卖外汇的双方将自己希望的金额、货币种类、汇率等告诉经纪人,以促成符合希望的交易。

3. 中央银行

有外汇市场的国家和地区都是通过中央银行(Central Bank)对外汇市场加以干预,即外汇短缺时大量抛售,外汇过多时大量吸进,从而使本国货币的汇率不致发生过分剧烈的波动。中央银行不但要调节本国外汇储备的构成,以减少和避免储备货币汇率下跌所造成的损失,而且须参加外汇市场的交易活动。因此,中央银行不仅是外汇市场的成员,而且是外汇市场的实际操纵者。

(二) 国际外汇市场的作用

外汇市场作为国际经济联系的纽带,集中反映了国际经济、国际金融动态和各国汇率变化的趋势,为促进国际贸易的发展、国际经济往来的实现提供了便利条件,对各国与世界经济的发展发挥着越来越重要的作用。

1. 为国际经贸往来提供货币兑换和结算的便利

国际投资的不断扩大和国际贸易的迅速增长,是同国际外汇市场提供货币兑换和国际结算的便利分不开的。

2. 调节外汇的供求

在国际经济往来的过程中,各国的经济实体和各企业之间经常会发生各种货币或外汇收支的不一致,因此需要在外汇市场上进行抛补、彼此融通来相互调节外汇的供求。所以,外汇市场好像是为银行提供平衡外汇头寸的“蓄水池”,通过它来为外汇银行及时平衡外汇、转移风险、调节供求。

3. 形成外汇价格体系

在外汇市场上，对外汇的买卖通过公开的报价和竞价，最后形成外汇的市场价格，进而确定一国货币的汇率水平和各国货币间的汇价体系。

4. 预防汇率风险

由于各国的汇率经常变动，经济主体常常面临汇率波动的风险，而在外汇市场存在的条件下，各经济主体可以通过运用外汇市场的操作技术，如外汇掉期业务、外汇期货业务等，减小或抵消单一经济体的汇率风险。当然，外汇市场也是外汇投机者的活动场所。各国的外汇管理当局应通过信息反馈，及时采取有力措施，提高管理水平，保护外汇交易的正常进行。

目前，世界上较大的外汇市场有30多个，其中最重要的是伦敦、纽约、东京、苏黎世、新加坡和中国香港外汇市场。

（三）国际外汇市场的类型

1. 零售市场和批发市场

零售市场（Retail Market）也叫银行对客户市场，是由外汇银行、个人和公司客户之间交易构成的外汇市场，其交易规模较小，但每天交易额很大。

批发市场（Wholesale Market）也称银行间市场，是银行同业之间买卖外汇形成的市场，每天成交金额巨大。

2. 柜台市场和交易所市场

柜台市场（Over the Counter）又称无形市场，没有固定场所，外汇买卖双方无须面对面进行交易，而是通过电子计算机、信息网络同经营外汇的机构进行联系以达成外汇交易的市场。像纽约、伦敦、苏黎世外汇市场都采取这种形式。

交易所市场（Exchange Market）是指在具体、固定的交易场所进行外汇交易的市场。像巴黎、阿姆斯特丹、米兰等地的外汇市场即属于此类市场。

3. 官方外汇市场、自由外汇市场和外汇黑市

官方外汇市场（Free Foreign Exchange Market）是指受国家政府控制，按照中央银行或外汇管理机构规定的官方汇率进行外汇买卖的外汇市场。

自由外汇市场（Foreign Exchange Control）则是不受国家政府控制，基本按照市场供求规律形成汇率。

外汇黑市（Foreign Exchange Black Market）是非法、灰色的特殊外汇市场，其交易方式隐藏，交易规模不定，交易价格与国际、国内的经济形势密切相关。

超级链接

第一次世界大战前，英国资本主义经济发展迅速，对外贸易和航运事业突飞猛进，货币、银行体系比较完善，从海外殖民地榨取到巨额利润，资金来源充足，使伦敦成为当时最繁忙的国际金融市场。第一次世界大战后，英国经济力量大为削弱，海外殖民地相继宣告独立，伦敦金融市场地位下降，而纽约金融市场的地位相对上升。特别是第二次世界大战后，美国凭借其经济优势和美元等同黄金的有利

条件，建立了以美元为中心的资本主义货币体系，纽约逐渐成为国际上最重要的资本和外汇市场。

进入20世纪60年代，美国国际收支急剧恶化，黄金大量流失，美元泛滥，出现了美国境外的欧洲美元市场。由于伦敦拥有先进的技术设施，金融机构林立，大量的欧洲美元存放业务是在伦敦市场进行的，使伦敦又重新恢复为一个重要的国际金融市场。除纽约、伦敦的国际金融中心以外，瑞士的苏黎世金融市场、法国的巴黎金融市场、联邦德国的法兰克福金融市场、日本的东京金融市场以及地处东南亚的新加坡金融市场、中国香港金融市场等，也都是重要的国际金融中心。

三、外汇管制

（一）外汇管制的概念

外汇管制（Foreign Exchange Control）是指一个国家或地区为了执行某一时期的金融货币政策，以政府法令形式对外汇买卖、国际结算、外汇汇率等方面采取的限制性行为或政策措施。凡是实行过或正在实行外汇管制的国家，都设有负责外汇管理的机构，这些机构或是中央银行，如英国的英格兰银行；或是财政部，如日本的大藏省；还有许多国家采取设立专门外汇管理机构的做法，如中国的国家外汇管理局，它主要负责外汇管理的日常事务、执行外汇管理的法令条文、提出外汇管理的政策建议。另外，大多数国家都将外汇交易交给外汇银行具体办理，因此实际上外汇银行也属于管理主体。

超级链接

外汇管制始于第一次世界大战之前，当时英、法、德、意等国为了保住外汇资金，防止资本外逃，减缓汇率波动，弥补国际收支逆差，以及筹集黄金和外汇进行战争，纷纷进行外汇管制。第一次世界大战结束后，随着各国经济的恢复，为了扩大贸易，争夺国际市场，在第一次世界大战时期实行外汇管制的国家一度全部取消了外汇管制。但随着1929—1933年经济危机的爆发，金本位制度彻底崩溃，国际货币关系陷入了前所未有的混乱状态，于是许多国家又恢复了外汇管制。尽管第二次世界大战后，国际货币基金组织在创建之初就要求成员国逐步取消外汇管制，但时至今日，绝大多数国家还在实行外汇管制。即使名义上完全取消了外汇管制的国家，在对居民的非贸易收支或对非居民的资本项目收支方面，也时常实施种种限制性措施。

（二）外汇管制的目的[①]

对那些经济实力雄厚、外汇充足的国家来说，实行外汇管制的目的是限制资本过

① 潘海红，黄光明．国际汇兑实务［M］．北京：对外经济贸易大学出版社，2011：162-164．

剩;对那些经济实力较弱、外汇短缺的国家来说,实行外汇管制的目的是谋求国际收支平衡,防止资本外逃,积累外汇资金,维持本国币值稳定。总的来说,实行外汇管制的目的如下。

1. 限制资本外逃,改善国际收支逆差

在战争时期,本国政局动荡,货币发行过多,物价上涨,引起大量资本外逃。资本外逃的目的,并非追求较高的利息收入,而在于保障资金安全。由于资本不断外流,本国的国际收支逆差增大,加上通货膨胀使投资利润减少,引起投资不足,国内经济陷入恶性循环。为了防止资本外逃,实行外汇管制在一定程度上可以满足国内投资的资金需要,并通过"奖出限入"等措施的推行改善国际收支逆差。这是第一次世界大战时期和20世纪30年代各国实行外汇管制的最主要目的之一。

2. 加强黄金和外汇储备,增加本币信誉

黄金、外汇储备是国际储备中最重要的两个组成部分,它是衡量一个国家国力的重要标志,第一次世界大战、第二次世界大战时期,购买战略物资补充军事给养必须以黄金支付。实行外汇管制可以及时动用黄金外汇,以应国家急需。另外,实行外汇管制可集中外汇资财,节约外汇支出,在一定程度上可以提高本币的对外价值,增强本币信誉,加强一国的国际经济地位。

3. 增加财政收入,抑制通货膨胀

实行外汇管制,国家垄断了外汇买卖业务,经营外汇的利润归国家所有。另外,税的课征、许可证的审批、预交存款制的规定等常使国家有一定额外的财政收入,对解决财政紧张状况不无裨益,当国内物价上涨时,通过对进口所需外汇给予充分供应,或按优惠汇率结售,则可增加货源,抑制物价上涨,保持物价的稳定。

4. 稳定汇率,扩大出口

实行外汇管制,对汇率进行严格管理,当官方汇率确定后,在一定时期内保持不变,这有利于对外贸易的成本核算。在确定官方汇率的同时,还可以规定不同类别的"奖出限入"汇率,以促进某些商品的出口,抑制某些商品的进口。

5. 作为谈判手段,保护本国产业

外汇管制可以配合保护关税政策,对那些不利于本国工业和新兴工业的进口商品实行限制,对促进本国工业发展的先进技术、设备及原材料的进口给予鼓励,从而保护了本国产业,扩大了就业。当前世界各国之间的经济贸易关系十分密切,一些国家为了保护本国经济的发展和谋求国际收支状况的改善,往往以邻为壑,实行歧视性的贸易关税政策。实行外汇管制,可以以相类似的手段对上述国家的进口实行种种限制,以便增强贸易谈判地位,迫使对方放宽贸易限制,取消歧视性的关税。

6. 增强金融安全

金融安全是指一国在金融国际化条件下具有抗拒内外金融风险和外部冲击的能力。开放程度越高,一国维护金融安全的责任和压力就越大。影响金融安全的因素包括国内不良贷款、金融体制改革和监管等内部因素,也涉及外债规模和使用效益、国际游资冲击等涉外因素。发展中国家经济发展水平较低,经济结构有种种缺陷,特别需要把外汇管制作为增强本国金融安全的手段。

(三) 外汇管制的方式

1. 汇率管制

汇率管制的主要方式有:对不同类型的进口商品实行差别汇率,对有关国计民生的商品实行优惠汇率;制定外汇转移制度,出口商结汇时可以得到一部分汇率上的补贴,要求部分外汇需结汇给银行,允许其余部分可按更高汇率在市场上出售;中央银行建立外汇平准基金,通过公开市场操作,影响外汇供求。

2. 数量管制

数量管制是政府对外汇收支的数量进行控制。在经常项目上,对贸易外汇实行外汇配额制、外汇分成制,对非贸易外汇实行限额制,在资本项目上对资本输出和输入以及银行账户存款进行审批管理;在外汇交易方面,限定外汇交易数额,对超过限额的交易予以限制。

总之,一国外汇管制范围与管制程度主要取决于该国的经济、贸易、金融和国际收支的状况。

延伸阅读 1-1

中国外汇市场

目前,中国的外汇市场是以上海的中国外汇交易中心为主,为经营外汇业务的金融机构之间进行外汇买卖提供交易和清算服务的网络。具体来说,它有以下六个方面的特点。

一、计算机联网

中国外汇交易中心以计算机网络为平台,向各金融机构提供外汇交易与清算服务,包括中资的金融机构、外资的金融机构和中外合资的金融机构三种。

二、市场结构分层次

当前,外汇市场交易大体分为三个层次:一是零售市场,是指银行与客户之间的外汇交易市场。交易的客户出于各种各样的动机,大多数是企业、公司和个人,需要向外汇银行买卖外汇。二是批发市场,是指银行同业之间的外汇交易市场。在外汇批发市场上,外汇交易币种主要包括本币与外币之间、本币与外汇之间的交易,其特点是外汇交易的数额大、效率高,对汇率波动影响大。三是银行与中央银行之间的外汇交易市场。中央银行从干预外汇市场的需要出发,要与各外汇指定银行进行外汇交易,而各外汇指定银行从平衡其外汇头寸的目的出发,也要与中央银行进行外汇交易。

三、会员制运行

外汇市场实行会员制是中国外汇市场的市场组织形式。凡是经过批准可以经营人民币业务,同时又经营外汇业务的银行和非银行金融机构都可以成为外汇市场的会员。会员交易可以分力自营买卖和代理买卖两大类。

四、分别报价、价格优先、时间优先和计算机撮合成交

中国外汇交易系统的交易原则是分别报价、价格优先、时间优先和计算机撮合成交。价格优先是指在交易过程中,在规定的时间内较高的外汇买入价优先于较低的外汇买入价,较低的外汇卖出价优先于较高的外汇卖出价。时间优先是指在交易过程中,当不同交易员报出相同的买入价或卖出价时,在规定的时间内较早提出的报价优先于较晚提出的报价。交易员报价后,由交易市场计算机系统按照价格优先、时间优先的原则,排出外汇买入顺序和卖出顺序,进而按照最低外汇卖出价和最高外汇买入价的顺序撮合成交。

五、集中清算

集中清算是外汇交易中心的又一大特点。它是指会员在交易市场进行的外汇交易通过交易中心集中清算。在具体操作时,每场交易结束后 2 小时内,交易中心根据会员成交的交易单向交易员传达通知书,会员凭此在规定期限内划付资金。一般来说,人民币资金清算是要通过在中国人民银行开立的人民币账户办理的。

六、统一管理和调控

根据中国外汇市场的特点,中国人民银行对外汇市场实行统一调控和管理。当汇率出现非正常性波动时,中国人民银行将适时入市干预,调节外汇供求,以保持汇率的相对稳定。

【实训演练 1 − 1】

1. 2013 年 7 月,小王同学要赴美国参加短期的实训基地学习培训,外公送给他 100 美元的钞票。小王第一次看到 100 元面值的美钞,在寝室里兴奋地直叫:"我有外币了!"好朋友小陆回应:"兄弟,是外汇吧!"你认为两位同学的说法哪种正确?为什么?

2. 判断以下哪些是外汇,哪些不是外汇?

(1) 中国某公司持有的英镑现金、美元存款、在加拿大投资购买的别墅、英国国库券、苹果公司的股票、汇丰银行开出的中国港币旅行支票、泰国铢、恒生银行开出的汇票、在美国购买的汽车、人民币存款。

(2) 如果上述公司是一家美国公司呢?

3. 查询《2013 年中国经济发展统计公报》,将中国出口贸易的主要交易国(地区)罗列成表,并从外汇与外币的特征出发辨析这些交易国(地区)货币。

4. 各小组自建贸易模拟团队,建立从事进出口贸易的初始信息,包括公司名称、主营业务(产品、定价、货币选择)、进出口国、团队理念,等等。

【评价考核标准】

任　务	测评指标	考核标准	分　值	得　分
认识国际汇兑市场	能辨析外汇与外币	快速准确辨析外币	70	
	团队合作	共同讨论,协作完成	30	

任务 1.2 分析国际收支行情

【操作指南】

步骤一:通过手机、电脑等现代化手段查询中国国际收支平衡表——2005 年(见表 1 - 1)。

表 1 - 1 中国国际收支平衡表——2005 年

单位:千美元

项 目	差 额	贷 方	借 方
一、经常项目	160 818 311	903 581 787	742 763 476
A. 货物和服务	124 797 704	836 887 831	712 090 128
B. 收益	10 635 139	38 959 100	28 323 961
1. 职工报酬	1 519 648	3 337 062	1 817 414
2. 投资收益	9 115 491	35 622 038	26 506 547
C. 经常转移	25 385 468	27 734 856	2 349 387
1. 各级政府	- 176 234	48 848	225 082
2. 其他部门	25 561 702	27 686 008	2 124 305
二、资本和金融项目	62 963 916	418 956 199	355 992 283
A. 资本项目	4 101 792	4 155 147	53 355
B. 金融项目	58 862 124	414 801 052	355 938 929
1. 直接投资	67 821 043	86 071 263	18 250 220
2. 证券投资	- 4 932 837	21 997 437	26 930 274
3. 其他投资	- 4 026 082	306 732 352	310 758 434
三、储备资产	- 207 016 000	1 929 000	208 945 000
1. 货币黄金	0	0	0
2. 特别提款权	- 5 000	0	5 000
3. 在基金组织的储备头寸	1 929 000	1 929 000	0
4. 外汇	- 208 940 000	0	208 940 000
5. 其他债权	0	0	0
四、净误差与遗漏	- 16 766 227	0	16 766 227

在这份国际收支平衡表中,需要思考:

(1) 经常项目、资本和金融项目、储备资产、净误差与遗漏及各子项目分别是什么含义?贷方、借方的含义是什么?

(2) "-""+"的意义与顺差(逆差)有何关联?

(3) 如何判断这个时期的国际收支现状?

(4) 为什么国际收支平衡表最终是做平的?与具体企业进出口贸易有何关联?

步骤二:分析国际收支平衡表的各项结构与具体含义。

步骤三:计算国际收支的各项差额,判断顺(逆)差。

步骤四:结合外部环境,简单分析国际收支基本情况。

【相关知识】

一、国际收支

1. 狭义的概念

狭义的国际收支(Balance of Payment,BOP)是指一个国家或地区在一定时期内,由于经济、文化等各种对外交往而发生的,必须立即结清的外汇收入与支出。该定义以支付为基础。

2. 广义的概念

广义的国际收支是指一个国家或地区在一定时期内,居民与非居民之间所有经济交易的货币价值总和。该定义以交易为基础,既包括贸易和非贸易收支,又包括资本的输出和输入;既包括已实现外汇收支的交易,又包括尚未实现外汇收支的交易。

目前各国普遍采用的是广义的国际收支概念。

3. 正确理解广义的国际收支的概念

(1) 流量与存量。

流量(Flow)是指一定时期内发生变动的变量的数值,如一定时期内的存款变动数、人口出生数等;存量(Stock)是指一定时点上存在的变量的数值,如某一时点上存款的总数、某一时点上的人口总数等。当人们提及国际收支时,一般需要指明是属于哪一段时期,一般为一年,也可以是一个季度或一个月。国际收支的流量统计具体反映在国际收支平衡表中。

超级链接

中国于2014年1月1日开始参考《国际收支手册(第六版)》,在国际收支的统计上加上了存量的概念。国际收支统计是指对一个国家或经济体与世界其他国家或经济体之间各项国际经济金融交易及对外资产负债情况进行的统计,包括流量统计和存量统计。国际收支流量统计是对特定时期内货物进出口、服务进出口、收益和转移、直接投资、证券投资、金融衍生产品、存款、贷款等国际收支交易的统计,并具体反映在国际收支平衡表中(Balance of Payments Statement);存量统计是对特定时点一经济体对外金融资产负债情况的统计,包括直接投资、证券投资、金融衍生产品等,并具体反映在这一经济体的国际投资头寸表(International Investment Position,IIP)中,其变动是由特定时期内交易、价格变化、汇率变化和其他调整引起的。一个经济体完整的国际账户体系由国际收支平衡表和国际投资头寸表共同构成。国际收支统计和政府财政统计、货币金融统计与国民账户统计构成一国的四大统计账户。各账户虽各有侧重,但存在极强的内在规则和逻辑的一致性,国际收支统计是唯一的外部账户统计。

（2）国际收支包括以货币记录的全部经济交易，可分为五类。

① 金融资产与商品和劳务之间的交换，即以货币为媒介商品和劳务的买卖。

② 商品和劳务与商品和劳务之间的交换，即物物交换。

③ 金融资产之间的交换，即资本借贷。

④ 无偿的、单向的商品和劳务转移，如国际间实物捐赠。

⑤ 无偿的、单向的金融资产转移，如国际赠款。

（3）国际收支记录的是居民与非居民之间的交易。

超级链接

居民（Resident）是指在一个国家的经济领土内居住达 1 年或 1 年以上的具有一个经济利益中心的经济单位。否则为非居民（Nonresident）。

居民可以是自然人，也可以是政府机构或法人，主要有以下几类。

自然人属于哪国居民不以他们的国籍为依据，而是依以下原则来确定：

① 身在国外且代表本国政府的个人（包括军队）一般作为所代表的国家的居民，人们在当地购买商品和劳务都要记入两国的国际收支中；

② 身在国外而不代表政府的个人，属于哪国居民只能依他收入的主要来源确定。收入主要来源于哪国，属于哪国居民，如仍无法判断，就以长期工作地作为判断标准；

③ 派驻国外的政府机构，无论其在国外时间长短都属于本国的居民；

④ 就法人组织而言，它在哪国成立、注册，就属于哪国居民，但它在国外的分支机构和分公司则属于国外居民。因此，跨国公司的内部贸易只要是跨国界的贸易都属于国际贸易，交易形成的货币收支应计入两国的国际收支账户上；

⑤ 一些国际性机构，如在美国的联合国、国际货币基金组织、世界银行等，不属于任何国家的居民。

反之，不符合上述定义或条件的自然人、政府机构、法人和社会团体则是一国的非居民。

居民与居民之间的经济交易属于国内交易，不属于国际收支范畴，只有居民与非居民之间的经济交易才属于国际收支范畴。

二、国际收支平衡表

（一）国际收支平衡表的概念

国际收支平衡表是记录一国或地区居民与非居民在一定时期内所有经济交易项目及其金额的综合收支记录。它集中反映了一国国际收支的总貌和具体构成。

（二）国际收支平衡表的作用

1．对编表国家来说

（1）国际收支平衡表集中反映了该国的经济类型和经济结构，是经济分析的重要工具。

(2) 通过分析,找出造成国际顺(逆)差的原因,以便采取正确的调节措施。

(3) 能使本国政府充分掌握其外汇资金来源和运用方面的资料,特别是官方储备变动情况,以便编制切实可行的外汇预算计划。

(4) 能使一国全面了解本国的国际经济地位,制定出与本国国力相适应的贸易、投资、经济援助、借贷等方面的对外经济政策。

2. 对非编表国家来说

(1) 有助于预测编表国家的国际收支、货币汇率及其对外经济政策动向。

(2) 有助于了解各国的经济实力和预测世界经济与世界贸易的发展趋势。

(三) 国际收支平衡表的编制原理和记账方法

1. 编制原理

国际收支平衡表是按复式记账法编制的,即“有借必有贷,借贷必相等”。借方(Debit)表示该经济体资产(资源)持有量的增加,贷方(Credit)表示资产(资源)持有量的减少。每笔交易都会产生金额相等的借方和贷方两笔记录。贷方是正号项目(Plus Items),以“+”表示,一般省略,即为资产的减少、负债的增加;借方是负号项目(Minus Items),以“-”表示,即为资产的增加、负债的减少。

任何导致对外国人进行支付或外汇需求的交易,即资产增加、负债减少,都记入借方。任何导致从外国人那里获得收入或外汇供给的交易,即资产减少、负债增加,都记入贷方。如A国向B国出口离岸价格7 000美元的商品,对方应在60天内付款,则A国应借“贸易信贷”科目7 000美元,贷“商品出口”科目7 000美元,借贷相等。

2. 记入贷方和借方的具体项目

(1) 借方项目。

① 货物或服务的进口。

② 非居民为本国居民提供劳务或从本国取得收入。

③ 本国居民对非居民的单方向转移。

④ 本国居民获得外国资产。

⑤ 本国居民偿还非居民债务。

⑥ 官方储备增加。

(2) 贷方项目。

① 货物或服务的出口。

② 本国居民为非居民提供劳务或从外国取得的收入。

③ 本国居民收到的国外的单方向转移。

④ 外国居民获得本国资产或对本国投资。

⑤ 非居民偿还本国居民债务。

⑥ 官方储备减少。

(四) 国际收支平衡表的结构

世界各国编制国际收支平衡表的格式不尽相同,反映了各国国情的需要和特点,但都是按照国际货币基金组织出版的《国际收支手册(第五版)》推荐的“国际收支平衡表标准组成部分”来编制。《国际收支手册(第五版)》由两大部分组成,即经常账户、资本和金融账户。经常账户包括货物和服务、收入、经常转移;资本和金融账户由资本账户和金融账户组成。资本账户包括资本转移和非生产、非金融资产的收买和放弃;金融账户包括一国(地区)对外资产和负债所有权变更的所有交易,由直接投资、证券投资、其他投资三部分组成(见表1-2)。

表1-2 国际收支平衡表组成部分

项 目	差 额	贷 方	借 方
一、经常项目			
A. 货物和服务			
B. 收益			
1. 职工报酬			
2. 投资收益			
C. 经常转移			
1. 各级政府			
2. 其他部门			
二、资本和金融项目			
A. 资本项目			
B. 金融项目			
1. 直接投资			
2. 证券投资			
3. 其他投资			
三、储备资产			
1. 货币黄金			
2. 特别提款权			
3. 在基金组织的储备头寸			
4. 外汇			
5. 其他债权			
四、净误差与遗漏			

一国的对外经济交易往往很复杂,一定时期内各类对外经济交易成千上万,各国经济情况也有很大的区别。因此,在编制国际收支平衡表时,一般在国际货币基金组织推荐的标准组成部分的基础上,结合本国(地区)的具体情况作一定的调整。

(五)国际收支平衡表的主要内容

1. 经常项目

经常项目(Current Account)又称往来项目,是国际收支平衡表中最基本和最重要的账户,是反映一个国家与他国之间实际资源的转移,在整个国际收支总额中占最大的比重。它包括以下项目:货物、服务、收益和经常转移。

(1)货物。

货物(Goods)项目反映有形商品的进出口所引起的收支。该项目是经常账户乃至整个国际收支平衡表中最重要的项目。其中,借方记录进口总额,贷方记录出口总额,商品进出口的差额称为贸易差额。

(2) 服务。

服务(Services)项目反映各国的相互提供劳务和服务所发生的收入和支出,记录无形贸易收支。该项目的服务输出额记入贷方,服务输入额记入借方,形成的差额称为无形贸易差额。

(3) 收益。

收益(Income)项目记录生产要素在国际间流动而引起的要素报酬收支。下设职工报酬和投资收益两个项目。居民在外国获得的收入记入贷方,本国对非居民支出收入记入借方。两项目的借贷方余额构成收益项目差额。

(4) 经常转移。

经常转移(Current Transfers)是某经济体的居民向另一经济体的非居民无偿提供实际资源或金融产品,特点是不以获取收入或支出为目的的单方面交易行为,包括私人单方面转移和官方单方面转移。私人单方面转移主要有年金、侨民汇款、赠与、奖学金、财产继承等,官方单方面转移主要由无偿援助、外债豁免、战争赔款、捐赠等。

超级链接

《国际货物贸易统计:概念和定义》(*International Merchandise Trade Statistics: Concepts and Definitions, IMTS*)是由联合国制定并发布的有关货物贸易统计的国际标准,目前使用的为1998年更新的版本。

国际货物贸易统计数据普遍来源于海关统计,主要立足对跨越国境货物的统计。而国际收支统计中的货物贸易立足于居民和非居民之间发生的货物所有权变更的交易,与货物是否跨境没有必然的联系。为将海关口径的国际货物贸易统计调整为国际收支口径下的货物贸易,需作以下调整:一是统计范围的调整,即国际收支统计口径的货物贸易 = 国际货物贸易统计 + 已发生所有权变更但未计入海关数据的货物(如已查获的进口走私) - 计入海关统计但所有权并不变更的货物(如已查获的进口货物高报和出口货物低报);二是价格的调整,如将进口货物的到岸价格调整为离岸价格,中国采用5%的调整系数,将进口货物价格的1%调整为运输交易,4%调整为保险交易。

2. 资本和金融项目

资本和金融项目反映的是国际资本流动,包括长期和短期的资本流出和资本流入,是国际收支平衡表中的第二大类项目。

(1) 资本项目。

资本项目(Capital Account)反映资产在居民与非居民之间的转移,由资本转移和非生产、非金融资产交易两部分组成。前者如债务减免、移民转移等内容,目前在中国主要反映了中国居民向国外移民涉及的资本流出;后者包括各种无形资产,如专利、版权、商标、经销权、租赁合同和其他可转让合同的商誉交易。

火眼金睛

资本项目下的资本转移与经常项目下的经常转移不同。资本项目下的资本转移主要是指不经常发生、规模相对大的转移。而经常项目下的经常转移除政府无偿转移外,是一般经常发生的、规模相对小的转移。

(2) 金融项目。

金融项目(Financial Account)包括某一经济体对外资产和负债所有权变更的所有交易,反映的是居民与非居民之间投资与借贷的增减变化,具体包括以下内容。

① 直接投资(Direct Investment):一国居民以获得外国的企业经营权为目的而进行的投资,包括本国居民在外国投资建厂、本国的国外企业获得的利润在当地的再投资、跨国公司在国外设立子公司等。

② 证券投资(Portfolio Investment):指购买外国的公司股票和长期债券,以获得经营收益,但拥有外国企业的股权达到一定的比例时,就作为直接投资。

③ 其他投资:包括贸易信贷、贷款、货币和存款以及应收应付款等。

在资本和金融项目中,凡是属于资本流入的记入贷方,资本流出的记入借方,两者之间的差额称为资本和金融项目差额。

3. 净差错与遗漏

国际收支平衡表运用的是复式记账法。因此,所有账户的借方总额与贷方总额应相等。但由于资料来源渠道(海关、银行、企业、商业部门、交通部分等)复杂,资料不够全面(民间交易、走私交易很难统计),资料本身不够准确和真实(为逃避税收、外汇管制伪造统计数字以及保密需要等)等原因,结账时经常出现净的借方或贷方余额。因此,人为设立一个误差遗漏项目,以抵补前面所有借方、贷方项目之间的差额,从而使借贷双方最终达到平衡。

如果借方总额大于贷方总额,净误差与遗漏这一项则放在贷方;反之,如果贷方总额大于借方总额,净误差与遗漏这一项则放在借方。

对于国际收支统计而言,国际收支平衡表中出现误差与遗漏是正常的。造成误差与遗漏的原因主要有:一是由于国际收支统计涉及一经济体的全部涉外交易,各国编制国际收支平衡表一般会使用多渠道、多部门的多种数据来源,这些不同渠道、不同部门的数据往往在统计时点、统计口径与国际收支统计原则存在一定差异;二是各部门各自采集的数据不可避免地存在一定的统计误差;三是各数据源在货币折算等方面的差异在一定程度上也会造成误差与遗漏;四是未被记录的跨境资金流动,如违规资本的流入或流出。

一般而言,净误差与遗漏的绝对值过大会影响国际收支统计的可信度。通常国际上认为,净误差与遗漏规模占国际收支口径的进出口贸易总值的5%以下是可以接受的。

超级链接

2013 年，中国国际收支再度呈现经常项目、资本与金融项目双顺差格局。其中，经常项目顺差 1828 亿美元，较 2012 年下降 15%。经常项目顺差与 GDP 之比为 2.0%，较 2012 年下降 0.6 个百分点，继续处于国际公认的合理水平。

资本与金融项目顺差 3 262 亿美元。2013 年年末，中国外汇储备余额为 38 213亿美元，较 2012 年年末增长 5 097 亿美元。货物贸易维持稳定增长。按照国际收支统计口径，2013 年中国货物出口 22 190 亿美元，进口 18 591 亿美元，分别增长 8% 和 7%；贸易顺差 3 599 亿美元，增长 12%。

服务贸易逆差持续扩大。2013 年，中国服务贸易收入 2 060 亿美元，支出 3 305 亿美元，分别增长 8% 和 18%；服务贸易逆差 1 245 亿美元，增长 39%。逆差主要来源于旅游逆差 769 亿美元和运输逆差 567 亿美元，分别较 2012 年增长 48% 和 21%。收益逆差增幅明显。2013 年，收益项目收入 1 855 亿美元，支出 2 293 亿美元，分别上升 11% 和 23%；收益逆差 438 亿美元，增长 1.2 倍。经常转移首次出现逆差。2013 年，经常转移逆差 87 亿美元，收入 532 亿美元，支出 619 亿美元。

资本与金融项目由逆差转为顺差。2013 年，资本与金融项目重现大幅流入，其中，流入 17 271 亿美元，流出 14 009 亿美元，分别增长 28% 和 1%；顺差 3 262 亿美元，2012 年为逆差 318 亿美元。直接投资保持稳定增长。2013 年，直接投资净流入 1 850 亿美元，较 2012 多增 3 340 亿美元；特别提款权和在国际货币基金组织的储备头寸净减少 13 亿美元。

2013 年，净误差与遗漏为借方 776 亿美元，占当期国际收支口径货物贸易进出口总值的 1.9%，在国际标准可接受范围内。

4. 储备与相关项目

储备与相关项目记录一国金融当局在一定时期内为平衡经常项目、资本和金融项目而动用官方储备的数额，是一国金融当局用于平衡国际收支、调节汇率、干预国际金融市场的资产，主要包括以下内容。

（1）货币化黄金：一国官方机构持有的作为金融资产使用的黄金，与其他经济实体使用的黄金不同。

（2）特别提款权：是国际货币基金组织发行的一种记账单位，根据成员国在基金组织中缴纳份额的比例分配给成员国。

（3）外汇：是指国家货币当局持有的外汇资产。

（4）在国际货币基金组织的储备头寸：是指成员国在基金组织的份额和贷款安排下对基金组织负债的总和。

当经常项目、资本和金融项目相抵仍有差额时，往往通过官方储备的增减变动来加以调节，以达到平衡。由于官方储备的增减变化是为了平衡上述两个项目的差额，因此，官方储备的增加反映在国际收支平衡表的借方（负号项目）；反之，官方储备的减少反映在贷方(正号项目)。

三、分析国际收支差额

(一)国际收支平衡表的差额

分析国际收支平衡表必须首先了解国际收支平衡表的结构,即弄清国际收支平衡表的项目构成及其相互关系。国际收支平衡表是由经常项目、资本和金融项目、储备资产、净误差与遗漏项目所构成,每一项目下又分为若干小项目。国际收支平衡表的每个项目都有借方、贷方和差额三栏数字,分别反映一定时期内各项对外经济活动的发生额。由于国际收支平衡表采用复式记账法,因此,借贷双方总额总是相等的,但其中的某些项目或账户可能出现盈余或赤字,需由其他项目或账户的赤字或盈余来抵消,这就形成了不同的项目差额。

按照人们的传统习惯和国际货币基金组织的做法,项目差额主要有以下几种。

1. 贸易账户差额

贸易账户差额是指一国进出口收支差额。尽管贸易项目仅仅是国际收支的一个组成部分,不能代表国际收支的整体。但是,对于某些国家来说,贸易收支在全部国际收支中所占比重相当大,以至于经常性地把贸易收支作为国际收支的近似代表。此外,贸易收支在国际收支中还有它的特殊重要性。商品的进出口情况综合反映了一国的产业结构、产品质量和劳动生产率状况,反映了该国产业的国际竞争能力。因此,即使对于发达国家这样资本项目比重相当大的国家,仍然非常重视贸易收支的差额。

2. 经常账户差额

经常账户差额包括贸易收支、服务收支、收入和经常性转移收支的差额,前两项构成经常项目收支的主体。虽然经常项目的收支也不能代表全部国际收支,但它综合反映了一个国家的进出口状况(包括服务贸易),从而被各国广为使用,并被当作是制定国际收支政策和产业政策的重要依据。同时,国际经济协调组织也经常采用这一指标对成员国经济进行衡量,例如,国际货币基金组织就特别重视各国经常项目的收支状况。

3. 资本和金融账户差额

资本和金融账户差额是资本账户与金融账户收支之间的差额。如果错误和遗漏账户差额为零,则资本与金融账户(按国际货币基金组织《国际收支手册》,资本与金融账户包括储备资产)差额与经常账户差额两者必定数额相等、方向相反,即若经常账户为赤字,则资本与金融账户必为盈余,这意味着一国可利用金融资产的净流入为经常账户融资。因此,经常账户中实际资源的转移与资本和金融账户中金融资本的流动是同一问题的两个方面,对经常账户差额的分析与对资本和金融账户差额的分析是相对应的。因此,如果不考虑错误与遗漏,经常项目的余额与资本和金融项目的余额必然数量相等、符号相反,也就是说,经常项目的余额与资本和金融项目的余额之和等于零。

这里特别要注意的是储备资产的增减变化不仅在会计上作为平衡国际收支账户使用,而且,储备资产的差额也能反映一国国际收支的顺(逆)差的数额。但要注意的是,储备资产的记账符号与国际收支的顺(逆)差方向正好相反。

4. 综合账户差额

综合账户差额即用经常账户加资本和金融账户差额再加错误与遗漏的总差额减去储备资产的部分。综合差额为正号,则储备资产记负号,表示该国储备资产增加,国际收支顺差;反之,综合差额为负号,则储备资产记正号,表示该国储备资产减少,国际收支逆差。综合差额的正负与国际收支的顺(逆)差成正向关系,即综合差额的盈余表示国际收支的顺差,综合差额的赤字表示国际收支的逆差。

5. 净误差与遗漏账户差额

净误差与遗漏账户差额是指经常账户与资本和金融账户之间的差额,该账户是国际收支账户的一个平衡账户,所以其数额的大小可以反映国际收支平衡表的准确性。除此之外,也可以反映一些其他问题,如出现持续的、规模较大的、同方向的误差时,常常是人为因素造成的,应引起人们的注意。例如,企业为了骗取出口退税而高报出口,导致出口数额过高而资本流入过低,由此造成经常账户差额的贷方余额大于资本和金融账户差额的借方余额,从而形成净误差与遗漏账户的借方余额。反之,走私、资本外逃等造成的误差也会反映在净误差与遗漏账户中。根据国际货币基金组织的经验统计,在一国的国际收支平衡表中,如果净误差与遗漏账户差额超过该国进出口贸易总额的5%,则该国国际收支就显示有资本外逃的可能。因此,人们现在越来越重视此账户差额的分析。

以上五个差额用公式表示如下:

各项差额 = 该项的贷方数字 - 借方数字

国际收支总差额 = 经常账户差额 + 资本与金融账户差额 + 净误差与遗漏

国际收支总差额 + 储备资产变化 = 0

6. 国际收支平衡表的差额的具体表现

国际收支平衡表的差额可具体表现为以下六种情况。

一是国际收支为顺差的情况下:

(1) 经常项目、资本和金融项目均为顺差。即经常项目以及资本和金融项目均为贷方余额,且储备资产为借方余额。

(2) 经常项目顺差,资本和金融项目逆差,顺差额大于逆差额。即经常项目为贷方余额,资本和金融项目为借方余额,且储备资产为借方余额。

(3) 经常项目逆差,资本和金融项目顺差,顺差额大于逆差额。即经常项目为借方余额,资本和金融项目为贷方余额,且储备资产为借方余额。

二是国际收支为逆差的情况下:

(1) 经常项目、资本和金融项目均为逆差。即经常项目为借方余额,资本和金融项目为借方余额,且储备资产为贷方余额。

(2) 经常项目逆差,资本和金融项目顺差,逆差额大于顺差额。即经常项目为借方余额,资本和金融项目为贷方余额,且储备资产为贷方余额。

(3) 经常项目顺差,资本和金融项目逆差,逆差额大于顺差额。即经常项目为贷方余额,资本和金融项目为借方余额,且储备资产为贷方余额。

（二）国际收支平衡表的分析

1．静态分析

静态分析是分析某国在某一时期（一年、一季或一个月）的国际收支平衡表，具体地讲是计算和分析表中各个项目及其差额，分析各个项目差额形成的原因与对国际收支总差额的影响。

静态分析的方法和应注意的问题如下。

贸易收支：一国贸易收支出现顺差或逆差，主要受多个方面的因素影响，包括：经济周期的更替、财政与货币政策变化所决定的总供给与总需求的对比关系；气候与自然条件的变化；国际市场的供求关系；本国产品的国际竞争力；本国货币的汇率水平等。结合这些方面的资料进行分析，有助于找出编表国家贸易收支差额形成的原因。

服务收支：服务收支反映编表国家有关行业的发达程度与消长状况。如运费收支的状况直接反映了一国运输能力的强弱，一般发展中国家总是支出的，而一些经济发达的国家由于拥有强大的商船队而收入颇丰；还有银行和保险业务收支状况反映了一个国家金融机构完善状况。分析这些状况，对其本国来说可以帮助寻找改进对策；对别国来说，可以为选择由哪个国家提供相关业务的服务提供依据。

单方面转移收入中，重点是官方转移收入。第二次世界大战后，国际援助相对来说在不断增加，这种援助包括军事援助和经济援助两种，其中又分低息贷款和无偿援助两部分。在分析这个项目时除考虑其数额大小外，还要分析这种援助的背景、影响及其后果，并对趋势作出分析。

资本与金融项目中涉及许多子项目，比如直接投资、间接投资、国际借贷和延期付款信用等，一般来说，前三项处于主要地位。直接投资状况反映一国资本国际竞争能力的高低（对发达国家而言）或一国投资利润前景的好坏（对发展中国家而言）。国际借款状况反映了一国借用国际市场资本条件的优劣，从而反映了该国的国际信誉高低。第二次世界大战后，短期资本在国际间移动的规模与频繁程度都是空前的，它对有关国家的国际收支与货币汇率的变化都有主要影响，因而研究、分析短期资本在国际间移动的流量、方向与方式，对研究国际金融动态和发展趋势具有重要意义。

分析官方储备项目应重点分析国际储备资产变动的方向，因为这反映了一国对付各种意外冲击能力的变化。净误差与遗漏项目，主要分析其数额大小的变化。因为净误差与遗漏的规模一方面反映了一国国际收支平衡表虚假性的大小，规模越大，国际收支平衡表对该国国际经济活动的反映就越不准确；另一方面在某种程度上它也反映了一国经济开放的程度，一般来说经济越开放，净误差与遗漏的规模就越大。

2．动态分析

动态分析又称纵向分析，是将一国若干连续时期的国际收支平衡表并列在一起，以发展的眼光来分析国际收支的各个项目及总体的收支及差额的变化，分析其发展是否正常、均衡以及差距所在，从而进一步研究均衡、有效地发展国际经济交往的措施。

国际收支平衡表虽只反映某一特定时期的情况，但应看到，它绝不是孤立存在的，而是与以前或以后的发展过程紧密相连。可以说，它既是前一时期演变的结果，又是后一时期状况的原因。因此，要研究一国的国际经济地位、国际金融状况，必须遵循动态性原则,连续分析不同时期的国际收支平衡表,掌握其长期变化情况。只有这样,才能得出比较正确的结论。

3. 比较分析

它既包括对一国若干连续时期的国际收支平衡表进行比较分析,又包括对不同国家在相同时期的国际收支平衡表进行比较分析。后一种比较分析较为困难,因为各国的国际收支平衡表在项目的分类与局部差额的统计上不尽相同。利用联合国或国际货币基金组织的资料有助于克服这一困难,因为这两个机构公布的若干重要资料都是经过重新整理后编制的,可以互相比较。

四、国际收支失衡的原因及调节方式

(一) 国际收支平衡的含义

判断一国国际收支是否平衡,要弄清楚以下几组概念。

1. 国际收支的账面平衡与真实平衡

国际收支的账面平衡是指国际收支平衡表的账面平衡。从会计意义上讲,国际收支平衡表的账面总额总是平衡的。其中虽然某些账户可能出现赤字,但可以用其他账户的盈余来弥补。例如,经常项目的差额可以用资本与金融项目的净额来平衡;所有交易项目的差额可以用储备资产来弥补。这是由编制国际收支平衡表的复式记账原理和借贷记账方法所决定的。但这并非是国际收支的真实平衡。

国际收支的真实平衡是指国际收支在经济意义上的平衡。事实上,一国国际收支活动是由各种各样的对外经济交易引起的,不可能做到收支完全相抵。因此,一国真实的国际收支活动往往不是顺差就是逆差,只是差额的大小不同而已。

分析一国国际收支是否平衡,最直观的方法就是从国际收支平衡表的账面上,根据储备资产项目的增减变动数额来判断。国际收支顺差则储备资产增加,国际收支逆差则储备资产减少。

2. 国际收支的主动平衡与被动平衡

一国国际收支记录的全部对外经济交易可以分为自主性交易和调节性交易。由自主性交易形成的国际收支平衡为主动平衡,由调节性交易带来的国际收支平衡为被动平衡。

自主性交易是指经济主体或居民个人,如金融机构、进(出)口商、国际投资者等,出于某种自主性目的,如追求利润、减少风险、资产保值、逃税避税、逃避管制或投机等而进行的交易活动。例如,商品、劳务、技术交流、收益转移、无偿转让、各种形式的对外直接投资、证券投资等。商品和劳务的交易是因为国际间商品价格、成本不同和劳务技术的差异而发生的;单方面转移是私人基于个人关系或政府基于政治、军事等方面的考虑而进行的;资本流动是因为国内外投资预期收益率不同而发生的等。从动机上看,这些交易完全没有考虑一国国际收支是否会因此发生失衡,因此称为自主性交易。自主性交易体现的是经济主体或居民个人意志,不代表哪一个国家或政府的意志,因而具有事前性、自发性和分散性的特点。

调节性交易又称补偿性交易,是指中央银行或货币当局出于调节国际收支差额、维护国际收支平衡、维持货币汇率稳定的目的而进行的各种交易，包括国际资金融通、资本吸收引进、国际储备变动等。调节性交易是在自主性交易出现差额时，为了弥补或调节这种差额，由政府出面进行的交易活动，体现了一国政府的意志，具有事后性、集中性和被动性等特点。

由自主性交易达成的主动平衡是各国国际收支平衡追求的目标，自主性交易的平衡与否是判断一国国际收支真实平衡的标准。

（二）国际收支失衡的原因

为了及时调节国际收支的不平衡，需要分析其产生的具体原因，以便采取相应的措施。根据其形成原因，国际收支失衡可以分为以下几种类型。

1. 偶发性失衡

偶发性失衡是指由偶发性因素引起的一次性的、无规律性的国际收支失衡。如气候突变（天灾）、动乱等因素引起国内物品供给减少，导致出口下降，进口增加，从而引起国际收支逆差；反之，则会出现顺差。

2. 收入性失衡

收入性失衡是指由于国民收入的变动，导致进出口贸易发生变动而引起的国际收支失衡。这种不平衡主要是一国经济增长速度的变化引起的，具有长期性。一国如果提高经济增长率，则可能引起国民收入的增加和进口需求的扩大，从而导致国际收支逆差的产生。这种情况一般在发展中国家较为多见。这些国家虽然国内经济增长可能会带动进出口贸易全面增长，但由于其经济增长往往依赖大量进口，从而导致其进口增长远远快于出口增长，产生国际收支的不平衡。

3. 周期性失衡

周期性失衡是指一国处于经济周期不同阶段所引起的国际收支失衡。经济周期有两种含义，包括本国的经济周期和世界经济周期。

就发展中国家而言，受本国经济周期波动影响而导致的国际收支不平衡，主要表现为国内经济增长往往导致国际收支逆差。这是由于许多发展中国家的经济增长往往依赖于进口大量附加值较大、价格较高的先进技术和机器装备。

受世界经济周期影响而造成的国际收支失衡，主要是指西方发达国家的经济周期波动对世界其他国家国际收支所产生的影响。当西方发达国家经济陷入萧条或不景气时，往往会采取缩减其进口的措施，从而减少了世界其他国家或发展中国家的出口，而导致后者的国际收支产生逆差。

4. 结构性失衡

结构性失衡是指一国产业机构或经济结构不能适应世界市场的变化而引起的国际收支失衡。这种问题在发展中国家表现得比较突出，尤其是那些比较落后的发展中国家，由于其经济结构或产业结构的层次水平较为低下，大宗产品的出口往往是一些价格低廉的原料和初级产品；而进口的却多数为技术和资本含量较高、附加值较大的工业制成品及高精尖产品。在世界市场上，原料和初级产品需求的收入弹性小，价格弹性大，而工业制成品及高精尖产品需求的收入弹性大，价格弹性小，从而导致发展中国家总是面对贸易条件恶化局面，发生国际支付困难，处于国际收支逆差状况。

5. 货币性失衡

货币性失衡也称价格性不平衡，是指一定汇率条件下，一国国内货币供求关系失衡，引起通货膨胀、物价上涨而产生的国际收支不平衡。

如一国发生通货膨胀，其出口商品成本必然上升，使用外国货币计价的本国出口商品的价格就会上涨，就会削弱本国商品在国际市场上的竞争能力，客观上起着抑制出口的作用。相反，由于国内商品物价普遍上升，相比较而言，进口商品就显得便宜，鼓励了外国商品的进口，从而出现贸易收支的逆差。不过在这里还得注意的是，通货膨胀还会引起该国货币汇率一定程度的贬值，但一般来说此时汇率贬值的幅度要比物价上涨的幅度小得多，因而其影响也小得多。它只能缓和但不会改变通货膨胀对国际收支的影响。货币性失衡可以是短期的，也可以是中期的或长期的。

以上五种失衡，由偶发性、周期性、货币性等因素所造成的失衡具有短期性，可以通过市场机制自发纠正；由收入性、结构性等因素造成的失衡具有长期性，市场机制不能纠正，必须人为纠正。

（三）国际收支失衡的影响

1. 国际收支持续逆差的消极影响

首先，在对外经济方面，会形成本币对外贬值的压力，影响本币汇率的稳定，降低本币的信誉，并造成贸易条件的恶化。而要维持本币汇率的稳定，政府就必须在该国出现国际收支大量逆差时，动用外汇储备来干预外汇市场，从而引起本国官方储备的减少。

其次，大量国际收支逆差以及出口乘数效应缩减会导致国内经济不景气和高失业率，而且在市场化条件下，外汇储备的减少还可能导致国内货币供应量的降低和利率水平的上升，加剧通货紧缩，影响国民经济的增长速度。

最后，持续的国际收支逆差会降低一国的对外资信，造成大量资金的外流，加剧国内的经济恶化。

2. 国际收支持续顺差的消极影响

过大的国际收支顺差会给一国对外经济关系及国内经济带来一定的消极影响。

首先，在对外经济关系方面，大量的国际收支顺差会造成一国储备资产迅速增加，带来本币对外升值的压力，继而造成本国出口产品的相对价格上升，进口产品的相对价格下降，从而不利于出口，有利于进口，使国际收支转为逆差。

其次，大量的国际收支顺差还会招致贸易伙伴的不满，引起贸易摩擦和国际争端，影响对外经济政治关系的正常发展。

最后，伴随着国际收支顺差与储备资产增加的是国内货币供给量的增加和通货膨胀的压力。因此，可能造成一国经济在外部失衡的同时出现内部失衡，加大其宏观经济调节的难度。

（四）国际收支失衡的调节

1. 国际收支失衡的自动调节

国际收支自发调节是市场机制本身具有的功能，一国经济的市场化程度越高，国际收支自发调节的作用就越明显。同时，在不同的货币制度下，国际收支自发调节作用的表现形式也不同。

在纸币流通条件下,虽然黄金流动对于国际收支的平衡发挥的作用已经不复存在,但国际收支的自动调节机制仍然通过价格、利率、汇率、收入等经济变量发挥作用。

(1) 价格机制。

一国的国际收支出现顺差导致国内货币市场货币供给的增多,容易引起国内货币膨胀,利率下降,投资与消费相应上升,国内需求量增加,对货币形成一种膨胀式压力,使本国物价与出口商品价格随之上升,从而减弱了本国出口商品的国际竞争能力,出口减少,进口增加,国际收支顺差逐步减少直至平衡。

(2) 利率机制。

当一国国际收支发生逆差时,该国货币市场存量减少,银根趋紧,利率上升。利率的上升表明本国金融资产收益率的上升,从而对本国金融资产的需求相对上升,对外国金融资产的需求随之下降。这些均导致本国资本停止外流,同时外国资本流入本国以谋求较高利润。因此,国际收支逆差将因金融项目的日趋好转而走向平衡,从而使国际收支逆差得以调整。当一国国际收支发生顺差时,该国货币市场货币存量增加,银根松动,利率水平逐渐下降。利率水平的下降导致资本外流增加,从而使得顺差逐渐减少,国际收支趋于平衡。

(3) 汇率机制。

当一国国际收支出现顺差时,本国货币市场上外汇供给大于外汇需求,供求关系的改变导致本币升值,本国出口商品的以外币表示的国际市场价格上涨,进口商品价格下降,因此,出口减少,进口增加,贸易顺差改善,国际收支趋向平衡。当一国国际收支出现逆差时,本国货币市场上外汇供给小于外汇需求,本币贬值,出口商品的外币表示价格下降,进口商品价格上升,出口增加,进口减少,贸易逆差得到改善,国际收支状况趋向平衡。

(4) 收入机制。

收入机制是指国际收支逆差时,国民收入水平会下降。国民收入下降会引起社会总需求的下降,进口需求下降,贸易收支得到改善。另外,国民收入的下降不仅能改善贸易收支,也会使对外劳务和金融资产的需求都不同程度地下降,改善经常项目收入和资本与金融项目收支,从而使国际收支状况得到改善。

2. 国际收支失衡的政策调节

国际收支的自动调节充分发挥作用是以市场机制完善、经济自由、外汇外贸管制放松为前提条件的,而且调节的时间也比较长。因此,当国际收支出现失衡时,一国当局往往不能完全靠经济体系的自动调节机制来使国际收支恢复均衡,而需要采取适当的政策措施加以调节。

(1) 外汇缓冲政策。

外汇缓冲政策是指一国货币当局通过变动官方储备或运用国际信贷来弥补国际收支失衡的政策。如国际收支逆差,则减少外汇储备,或向外借款,使国际收支趋于均衡。这一政策主要适用于调节短期的、偶发性的国际收支失衡,不适用于调节巨额的、长期的国际收支失衡，因为长期失衡会导致官方储备的枯竭或大量积累（造成资源的浪费）、外债规模过大等，但外汇缓冲政策可作为一种辅助手段，配合调整政策，使国内经济免受调整过猛所带来的巨大震动。这一政策的优点是对国内经济和本币汇率水平的影响较轻，有利于本国对外贸易和投资的顺利进行；缺点是会引起官方储备的流失或债务的增加。

（2）财政政策。

财政政策是指一国政府通过改变税收（或税率）或政府支出（主要指增减补贴）等来影响公众收入，进而影响一国国际收支的政策。财政政策又可分为两种：一种是扩张性的财政政策，即通过减少税收、增加政府支出引起公众收入的增加；另一种是紧缩性的财政政策，即通过增加税收、减少政府支出引起公众收入的减少。

例如，国际收支逆差，则采用紧缩性财政政策，增加个人所得税或减少对公众的补贴，导致公众收入减少，进而引起进口支出下降，出口收入增加，从而改善国际收支。

（3）货币政策。

货币政策是指一国中央银行通过调整再贴现率、法定存款准备金率或进行公开市场业务等影响国内货币供应量和利率，进而影响国际收支的政策。货币政策也可分为两种：一种是扩张性的货币政策，即通过调低再贴现率和法定存款准备金率，在公开市场买入政府证券，引起国内货币供应量增加，利率下降；另一种是紧缩性的货币政策，即通过调高再贴现率和法定存款准备金率，在公开市场卖出政府证券，引起国内货币供应量减少，利率上升。

例如，国际收支逆差，则采用紧缩性的货币政策，导致国内货币供应量减少，利率上升，进而引起资本流入增加，资本流出减少，从而改善国际收支。

财政政策和货币政策的优点是可以保持汇率的稳定，缺点是会影响国内经济。因为紧缩性的财政政策和货币政策会使国内经济衰退，而扩张性的财政政策和货币政策又会使国内通货膨胀，因此，无论是财政政策还是货币政策，它们对国际收支的调节都是以牺牲国内经济为代价的。特别是当经济衰退和国际收支逆差并存或通货膨胀和国际收支顺差并存时，这种调节会使本已存在的经济衰退或通货膨胀更为严重。只有在国际收支逆差是因总需求大于充分就业条件下的总供给引起的情况下，采取紧缩性经济政策才不至于牺牲国内经济目标。因此，财政政策和货币政策适用于调节周期性的国际收支失衡。

（4）汇率政策。

汇率政策是指一国通过改变汇率水平来调节国际收支的政策，主要有本币贬值和本币升值两种政策。例如，国际收支逆差，则采用本币贬值的政策，使出口增加，进口减少，从而改善国际收支；反之，若国际收支顺差，则采用本币升值政策。

汇率政策的优点是可以避免通货紧缩，缺点是汇率的经常波动会加剧经济的不稳定，容易引起通货膨胀。因此，汇率政策要结合紧缩性的财政政策或货币政策来实施，主要适用于调节货币性的国际收支失衡。

（5）直接管制。

直接管制是指一国通过对外汇或外贸的管制来调节国际收支的政策，包括外汇管制和外贸管制。外汇管制是指对外汇的水平、外汇的收支等进行管制。外贸管制是指对进出口贸易的管制,主要措施有实行关税、进口配额、进口许可证制、出口补贴或优惠等。例如,国际收支逆差,则采用限制进口用汇、提高关税、实行进口许可证等方法,使出口减少,国际收支趋于均衡。

直接管制的优点是比较灵活,对可以进行结构性调整的产品可以提高关税或减少配额;对鼓励出口的产品则多实行补贴或优惠,且见效快;缺点是容易引起各国的"贸易战",引起国内生产效率和产品竞争力下降,产生官僚作风和贿赂风气等,因此,应谨慎采用这一政策。直接管制主要适用于调节短期的、结构性的国际收支的失衡。

(6) 供给政策。

供给政策是指通过改善一国的经济结构和产业结构,增加贸易品的生产,提高贸易品质量,以降低贸易品生产成本来改善国际收支的政策。例如,国际收支逆差,则通过提高贸易品质量,降低成本,使出口增加,国际收支达到均衡。供给政策的调节效果最好,但是难度大,时间长。供给政策主要适用于调节长期的、结构性的国际收支失衡。

五、国际收支风险监测和预警

国际收支风险监测和预警,就是要及时把握国内外经济金融形势变化和市场走势,判断国际收支和外汇收支风险状况,并对国际收支运行中的脆弱性和可能发生的危机作出预警。这是在扩大对外开放过程中,维护中国经济金融安全的客观需要,也是实现从事前监管到事后监管、从行为监管到主体监管的外汇管理方式转变的迫切要求。

当前,中国国际收支风险监测和预警体系的基本框架是:多层次的国际收支风险监测和预警系统,辅之以市场预期调查系统、企业贸易信贷抽样调查系统以及企业出口换汇成本调查系统,最终形成对外汇收支形势和国际收支形势的分析和风险预警报告。

六、国际储备

(一) 国际储备的概念

国际储备(International Reserves)是一国货币当局持有的,在国际间被普遍接受的,用于弥补国际收支逆差,维持其货币汇率的稳定和作为对外偿债保证的各种形式对外金融资产的总称。

一国融通外汇资金的能力可称为国际清偿能力,它在一定程度上综合反映一国的国际经济地位和金融资信。国际储备是一国具有的、现实的对外清偿能力,是国际清偿能力的一部分。

作为国际储备资产,必须具备以下一些基本条件。

1. 流动性

国际储备资产必须能自由兑换,而且当局必须能无条件获得并动用这些资产。

2. 普遍接受性

国际储备资产应该能为世界各国普遍承认和接受。

3. 官方持有

国际储备资产必须为一国货币当局所持有，国际储备也称为官方储备。

(二) 国际储备的构成

在不同的历史时期，国际储备资产的构成也有很大的变化，它经历了一个从简单到复杂的过程。目前，国际储备资产主要由四部分构成，各部分所占比重也在不断变化，见表1-3。

表1-3 全球国际储备资产的具体构成

单位：%

年 度	1950	1960	1970	1980	1990	1995
黄金储备	69.0	61.1	40.4	57.8	28.5	3.3
外汇储备	27.6	33.1	47.8	38.5	66.5	91.0
储备头寸	3.4	5.8	8.4	2.2	2.7	3.7
特别提款权	—	—	3.4	1.5	2.3	2.0

1. 黄金储备

黄金储备(Gold Reserves)是指一国货币当局持有的货币性黄金。在布雷顿森林体系下，黄金仍是重要的国际储备形式。从20世纪70年代中期以来，黄金在国际储备中所占的比重进一步降低，但并未失去其国际储备的身份，但是已失去了其主要储备资产的地位。

2. 外汇储备

外汇储备(Foreign Exchange Reserves)是一国货币当局持有的可兑换货币及其支付手段，其主要形式为国外银行存款与外国政府债券。目前，外汇储备是国际储备资产中最主要的形式。

充当国际储备资产的货币必须具备以下条件：必须能自由兑换成其他储备资产；能在国际货币体系中占重要地位；价值相对稳定。能够符合这些条件，成为国际储备资产的货币是以该国的经济实力为基础的。

超级链接

在第一次世界大战前，英镑是最主要的储备货币。在20世纪30年代，美元与英镑共享主要储备货币的地位。第二次世界大战后，美元成为各国外汇储备中最主要的储备货币。从20世纪70年代开始，外汇储备逐渐走向多元化。

3. 在国际货币基金组织的储备头寸

在国际货币基金组织的储备头寸(Reserve Position in the Fund)也称普通提款权(General Drawing Rights)，是指其成员国在国际货币基金组织的普通资金账户中可自由提取和使用的资产。

4. 特别提款权

特别提款权(Special Drawing Rights, SDRs)是一种记账单位,作为成员国的账面资产,是成员国原有的普通提款权以外的提款权利。特别提款权不同于其他储备资产,其特点如下:

(1) 它是一种"有名无实"的储备资产,特别提款权是一种以数字表示的记账单位。

(2) 它是一种人为的资产,是一种额外的资金来源。特别提款权不须付出什么代价或抵押,也不要偿还,因而是一种额外的资金来源。

(3) 它用一揽子货币定值,比较稳定。特别提款权的价值,最初以黄金表示,后改为以一揽子货币定值。

国际清偿能力包括国际储备、借入储备和诱导储备。借入储备是指一国与国际货币基金组织或其他国家政府签订备用借款协议及本国商业银行的对外短期资产。诱导储备指一国政府利用国际金融市场,通过政策的、新闻的手段来诱导国际资本的流动方向,从而间接达到调节国际收支的目的。

超级链接

关于国际储备的多少,有一个"特里芬标准"。美国金融学家特里芬提出:一国国际储备的合理数量,为该国进口总额的20% ~50%。对于大多数国家来说,保持储备占进口总额的30% ~40%是比较合理的。一般认为,如果按全年对进口额的比例计算,一国的国际储备量应满足三个月的进口需要,即全年进口额的25%左右。这个方法自20世纪60年代提出以来一直沿用至今。

(三) 中国的国际储备管理

1. 中国国际储备的特点

第一,实行稳定的黄金储备政策。第二,外汇储备快速增长并成为中国国际储备的绝对主体。第三,在基金组织的储备头寸和特别提款权的数额十分有限,但认购份额也在不断增加。

长期以来,中国的外汇储备由两部分组成:国家外汇库存和中国银行外汇结存。从1992年开始,中国的外汇储备中不再计算中国银行外汇结存部分。

2. 中国的外汇储备管理

中国的国际储备管理,主要针对国际储备总量的确定和国际储备结构的管理。基于中国国际储备构成的特点,管理的重点是外汇储备的管理。

(1) 外汇储备的规模管理

从实际情况看,中国的外汇储备水平必须高于三个月进口所需外汇的水平。

(2) 外汇储备的结构管理

在外汇储备结构的管理上,中国以安全性为第一要求,在保证安全性和流动性的前提下,做到有所增值。

管理的基本原则是：第一，坚持以较为坚挺货币为主的储备资产多元化的原则；第二，根据支付进口商品所需货币的币种和数量以及外债还本付息的币种确定各种货币在储备中的比例；第三，外汇储备资产投资结构的管理，要做到既能满足对外支付的需要，又能获得最大收益。

延伸阅读 1－2

国际收支统计中单个交易的复式记账法

国际收支统计中单个交易的复式记账法是指在国际收支中每笔交易的记录均由两个金额相等但方向相反的分录组成，反映了每笔交易的流入和流出。复式记账法也就是分别在借方和贷方记录单个交易，这个构成了会计体系的基础。

具体来说，对于每笔交易，各方都记录一个与之相应的贷方分录和借方分录：贷记（CR.）的内容为货物和服务出口、应收收入、资产减少，或负债增加。借记（DR.）的内容为货物和服务进口、应付收入，资产增加，或负债减少。举例来说，中国居民向非居民出售500个货币单位的货物，对于卖方而言是贷记出口，借记货币金融资产增加。该交易包括向非居民提供物质资源，以及从非居民处收到的金融资源，即补偿性收入。

同样，只涉及金融资产交易的分录，比如出售100个货币单位的股份。对于卖方而言，因为金融资产减少就贷记股份和其他股权，同时因为金融资产的增加借记货币。涉及资产换取负债的可举例为，借款人收到100个货币单位的现金贷款，对于借款人来说：因为负债增加就贷记贷款，因为金融资产增加就借记货币。

延伸阅读 1－3

中国的国际储备与外汇储备

中国的国际储备和其他国际货币基金组织成员国一样，由四部分构成。自1995年以来的国际储备可见下表：

1995 年以来我国的国际储备

单位：黄金为100万盎司，其他为亿美元

年　份	项　目			
	黄金储备	储备头寸	SDRs 余额	外汇储备
1995	12.67	12.2	5.8	736
1996	12.67	14.0	6.1	1 050
1997	12.67	22.7	6.0	1 399
1998	12.67	35.5	6.8	1 450
1999	12.67	23.1	7.4	1 547
2000	12.67	19.1	8.0	1 656
2001	16.10	25.9	8.5	2 122

续表

年　份	项　目			
	黄金储备	储备头寸	SDRs 余额	外汇储备
2002	16.1	37.1	9.9	2 864
2003	16.1	38.0	10.8	4 033

自 1997 年起，中国对外公布国际储备的情况。1980 年恢复了在国际货币基金组织的和世界银行的合法席位。

对于外汇储备，根据中国人民银行公布的数据，至 2013 年年末，中国的外汇储备再创历史新高，达到 3.82 亿美元。这一数据相比 2012 年年末增长了 5 097 亿美元，年增速也创出历史新高。

如果对中国的外汇储备进行形象地“购买”，发现中国外汇储备的“购买力”巨大：中国的外汇储备足够买下整个意大利；只要动用三分之一的外汇储备，中国就可以买下美国的四大 IT 企业：苹果、微软、IBM、谷歌；只要拿出六分之一，就能买下美国曼哈顿和华盛顿特区的房产；拿出一半就能够彻底解决欧洲的财政危机。

目前，3 万亿美元的外汇资产的投资收益，基本上是靠天吃饭，主要看美联储和国际金融市场大环境的变化。有关数据显示，中国外汇储备对外投资收益可观，年收益率在 3% 左右，管理水平在各个主权财富基金中居领先位置。但是如果综合考虑汇率损失，情况就不容乐观，人民银行持有外汇资产的损失极为惊人。到 2010 年年末，2003 年以来每年增加的外汇储备已经发生的汇率损失达 2 711 亿美元。

【实训演练 1－2】

1. 根据下列某国不完整的 BOP 年列表计算并分析。

（1）在表中的空格内填写正确的数字。

（2）判断该国国际收支是顺差还是逆差？具体金额是多少？

（3）判断该国外汇储备是增加了还是减少了？

项　目	差　额	贷　方	借　方
一、经常项目	160 818 311	903 581 787	742 763 476
二、资本和金融项目	62 963 916	418 956 199	355 992 283
三、储备资产			
1. 货币黄金	0	0	0
2. 特别提款权	－5 000	0	5 000
3. 在基金组织的储备头寸	1 929 000	1 929 000	0
4. 外汇	－208 940 000	0	208 940 000
5. 其他债权	0	0	0
四、净误差与遗漏			

2. 各模拟团队,登录国家外汇管理局和中国人民银行的网站,查询近五年的中国国际收支平衡表,比较分析历年国际收支状况,并加以简要分析造成国际收支不平衡的原因及对中国产生的影响。

【评价考核标准】

任　务	测评指标	考核标准	分　值	得　分
分析国际收支行情	国际收支各项差额	快速准确地计算四项差额	30	
	经常项目顺(逆)差	能用三种方法准确判断顺(逆)差	30	
	中国国际收支行情的基本分析	能快速地查询到并简单分析中国任意一个年度的国际收支行情	20	
	团队合作	共同讨论,协作完成、关心中国的国际经济地位	20	

任务 1.3　认识国际汇兑业务相关机构①

【操作指南】

步骤一:查询国际汇兑相关机构,罗列相关联的工作职能。

步骤二:调研本地企业进出口汇兑业务中与相关联机构的业务往来事项。

【相关知识】

从事进出口贸易的企业,相比从事国内贸易的企业而言,面对的政府部门、办事和服务机构相对较为复杂。除了一般企业具有的经营资质外,进出口企业还需要在专门的政府部门和办事机构登记、报备与申领相关资质文件。

具体来讲,进出口企业在登记注册成立后,打交道的政府部门主要涉及商务部、海关、国家外汇管理局等部门及其分支机构;服务机构包括银行、出口信用保险公司(以下简称“信保公司”)等机构。

一、商务部

商务部是主管国内外贸易和国际经济合作的部门,与企业对外贸易最密切关系的职能如下。

(一) 为对外贸易经营者备案

目前,中国对企业申请开展对外贸易业务的政策已放开,并无注册资金及年出口额的限制,只要企业有营业执照即可申请,民营企业与个体工商户也可申请开展对外贸易业务。申请进出口权首先须办理对外贸易经营者备案登记,后续涉及工商、税务、

① 郭党怀. 国际贸易金融服务全程通[M]. 2 版. 北京:中国海关出版社,2012:2-14.

海关、出入境检验检疫、电子口岸、外汇管理等七个部门。办理对外贸易经营者备案是企业申请进出口权的第一道手续。企业未办理对外贸易经营者备案的,海关不予办理进出口的报关验放手续。

商务部是全国对外贸易经营者备案登记工作的主管部门。此项工作实行全国联网和属地化管理。企业在本地区备案登记机关办理备案登记。商务部委托符合条件的地方对外贸易主管部门(以下简称备案登记机关)负责办理本地区对外贸易经营者备案登记手续。企业办理对外贸易经营者备案登记程序如下:

(1) 领取《对外贸易经营者备案登记表》(以下简称《登记表》)。对外贸易经营者可以通过商务部政府网站下载,或到所在地备案登记机关领取。

(2) 填写《登记表》。企业应按《登记表》要求认真填写所有事项的信息,并确保所填写内容的完整、准确和真实;同时认真阅读《登记表》背面的条款,并由企业法定代表人或个体工商负责人签字、盖章。

(3) 向备案登记机关提交如下备案登记材料:《登记表》、营业执照复印件、组织机构代码证书复印件、对外贸易经营者为外商投资企业的,还应提交外商投资企业批准的证书复印件、依法办理工商登记的个体工商户(独资经营者),须提交合法公证机构出具的财产公证证明;依法办理工商登记的外国(地区)企业,须提交经合法公证机构出具的资金信用证明文件。

(二) 进出口配额与许可证

配额管理往往与许可证管理结合在一起使用。中国目前采用的是配额与许可证结合使用的管理方式。国家实行统一的货物进出口许可制度,对有数量限制和其他限制的进出口货物实行进出口许可证管理,属于国家有数量限制的进口或者出口的货物,实行配额管理。即国家对部分货物在实行许可证管理的基础上实行配额管理,这部分商品在申领配额证明后,凭借配额证明申请办理进出口许可证。一方面,配额证明只是表示对某些进出口商品在数量上进行的限制,而进出口许可证才是货物准许进出口的标志;另一方面,配额证明的发放由不同归口管理单位负责,而进出口许可证发放只由商务部负责。这种管理方式有利于对配额数量的管理,防止超配额进出口对国家造成各种不利的影响。

1. 进出口配额

进出口货物配额管理是国家在一定时期内对某些货物的进出口数量或金额直接加以限制的管理措施。即对某种商品规定具体的进口或出口数量,超过规定的数量则不允许进口或出口(或者虽然允许进出口,但要缴纳较高的关税)。配额管理包括进口配额管理和出口配额管理。

进口配额限制有两种管理方式,即进口配额管理和关税配额管理。进口配额管理是指在一定时期内,对某些商品规定一个最高的进口数量或金额。一旦达到这个最高数额就不准进口。中国在加入世贸组织之前,对重要工业品进口、机电产品进口采用进口配额管理。关税配额不绝对限制商品的进口总量,而是在一定时期内对一定数量的进口商品,给予低税、减税或免税的待遇,对超过此配额的进口商品,则征收较高的关税或附加税和罚款。中国农产品进口关税配额,羊毛、毛条、化肥进口关税配额属于关税配额管理范围。

出口配额根据实施的主动性可以分为主动配额与被动配额。主动配额是指出口国家或地区根据境外市场上的容量和其他一些情况而对部分出口商品实行的配额出口。例如,出口到中国香港的活鸡、活牛、活猪等属于主动配额。被动配额是指出口国家或地区在进口国家的要求或压力下,被动规定某一时期内(一般为 3 年)对该国出口某些商品的限制额。但据世界贸易组织发布的《纺织品与服装协定》,自 2005 年 1 月 1 日起,纺织品被动配额应全部取消,全球纺织品贸易实现一体化。

一般货物的配额目录由国家发展和改革委员会会同有关部门提出意见,报经国务院批准后公布;关系国计民生的大宗资源性出口货物及在中国出口中占有主导地位的大宗传统出口货物,国外对中国有配额或要求中国主动限制出口数量的货物,其配额管理的货物目录,由商务部会同国务院有关部门制定、调整并公布。

2. 许可证

进出口许可证管理是进出口管理的重要手段,是国家对限制进出口货物、技术采取的一种非数量控制办法。进出口许可证是国家管理货物、技术进出口的法律凭证。凡属于进出口许可证管理的货物、技术,除国家另有规定外,各类进出口企业应在进出口前按规定向指定的发证机构申领进出口许可证,海关凭进出口许可证接受申报和验放。

中国进出口许可证按照发放目录的形式规定进出口许可证的适用范围。商务部是进出口许可证的归口管理部门,负责制定进出口许可证管理的规章制度等。2004 年 12 月,商务部发布了《货物进口许可证管理办法》和《货物出口许可证管理办法》,这两个规章都于 2005 年 1 月 1 日起正式实施。在这两个规章中,规定了申领进口或出口许可证应当提交的文件、许可证的发证依据、许可证的签发、许可证的有效期以及检查和处罚措施等。商务部授权配额许可证事务局统一管理、指导全国各发证机构的进出口许可证签发及其他相关工作。许可证事务局及其驻各地的特派员办事处和各省、自治区、直辖市及计划单列市商务主管部门为进出口许可证的发证机构。

(三) 贸易救济

商务部是中国贸易救济的主管部门,下设出口公平贸易局和产业损害调查局分别处理相关事务。具体而言,进出口公平贸易局负责反倾销、反补贴、保障措施等相关案件的受理、立案、对外公告的发布、产品范围调整、信息披露、对有关利害关系方的通知等;负责对倾销、补贴和保障措施、进口数量增长的调查和裁决等;负责指导、协调境外对中国出口商品的反倾销、反补贴和保障措施的应诉及相关工作,建立并完善中国出口应诉机制。产业损害调查局负责反倾销、反补贴、保障措施案件的产业损害调查与裁决,建立产业损害预警机制,指导保护国内产业安全的宣传、咨询、培训等。此外,出口公平贸易局和产业损害调查局共同就倾销、补贴和保障措施进口数量增长与损害之间的因果关系进行调查,由商务部统一作出决定或裁决并对外发出公告。

二、国家外汇管理局

外汇管理是指一国政府授权国家货币金融管理当局或其他国家机关,对外汇收支、买卖、借贷、转移以及国际结算、外汇汇率和外汇市场等实行的管制措施。

国家外汇管理局(以下简称"外汇局")及其分局和外汇管理部是中国依法履行外汇管理职责的管理部门,发挥着促进国际收支平衡,促进国民经济健康发展的作用。外汇管理部门涉及企业管理职能的部门主要有国际收支司、经常项目管理司、资本项目管理司、管理检查司、政策法规司(综合司)等。

在中国,境内机构、境内个人的外汇收支或者外汇经营活动以及境外机构、境外个人在境内的外汇收支或者外汇经营活动都需要接受外汇管理部门的管理。

中国外汇管理部门的外汇管理职能是在不断转变与发展的。在改革开放以前,中国实行高度集中的计划经济体制,由于外汇资源短缺,一直实行比较严格的外汇管制。自1978年实行改革开放以来,中国外汇管理体制改革有序地由高度集中的外汇管理体制向与社会主义市场经济相适应的外汇管理体制转变。当前中国的外汇管理框架是:(1) 人民币经常项目可兑换,也就是对经常性国际支付和转移不予限制;(2) 资本项目部分可兑换;(3) 加强对金融机构外汇业务的监督和管理;(4) 改进的人民币汇率形成机制;(5) 发展外汇市场;(6) 国家实行国际收支统计申报制度,健全和完善国际收支监测体系;(7) 健全和完善外汇管理信息化系统;(8) 逐步建立科学有效的外汇管理法规体系。

就涉及企业的主要外汇管理职能分类介绍,具体内容如下。

(一) 国际收支统计管理

根据《国际收支统计申报办法实施细则》,外汇局及其分支局是负责国际收支统计的管理部门,交易主体应当按照规定向外汇局申报其以各种支付方式(包括本外币电子支付手段和现钞等)进行的对外交易和相应的收支情况。具体是指,国家外汇管理部门负责组织实施国际收支统计申报,并进行监督、检查;统计、汇总并公布国际收支状况和国际投资状况;制发国际收支统计申报单及报表。国际收支统计申报实行交易主体申报的原则,采取间接申报与直接申报、逐笔申报与定期申报相结合的办法。中国境内所有地区,包括设立在保税区和保税仓库等范围内的中国居民与非中国居民之间发生的一切经济交易都应当及时、准确、全面地申报其国际收支。中国居民通过境内金融机构与非中国居民进行交易的,应当通过该金融机构向国家外汇管理部门申报交易内容。外商投资企业、在境外有直接投资的企业及其他有对外资产或者负债的非金融机构,必须直接向国家外汇管理部门申报其对外资产负债及其变动情况和相应的利润、股息和利息收支情况。证券交易商以及证券登记机构进行自营或者代理客户进行对外证券交易的,应当向国家外汇管理部门申报其自营和代理客户的对外交易及相应的收支与分红派息情况。交易商以期货、期权等方式进行自营或者代理客户进行对外交易的,应当向国家外汇管理部门申报其自营和代理客户的对外交易及相应的收支情况;国家外汇管理部门可以就国际收支情况进行抽样调查或者普查,并有权对中国居民申报的内容进行检查、核对。

(二) 经常项目外汇管理

经常项目是指国际收支中涉及货物、服务、收益及经常转移的交易项目等。具体是指与外国进行经济交易而经常发生的项目,包括对外贸易收支、非贸易往来和无偿转让三个项目。对外贸易收支是指因进出口货物而发生的外汇收支。非贸易往来,又称劳务收支或无形贸易收支,包括货运、港口供应与劳务、旅游收支、投资收支和其他非贸易往来收支。无偿转让,包括本国与国际组织、外国政府之间相互的无偿援助和捐赠以及私人的侨汇和居民的其他收入。

根据现行《中华人民共和国外汇管理条例》(以下简称《外汇管理条例》)中的规定,经常项目外汇收支应当具有真实、合法的交易基础。经营结汇、售汇业务的金融机构应当按照外汇管理部门的规定,对交易单证的真实性及其与外汇收支的一致性进行合理审查。经常项目外汇收入,可以按照国家有关规定保留或者卖给经营结汇、售汇业务的金融机构。经常项目外汇支出,应当按照外汇管理部门关于付汇与购汇的管理规定,凭有效单证以自有外汇支付或者向经营结汇、售汇业务的金融机构购汇支付。涉及贸易项下的管理职能主要包括出口收汇核销和进口付汇核销。

1. 出口收汇核销

出口收汇核销制度始于1991年,是一种以出口货物价值为标准,事后核对是否有相应的外汇收回境内的管理制度。外汇局和海关依据货物出口是否收汇等情况,将出口报关监管方式分为不需要使用出口收汇核销单报关(企业无须办理出口收汇核销手续)和需要使用出口收汇核销单报关两类。需要使用出口收汇核销单报关出口的,企业办理出口、收汇及核销的流程为:企业首先取得对外贸易经营权并领取中国电子口岸IC卡,便可以到所在地外汇局领取出口收汇核销单,随后凭核销单及海关要求的其他材料办理出口报关;当企业按照合同收回货款后,凭报关、收汇以及核销单等纸质凭证或电子信息办理核销手续。目前,全国许多地区的企业出口收汇核销业务已可直接通过网络完成,无须往返外汇局。企业完成核销手续后,可以向税务部门申请办理出口退税。

出口收结汇联网核查:自2008年7月14日起,外汇局、商务部和海关总署联合推出了出口收结汇联网核查制度,即以企业出口货物总值为依据,审核贸易项下已经收到的外汇资金是否具有真实、合法的交易背景。外汇局建立出口收结汇联网核查系统,海关向该系统提供企业出口货物报关单数据,该系统自动计算出企业各类贸易方式出口和预收货款所对应的可收汇额。企业从境外收到的贸易货款应进入其“待核查账户”。银行必须先登录联网核查系统,在可收汇额度内进行核注后,才能为企业办理待核查账户内资金的结汇或划出。企业既可以凭相关单证到银行办理联网核查,又可以通过联网核查系统“网上交单”功能授权银行直接网上操作。

2. 进口付汇核销

进口付汇核销制度始于1994年,是以进口足额到货为标准,对贸易付汇的真实性进行事后甄别,报关单金额要与付汇金额大致相等,相关单证要素应保持一致性的管理制度。1998年,外汇局、海关总署联合推行了进口报关单联网核查系统,使银行在办理进口付汇时可以通过电子数据逐笔核验报关单的真伪。2003年,外汇局和海关按照是否允许付汇,将进口报关单的海关监管方式分为可付汇(进口报关单可直接用于进口付汇和核销)、有条件付汇(进口报关单须在提交相关证明材料后方可办理付汇和核销)以及不可付汇(进口报关单不可用于付汇和核销)三大类。此外,该制度还包含了对进口付汇主体的监管，分为贸易付汇资格准入（即名录管理）、对高风险主体和高风险业务的分类管理。已在商务部门办理登记获取外贸经营权的企业均可向注册地外汇局申请《对外付汇进口单位名录》登记，只有进入名录的企业方可在银行办理贸易进口付汇。分类管理则按照《外汇局审核真实性的进口单位名单》（以下简称《名单》）分为管理与进口付汇备案管理两部分。外汇局会将进口业务存在违规、违法行为的企业列入《名单》。对于非《名录》《名单》的企业进口付汇及在注册地以外地区银行进行异地付汇的，需要在付汇前到外汇局办理进口付汇备案。

（三）资本项目外汇管理

资本项目是指国际收支中引起对外资产和负债水平发生变化的交易项目，包括资本转移、直接投资、证券投资、衍生产品及贷款等。具体是指资本的输出输入，所反映的是与外国之间以货币表示的债权债务的变动，换言之，就是为了某种经济目的在国际经济交易中发生的资本跨国界的收支项目，可分为长期资本和短期资本。长期资本往来是指合同偿还期在一年、一年以上或未定偿还期的资本往来，主要有直接投资、证券投资、国际组织贷款、外国政府贷款、银行借款、地方部门借款、延期付款、延期收款、加工装配补偿贸易中应付客商作价设备款、租赁和对外贷款等。短期资本往来是指即期付款或合同规定的偿还期为一年以下的资本往来，主要有银行借款、地方部门借款、延期收款及延期付款等。

根据《外汇管理条例》的规定，境外机构、个人在境内直接投资，或者从事有价证券或者衍生产品发行、交易境内机构、个人向境外直接投资或者从事境外有价证券、衍生产品发行、交易以及国家规定需要事先经有关主管部门批准或者备案的，经有关主管部门批准后，应当到外汇管理机关办理登记。此外，境外机构、个人在境内从事有价证券或者衍生产品发行、交易，还应当遵守国家关于市场准入的规定。国家对外债实行规模管理。借用外债应当按照国家有关规定办理，并到外汇管理机关办理外债登记。提供对外担保，应当向外汇管理机关提出申请，由外汇管理机关根据申请人的资产负债等情况作出批准或者不批准的决定。申请人签订对外担保合同后，应当到外汇管理机关办理对外担保登记。资本项目外汇收入保留或者卖给经营结汇、售汇业务的金融机构，应当经外汇管理机关批准。

资本项目外汇支出，应当按照外汇管理部门关于付汇与购汇的管理规定，凭有效单证以自有外汇支付或者向经营结汇、售汇业务的金融机构购汇支付。国家规定应当经外汇管理机关批准的，应当在外汇支付前办理批准手续。依法终止的外商投资企业，按照国家有关规定进行清算、纳税后，属于外方投资者所有的人民币，可以向经营结汇、售汇业务的金融机构购汇汇出。资本项目外汇及结汇资金，应当按照有关主管部门及外汇管理机关批准的用途使用。外汇管理部门有权对资本项目外汇及结汇资金使用和账户变动情况进行监督检查。

三、海关

海关作为国家的进出关境监督管理机关，在企业的进出口贸易活动中扮演着重要的角色。从监管的角度来看，企业所有进出境运输工具、货物、物品，必须通过设立海关的地点入境或者出境,同时需要办理报关纳税手续。

在进出口贸易中,海关还有“服务经济”的职责,肩负着贸易安全和贸易便利两大使命。因此,海关在履行监管职能的同时,也推出了面向进出口企业的便利措施和相关服务,有效地利用这些服务,将对企业的业务发展起到积极的促进作用。

(一)海关基本职能

(1)监管进出境运输工具、货物、物品。

(2)征收关税和其他税费。

(3)查缉走私。

(4)编制海关统计和办理其他海关业务。

根据上述职能,海关主要履行七项职责:通关监管;税收征管;加工贸易和保税监管;海关统计;海关稽查;打击走私;口岸管理。

(二)海关对进出口企业进行监管

从某种角度来讲,进出口企业和海关联系的纽带就是进出口货物。企业进出口货物,需要办理报关、缴纳关税等手续,都需要和海关打交道。从海关的角度来讲,对进出口企业的监管最终体现在对进出境货物的监管。海关的具体监管包括报关、查验、征税和放行四个环节。

1. 报关

报关是进出口货物接受海关监管的前提条件,是指进口货物的收货人以及出口货物的发货人在货物进出境时,在法律规定时间内以书面形式向海关申报货物名称、规格、货号、数量、成交价格、贸易国别和地区、原产地等内容,以便接受海关监管的制度。

2. 查验

查验是指海关以已经审核的单证为依据,在海关监管区域内对进出境货物进行核对和检查。主要目的是确定进出口货物是否合法,检查货物有无残损,包装是否符合运输要求,以便准确计征关税和进行海关统计等。

3. 征税

征税是指海关对准许进出口的货物征收关税。海关征收的税种包括关税、增值税和消费税,在实践中企业除了在海关缴纳相关税款外,还可以委托报关行银行柜台缴纳关税,随着海关电子口岸平台的搭建,国内一些银行开始向进出口企业提供网上缴纳关税和付税担保的服务,使企业能够简化付税流程,提高工作效率。

4. 放行

放行是最后环节,是指海关准许进境或出境的制度。当进出口企业作为进出口货物的收货人或发货人,在接受并通过海关查验,并且缴纳了相关税费之后,海关会在货运单据上加盖海关放行章,企业此时就可以办理进出口货物的通关手续。

(三)海关为企业提供的服务

海关在履行监管职责的同时,也为进出口企业提供便利服务,这些服务内容对进出口企业的经营发展起到积极的促进作用。

1. 提供数据统计服务

海关统计是海关依法对进出口货物贸易的统计,是国民经济统计的组成部分。对于海关统计的任务，海关统计条例规定了四个方面的内容，即统计调查、统计分析和统计监督，进行进出口监测预警，编制、管理和公布海关统计资料，提供统计服务。

进出口企业往往具有很大的信息需求，希望通过相关信息寻找到客户资源，了解竞争对手的情况，得到整个市场的供求关系和贸易趋势的分析，海关统计服务可以为进出口企业上述需求提供重要的参考信息。

海关总署综合统计司是全国海关统计工作的领导机构，海关统计的内容包括进出口商品的品种、数量、价格、国别(地区)、经营单位、境内目的地、境内货源地、贸易方式、运输方式、关别等。海关统计以经海关认定的进出口货物报关单为最主要的原始资料。在统计过程中，进出口货物的名称及编码，按照《中华人民共和国海关统计商品目录》进行归类统计；进出口货物的数量，按照《中华人民共和国海关统计商品目录》规定的计量单位进行统计。

海关总署在每年年初会以公告的形式，公布当年的《中国海关统计数据发布时间表》，企业可以通过《中国海关统计》月刊、《中国海关统计年鉴》、《中国对外贸易指数》月刊、《进出口贸易动态分析》季刊查询海关统计信息，也可以通过海关统计资讯网获取海关统计数据。

2. 开放信息查询窗口

海关网站是一个信息的窗口，提供了多种信息查询服务。以海关总署的网站为例，进出口企业可以很容易地查询“通关参数”“通关状态”“企业基本情况”等信息，也可以查询海关的各项要闻、通告、统计信息，企业常用的《企业性质代码表》《国别代码表》《监管方式代码表》等都可以从网站上直接查询下载。

更为便利的是，进出口企业可以选择“互动”板块，进行具体的业务咨询。各种查询咨询服务，还可以通过免费短信、直接订阅、按时用手机接收。海关通过网站向社会公布相关海关政策、制度和各类监管信息。进出口企业可以及时了解海关管理的新政策、法规、制度，根据这些内容，可以对贸易环境有更全面的把握，从而及时调整企业经营的思路和方向。进出口企业还应及时关注海关政策调整的情况、税率的变化，以便及早对自身的资金作出安排。

3. 建立与企业的合作伙伴关系

近年来，海关越来越重视与企业良好关系的培养，希望建立互利的“伙伴关系”。所谓互利，一方面，海关可以将自身的监管逐步深入到贸易的整个链条；另一方面，进出口企业可以享受一些贸易便利，节约贸易成本。为促进与进出口企业伙伴关系的建立，海关已经采取了一些措施，如对企业实施分类管理就是其中的一项重要举措。依照《中华人民共和国海关对企业实施分类管理办法》的规定，海关根据企业的经营管理状况、报关状况、遵守法律法规的状况，对企业实施动态管理，将企业设置为AA、A、B、C、D五个类别。根据企业的不同分类，海关采取不同的管理措施，对AA类和A类企业适用相应的通关便利措施，B类企业适用常规管理措施，C类和D类企业适用严密监管措施，体现了海关守法便利的指导思想。海关将对企业守法的要求和守法便利密切结合在一起，诚信经营的进出口企业能够获得便捷通关，可以降低人力成本，减少货物堆存费、港费等相关费用，从而节省企业的成本。

四、信保公司

在国际贸易中，国内出口企业与国外买家地处不同的国家或地区，相距遥远，对国外买家的资信情况、经营状况等不甚了解。尤其是在当前金融危机的背景下，国际贸易收汇风险骤增，出口企业一旦将货物出运，必将承担巨大的收汇风险，有的出口企业甚至处于有单不敢接的两难境地。但如果出口企业设立专门的信用机构，自行进行资信调查、应收账款追缴，不仅成本高，而且由于受其专业能力、调查经验等所限，往往事倍功半、收效甚微。而通过向出口信用保险公司投保出口信用保险可以帮助出口企业解决此类问题。

（一）出口信用保险的内容

出口信用保险一般承保两类风险：政治风险和商业风险。政治风险是指在进出口买卖双方均无法控制的情况下，承担付款义务的国外进口商或银行，因其所在国家或地区政治或政府行为导致进口商不能按时支付出口商货款的风险。政治风险通常包括：国外进口商或进口商银行所在国家或地区禁止或限制汇兑，撤销进口许可，颁布延期付款令或发生战争、暴动等政治事件。商业风险是指承担付款义务的国外进口商或其银行由于自身信用问题不能按时支付卖方货款的风险。商业风险通常包括买方或开证行破产或无力偿付债务、买方或开证行拖欠货款、买方拒绝接受货物、开证行拒绝承兑等。

出口企业投保出口信用保险虽然会支出一定的财务费用，但出口信用险给出口企业带来诸多好处。

一是出口收汇有保障。出口信用保险为发生收汇损失的企业提供经济补偿，使其最大限度地减少损失，维护出口企业的权益，保障出口企业稳健运行。

二是以赊销方式开拓市场。出口信用保险免去了出口商收汇的后顾之忧，出口商可以采用对进口商更有吸引力的赊销结算方式来开拓新市场，扩大业务量。

三是带来融资便利。在投保了出口信用保险后，出口商收汇有了保障，此时商业银行更愿意为其提供资金融通，使出口商迅速回笼资金。

四是获得买家资信调查服务。在投保出口信用险后，依靠出口信用保险公司掌握的国外买家的风险调查评估，可以准确选择贸易对象，做到风险事前防范。

超级链接

出口信用保险是各国政府为推动本国产品和服务出口，保障出口企业的收汇安全，以国家财政提供保险准备金的非营利性的政策性保险业务，而出口信用保险公司是为此而建立的官方信用支持机构。出口信用保险由来已久，其诞生于19世纪末的欧洲，最早在英国和德国等地萌芽。1919年，英国建立了出口信用制度，成立了第一家官方支持的出口信贷担保机构——英国出口信用担保局，随后比利时、挪威、西班牙、瑞典等国相继建立了以政府为背景的出口信用保险和担保机构，目前至少有60多个国家建立了出口信用保险机构。中国的出口信用专业投保机构是中国出口信用保险公司，其成立于2001年。

五、银行

银行是贸易中资金流和信息流中最为关键的结点，企业从货款的收付汇、结售汇、贸易融资、资金清算、代理保险和网上支付关税等方面需要与银行打交道。具体在项目五和项目七中加以阐述。

延伸阅读 1-4

中国外汇管理的历史沿革

改革开放前，中国实行严格外汇集中计划管理，国家对外贸和外汇实行统一经营，外汇收支实行指令性计划管理。所有外汇收入必须售给国家，用汇实行计划分配；对外基本不举借外债，不接受外国来华投资；人民币汇率仅作为核算工具。改革开放后，中国外汇管理体制根据经济社会发展和经济体制改革的迫切要求，沿着逐步缩小指令性计划、不断培育和增强市场机制在配置外汇资源中的基础性作用的方向转变。经过30多年的努力，初步建立起了适应社会主义市场经济要求的外汇管理体制。1978年以来，外汇管理体制改革大致经历了三个重要阶段。

第一阶段（1978—1993），外汇管理体制改革起步。

第二阶段（1994—2000），社会主义市场经济条件下的外汇管理体制框架初步确定。1994年年初，国家对外汇体制进行了重大改革，取消外汇留成制度，实行银行结售汇制度，实行以市场供求为基础的、单一的、有管理的浮动汇率制度，建立统一规范的外汇市场。

第三阶段（2001年以来），以市场调节为主的外汇管理体制进一步完善。2001年年底加入世界贸易组织以来，适应新形势新挑战，外汇管理体制改革向纵深推进，积极促进贸易投资便利化，稳步推进资本项目可兑换，加强跨境资金流动管理，健全国际收支统计监测，完善外汇储备经营管理。伴随着入世后外汇储备规模的较快增长，2001年，外汇储备经营以规范化、专业化和国际化为目标，建立了投资基准经营管理模式和风险管理框架，完善了大规模外汇储备经营管理的体制机制。2005年7月启动的人民币汇率形成机制改革为深化外汇管理体制改革注入新的活力。企业和个人持有和使用外汇的政策更加便利，外汇市场加快发展。与此同时，外汇管理方式加快从重点管理外汇流出转为流入与流出均衡管理，逐步建立起资本流动双向均衡管理的制度框架，在2008年新修订的《外汇管理条例》确立了均衡监管思路，并在行政法规层面明确取消了强制结售汇制度。2009年以来，针对跨境资金流向复杂和规模增大、市场主体便利化需求不断增长的现实，外汇管理加快了理念和方式的"五个转变"，即从重审批转变为重监测分析、从重事前监管转变为强调事后管理、从重行为管理转变为更加强调主体管理、从"有罪假设"转变到"无罪假设"、从"正面清单"（法无明文授权不可为）转变到"负面清单"（法无明文禁止即可为）。

【实训演练 1－3】

1. 查询商务部、外汇局、海关和相关银行网站，并加以收藏。

2. 各小组根据各自组建的贸易模拟团队，罗列一笔出口业务和一笔进口业务中与商务部、外汇局、海关及相关机构产生关联的工作事项。

【评价考核标准】

任 务	测评指标	考核标准	分 值	得 分
认识国际汇兑相关机构	能查询商务部、外汇局、海关和相关银行网站	快速准确查询国际汇兑业务相关机构网站	70	
	团队合作	共同讨论，协作完成	30	

项目二

货币兑换

【应知目标】

了解进出口主要交易国货币，汇率的分类、确定基础和影响因素；理解汇率的含义，买入价与卖出价的内涵，货币兑换原理；掌握货币兑换流程，本外币折算原理。

【应会目标】

- 能辨认主要交易国货币。
- 能利用现代网络查询外汇牌价。
- 能根据外汇牌价表选择正确的兑换率。
- 能办理货币兑换业务。

【素质目标】

- 培养仔细严谨的处事态度和团结协作的合作精神。

【企业典型案例导入】

经过两个月在公司的不断学习与实践，国际市场部主管 Alice 决定让小波开始真正接手公司业务。小波接到通知，要他在一个月后到美国芝加哥参加家庭用品博览会（Home Housewares Show）。小波在着手准备参展商品相关资料的同时，根据参展所需将大致费用兑换成 3 万美元。

【任务分析】

作为一名外贸工作的从业者，即将要赴美参加展会，这是一个十分难得的机会，取得订单的机会很大。师傅要求小波先对本公司和中国进出口贸易主要交易国的货币作一个详尽的了解，能做到对主要国家货币的面值、符号进行准确辨认。其次，从外汇牌价表入手，选择正确的兑换汇率，将人民币兑换成美元。最后，到相关银行完成货币兑换业务的办理。

任务 2.1　辨认主要交易国家(地区)的货币

中国进出口贸易的主要交易国或地区分布广泛,在东南亚国家联盟里有文莱、缅甸、柬埔寨、印度尼西亚、老挝、马来西亚、菲律宾、新加坡、泰国、越南。在欧洲联盟里有比利时、丹麦、英国、德国、法国、爱尔兰、意大利、卢森堡、荷兰、希腊、葡萄牙、西班牙、奥地利、芬兰、瑞典、塞浦路斯、匈牙利、马耳他、波兰、爱沙尼亚、拉脱维亚、立陶宛、斯洛文尼亚、捷克、斯洛伐克、保加利亚、罗马尼亚。在亚太经济合作组织里有文莱、中国香港、中国台湾、印度尼西亚、日本、马来西亚、菲律宾、新加坡、韩国、泰国、越南、俄罗斯、智利、墨西哥、秘鲁、加拿大、美国、澳大利亚、新西兰、巴布亚新几内亚。中国重点商品的出口国家或地区有美国、韩国、日本、荷兰、德国、新加坡、印度、墨西哥、英国、马来西亚、越南等。

【操作指南】

步骤一:查询中国进出口贸易的主要交易国家或地区。

步骤二:查询中国进出口主要交易国家或地区的货币图案、货币名称与简写的货币符号。

步骤三:建立进出口主要交易国家或地区的货币信息采集表(见表 2-1),并进行识记与辨认。

表 2-1　主要交易国家或地区货币的相关信息采集表

货币符号	货币名称	使用国家(地区)	辅币进位制
HKD	港币	中国香港	1HKD = 100 cents(分)
USD	美元	美国	1USD = 100 cents(分)
JPY	日元	日本	1JPY = 100 sen(钱)
PEM	马克	德国	1DEM = 100 pfenning(芬尼)
MXP	比索	墨西哥	1MXP = 100 centavos(分)
SUR	卢布	俄罗斯	1SUR = 100 kopee(戈比)
CAD	加元	加拿大	1CAD = 100 cents(分)
VND	越南盾	越南	1VND = 10 角 = 100 分

【相关知识】

一、亚洲主要交易国家货币

(一) 日元

日本的货币名称为日元。其发行机构是日本银行。主辅币制为1 日元等于 100 钱。目前已经发行并流通的纸币面额有 500 日元、1 000 日元、5 000 日元、10 000 日元,硬币有 1 日元、5 日元、10 日元、50 日元、100 日元、500 日元。ISO 货币符号为 JPY。日元经常被当作国际储备货币。

1000
1000
ZF593922U
日本銀行券
千円
日本銀行
ZF593922U

NIPPON GINKO
1000
YEN
1000

（二）韩国元

10000
2513369 가바사
한국은행권
만 원
한국은행
2513369 가바사
10000

THE BANK OF KOREA
10000
10000 WON
10000

韩国的货币名称为韩国元。其发行机构是韩国银行。目前已经发行并流通的纸币面额有 50 韩元、100 韩元、500 韩元、1 000 韩元、5 000 韩元、10 000 韩元，硬币有 10 韩元、50 韩元、100 韩元、500 韩元。ISO 货币符号为 KRW。

（三）新加坡元

新加坡的货币名称为新加坡元。其发行机构是新加坡货币局。主辅币制是 1 元等于 100 分。目前已经发行并流通的纸币面额有 1 元、5 元、10 元、20 元、50 元、1 000 元，硬币有 1 元、5 元、10 元。ISO 货币符号是 SGD。100 元、1 000 元券各有三种版式。一种是以胡姬花为票面主要图案的钞票，一种以鸟类为票面主要图案的钞票，1984 年以来又发行了面额为 100 元、1 000 元券钞票，正面主要图案是各种不同的轮船。在各种面额钞票的正背面显著位置上均印有“SINGAPORE”字样，正面还印有“立狮扶星月盾牌”图。

（四）林吉特

马来西亚的货币名称为林吉特。其发行机构是马来西亚国家银行。主辅币制是 1 林吉特等于 100 仙。目前已经发行并流通的纸币面额有 1 林吉特、2 林吉特、5 林吉特、10 林吉特、20 林吉特、50 林吉特、100 林吉特、500 林吉特、1 000 林吉特，硬币有 1 仙、5 仙、10 仙、20 仙、50 仙和 1 林吉特。ISO 货币符号为 MYR。

BANK NEGARA MALAYSIA
10
WANG KERTAS INI SAH DIPERLAKUKAN
DENGAN NILAI
SEPULUH
RINGGIT
GABENOR
$10
WN8664469

BANK NEGARA MALAYSIA
$10
10

（五）印尼卢比

100000
BANK INDONESIA
100000
1999
SERATUS RIBU RUPIAH

BANK INDONESIA
100000
AIG 535457
100000
AIG 535457
SERATUS RIBU RUPIAH

印度尼西亚的货币名称为印尼卢比。其发行机构是印度尼西亚银行。主辅币制是1卢比等于100仙。目前已经发行并流通的纸币面额有100卢比、500卢比、1 000卢比、5 000卢比、10 000卢比、20 000卢比、50 000卢比，硬币有25卢比、50卢比、100卢比、500卢比、1 000卢比。ISO货币符号为IDR。

（六）印度卢比

印度的货币名称为印度卢比。其发行机构是印度储备银行。主辅币制是1卢比等于100派士。目前已经发行并流通的纸币面额有1卢比、2卢比、5卢比、10卢比、20卢比、50卢比、100卢比、500卢比、1 000卢比，硬币有1派士、2派士、5派士、10派士、20派士、25派士、50派士。ISO货币符号为INR。

（七）泰铢

泰国的货币名称为泰铢。其发行机构是泰国国家银行。主辅币制是1泰铢等于100萨当。目前已经发行并流通的纸币面额有10泰铢、20泰铢、50泰铢、100泰铢、500泰铢、1 000泰铢，硬币有1萨当、5萨当、10萨当、20萨当、25萨当、50萨当和1泰铢、2泰铢、5泰铢、10泰铢。ISO货币符号为THB。

500
6F 3715386

（八）阿联酋迪拉姆

UNITED ARAB EMIRATES CENTRAL BANK
5
5
5
FIVE DIRHAMS

الإمارات العربية المتحدة
المصرف المركزي
خمسة دراهم

阿拉伯联合酋长国的货币名称为阿联酋迪拉姆。其发行机构是阿联酋中央银行。主辅币制是 1 迪拉姆等于 100 费尔。目前已经发行并流通的纸币面额有 5 迪拉姆、10 迪拉姆、20 迪拉姆、50 迪拉姆、100 迪拉姆、500 迪拉姆、1 000 迪拉姆，硬币有 1 费尔、5 费尔、10 费尔、25 费尔、50 费尔和 1 迪拉姆。ISO 货币符号为 AED。

（九）沙特里亚尔

沙特阿拉伯王国的货币名称为沙特里亚尔。其发行机构是沙特阿拉伯金融管理局。主辅币制是 1 里亚尔等于 20 吉尔西等于 100 哈拉拉。目前已经发行并流通的纸币面额有 1 里亚尔、5 里亚尔、10 里亚尔、50 里亚尔、100 里亚尔、500 里亚尔，硬币有 1 哈拉拉、5 哈拉拉、10 哈拉拉、25 哈拉拉、50 哈拉拉、100 哈拉拉。ISO 货币符号为 SAR。

（十）土耳其里拉

土耳其货币的名称为土耳其里拉。其发行机构是土耳其中央银行。主辅币制是 1 里拉等于 100 库鲁。目前已经发行并流通的纸币面额有 10 里拉、100 里拉、500 里拉、1 000 里拉、5 000 里拉、10 000 里拉，硬币有 500 里拉、1 000 里拉、2 500 里拉、100 000 里拉。ISO 货币符号为 TRL。

超级链接

亚洲国家的货币中，使用最多的是“元”，如中国、美国、日本、韩国的货币单位的名称都叫作“元”。“卢比”只在亚洲和非洲国家采用。采用“盾”的如亚洲的越南。采用“第纳尔”的如亚洲的巴林、伊拉克、约旦、科威特、也门（南）。以“里亚尔”为货币单位名称的国家全在亚洲，包括伊朗、阿曼、卡塔尔、沙特阿拉伯、北也门等。“里拉”是亚洲土耳其与意大利加入欧元区前的货币。

以“法郎”为货币名称的国家数目排其次，有30多个国家，但是在亚洲没有。用“比索”作货币单位名称的国家多在美洲。采用“镑”的货币名气虽大，但用它作货币名称的国家并不多，大约有10个。欧元问世前，使用“马克”的国家全在欧洲，如芬兰和德国等。欧洲奥地利、非洲肯尼亚等国使用“先令”。欧洲的捷克、丹麦、冰岛、挪威、瑞典和美洲的格陵兰则使用“克朗”。

此外，还有“科朗”“埃斯库多”等货币名称，采用的国家很少，一般只有两三个，且这些货币只在本国国内流通，因此知道的人也不多。尽管不同国家货币单位可能相同，但实质上是不同的，除少数可在部分国家流通外，大部分仅限货币发行国国内流通。

二、欧洲主要交易国家货币

（一）欧元

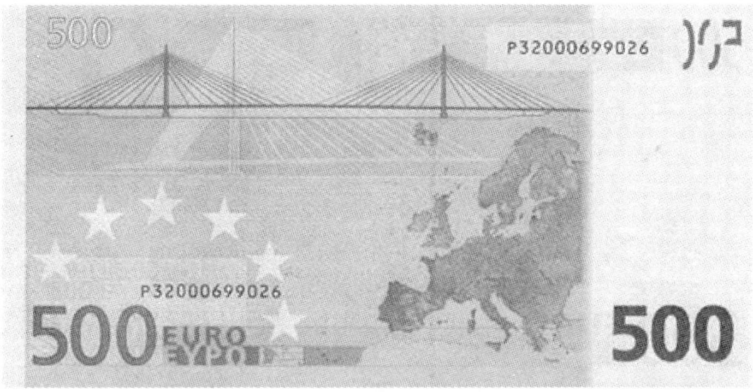

欧元的前身为欧洲货币单位，是欧盟部分成员国使用的货币。其管理和发行机构是欧洲中央银行和欧洲货币局。主辅币制是 1 欧元等于 100 欧分。目前已经发行并流通的纸币面额有 5 欧元、10 欧元、20 欧元、50 欧元、100 欧元、200 欧元、500 欧元 7 种；硬币有 1 欧元、2 欧元和 1 欧分、2 欧分、5 欧分、10 欧分、20 欧分、50 欧分。ISO 货币符号为 EUR。

目前，欧元区有 17 个国家使用欧元，包括爱尔兰、奥地利、比利时、德国、法国、芬兰、荷兰、卢森堡、葡萄牙、西班牙、希腊、意大利、斯洛文尼亚、塞浦路斯、马耳他、斯洛伐克、爱沙尼亚。但是英国、丹麦等国家因考虑自身利益等原因仍未进入欧元区。欧元区 17 个国家的硬币有一面图案相同，另一面则不相同。欧元现钞于 2002 年 1 月 1 日起正式流通。欧元是仅次于美元的国际储备货币和国际结算货币。

（二）英镑

英国的货币名称为英镑或镑。其发行和管理机构是英格兰银行。主辅币制是 1 英镑等于 100 新便士。目前已经发行并流通的纸币面额有 5 英镑、10 英镑、20 英镑、50 英镑；硬币有 1/2 新便士、1 新便士、2 新便士、5 新便士、10 新便士、20 新便士、50 新便士及 1 英镑。ISO 货币符号为 GBP。

英国虽然是欧盟的成员国，但尚未加入欧元区，故仍然使用英镑。除了英国，英国海外领地的货币也以镑作为单位，与英镑的汇率固定为 1∶1。英镑是重要的国际储备货币和国际结算货币之一。

£10
Bank of England
I PROMISE TO PAY THE BEARER ON DEMAND THE SUM OF
TEN
Pounds
AJ33 678702
10

£10
BANK of ENGLAND
£10
TEN
POUNDS
1809-1882

（三）瑞士法郎

SCHWEIZERISCHE NATIONALBANK
BANCA NAZIUNALA SVIZRA
500
500

BANQUE NATIONALE SUISSE
BANCA NAZIONALE SVIZZERA
Cinq Cents Francs
Cinquecento Franchi
76E0526489
500

瑞士的货币名称为瑞士法郎。其发行机构是瑞士国家银行。主辅币制是 1 瑞士法郎等于 100 分。目前已经发行并流通的纸币面额有 10 法郎、20 法郎、50 法郎、100 法郎、1 000 法郎，硬币有 1 法郎、2 法郎、5 法郎和 1 生丁、2 生丁、5 生丁、10 生丁、20 生丁、50 生丁。ISO 货币符号为 CHF。

（四）丹麦克朗

丹麦的货币名称为丹麦克朗。其发行机构是丹麦国家银行。主辅币制是 1 克朗等于 100 欧尔。目前已经发行并流通的纸币面额有 20 克朗、50 克朗、100 克朗、500 克朗、1 000 克朗，硬币有 1 欧尔、5 欧尔、10 欧尔、20 欧尔、50 欧尔。ISO 货币符号为 DKK。

（五）瑞典克朗

瑞典的货币名称为瑞典克朗。其发行机构是瑞典国家银行。主辅币制是 1 克朗等于 100 欧尔。目前已经发行并流通的纸币面额有 10 克朗、20 克朗、50 克朗、100 克朗、500 克朗、1 000 克朗，硬币有 1 欧尔、2 欧尔、5 欧尔、10 欧尔、25 欧尔。ISO 货币符号为 SEK。

20
TJUGO KRONOR
SVERIGES RIKSBANK
7120868924
20

20
TJUGO KRONOR
20

（六）兹罗提

20
NARODOWY
BANK
POLSKI
DWADZIEŚCIA ZŁOTYCH
20
AY5849434
AY5849434

NARODOWY BANK POLSKI
20
BANKNOTY EMITOWANE PRZEZ
NARODOWY BANK POLSKI
SĄ PRAWNYM ŚRODKIEM
PŁATNICZYM W POLSCE
20
DWADZIEŚCIA
ZŁOTYCH
NBP

波兰的货币名称为兹罗提。其发行机构是波兰国家银行。主辅币制是 1 兹罗提等于 100 格罗申。目前已经发行并流通的纸币面额有 10 兹罗提、20 兹罗提、50 兹罗提、100 兹罗提、200 兹罗提，硬币有 1 兹罗提、2 兹罗提、5 兹罗提和 1 格罗申、2 格罗申、5 格罗申、10 格罗申、20 格罗申、50 格罗申。ISO 货币符号为 PLZ。

（七）列弗

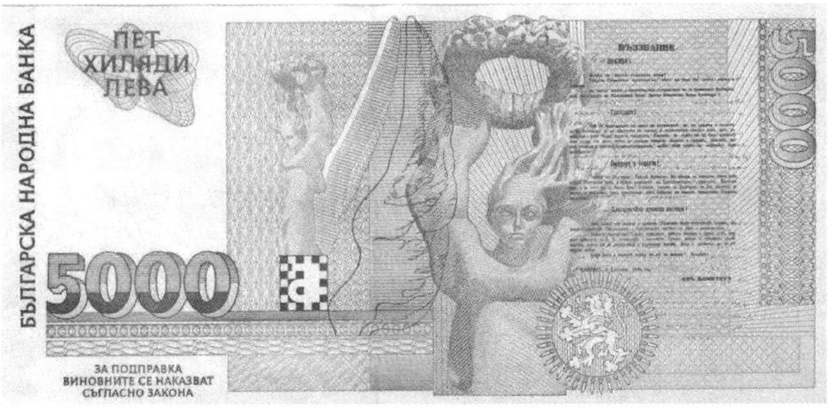

保加利亚的货币名称为列弗。其发行机构是保加利亚国家银行。主辅币制是 1 列弗等于 100 斯托丁基。目前已经发行并流通的纸币面额有 20 列弗、50 列弗、100 列弗、500 列弗、1 000 列弗、2 000 列弗，硬币有 1 列弗、2 列弗、5 列弗、10 列弗、20 列弗、50 列弗。ISO 货币符号为 BGL。

（八）卢布

俄罗斯联邦亦称俄罗斯，其货币名称为卢布。其发行机构是俄罗斯中央银行。主辅币制是 1 卢布等于 100 戈比。目前已经发行并流通的纸币面额有 5 卢布、10 卢布、50 卢布、100 卢布、500 卢布，硬币有 1 卢布、2 卢布、5 卢布和 1 戈比、5 戈比、10 戈比、50 戈比。ISO 货币符号为 SUR。

（九）福林

匈牙利的货币名称为福林。其发行机构是匈牙利国家银行。主辅币制是 1 福林等于 100 菲勒。目前已经发行并流通的纸币面额有 100 福林、200 福林、500 福林、1 000 福林、2 000 福林、5 000 福林、10 000 福林，硬币有 1 福林、2 福林、5 福林、10 福林、20 福林、50 福林、100 福林和 2 菲勒、5 菲勒、10 菲勒、20 菲勒、50 菲勒。ISO 货币符号为 HUF。

三、美洲主要国家货币

（一）美元

美利坚合众国的货币名称为美元。当前美元的发行是由美国联邦储备系统控制。目前流通的美元纸币是自 1929 年以来发行的各版钞票，主要是联邦储备券。其纸币面额有 1 元、2 元、5 元、10 元、20 元、50 元、100 元；硬币有 1 分、5 分、10 分、25 分、50 分和 1 元。ISO 货币符号为 USD。

美元的出现是由于 1792 年美国《铸币法案》的通过，它同时也作为储备货币在美国以外的国家广泛使用，是世界上最主要的储备货币和结算货币。中国目前的外汇储备绝大部分是美元资产。

（二）加拿大元

加拿大的货币名称为加拿大元，简称加元。其发行机构是加拿大国家银行。主辅币制是 1 加元等于 100 分。目前已经发行并流通的纸币面额有 2 加元、5 加元、10 加元、20 加元、50 加元、100 加元、1 000 加元；硬币有 1 加元、2 加元和 1 分、5 分、10 分、25 分、50 分。ISO 货币符号为 CAD。

（三）墨西哥比索

墨西哥的货币名称为墨西哥比索。其发行机构是墨西哥银行。主辅币制是 1 比索等于 100 分。目前已经发行并流通的纸币面额有 10 比索、20 比索、50 比索、100 比索、200 比索、500 比索；硬币有 1 比索、2 比索、5 比索、10 比索、20 比索、50 比索和 5 分、10 分、20 分、50 分。ISO 货币符号为 MXP。

（四）古巴比索

古巴共和国，简称古巴，其货币名称为古巴比索。其发行机构是古巴中央银行——古巴国家银行。主辅币制是 1 比索等于 100 分。目前已经发行并流通的纸币面额有 1 比索、3 比索、5 比索、10 比索、20 比索、50 比索；硬币有 1 比索、3 比索和 1 分、2 分、5 分。ISO 货币符号为 CUP。

（五）巴西雷亚尔

巴西联邦共和国,简称巴西,其货币名称为巴西雷亚尔。其发行机构是巴西中央银行。主辅币制是1巴西雷亚尔等于100分。目前已经发行并流通的纸币面额有1雷亚尔、5雷亚尔、10雷亚尔、50雷亚尔、100雷亚尔;硬币有1雷亚尔和1分、5分、10分、25分、50分。ISO货币符号为BRL。

(六) 阿根廷比索

阿根廷共和国,简称阿根廷,其货币名称为阿根廷比索。其发行机构是阿根廷国家银行。主辅币制是1比索等于100分。目前已经发行并流通的纸币面额有1比索、2比索、5比索、10比索、20比索、50比索、100比索;硬币有1比索和1分、5分、10分、25分、50分。ISO货币符号为ARS。

(七) 委内瑞拉博利瓦

委内瑞拉共和国，简称委内瑞拉，其货币名称为委内瑞拉博利瓦。其发行机构是委内瑞拉国家银行。主辅币制是 1 博利瓦等于 100 分。目前已经发行并流通的纸币面额有 1 博利瓦、2 博利瓦、5 博利瓦、10 博利瓦、20 博利瓦、50 博利瓦、100 博利瓦、1 000 博利瓦、5 000 博利瓦；硬币有 1 博利瓦、2 博利瓦、5 博利瓦和 5 分、10 分、25 分、50 分。ISO 货币符号为 VEB。

（八）智利比索

智利共和国，简称智利，其货币名称为智利比索。其发行机构是智利中央银行。主辅币制是 1 比索等于 100 分。目前已经发行并流通的纸币面额有 5 比索、10 比索、50 比索、100 比索、500 比索、1 000 比索、2 000 比索；硬币有 1 比索、5 比索、10 比索、50 比索、100 比索。ISO 货币符号为 CLP。

（九）新索尔

秘鲁共和国，简称秘鲁，其货币名称为新索尔。其发行机构是秘鲁中央储备银行。主辅币制是 1 新索尔等于 100 分。目前已经发行并流通的纸币面额有 10 新索尔、20 新索尔、50 新索尔、100 新索尔、200 新索尔；硬币有 1 新索尔、2 新索尔、5 新索尔和 1 分、5 分、10 分、20 分、50 分。ISO 货币符号为 PES。

（十）哥伦比亚比索

哥伦比亚共和国，简称哥伦比亚，其货币名称为哥伦比亚比索。其发行机构是哥伦比亚共和国银行。主辅币制是 1 比索等于 100 分。目前已经发行并流通的纸币面额有 100 比索、200 比索、500 比索、1 000 比索、2 000 比索、5 000 比索、10 000 比索、20 000 比索；硬币有 1 比索、2 比索、5 比索、10 比索、20 比索、50 比索、100 比索、200 比索和 1 分、2 分、5 分、10 分、25 分、50 分。ISO 货币符号为 COP。

四、非洲主要国家货币

（一）埃及镑

阿拉伯埃及共和国，简称埃及，其货币名称为埃及镑。其发行机构是埃及中央银行。主辅币制为1埃及镑等于100皮阿斯特等于1 000米利姆。目前已经发行并流通的纸币面额有5镑、10镑、20镑、50镑、100镑和25皮阿斯特、50皮阿斯特；硬币有1米利姆、5米利姆、10米利姆和1皮阿斯特、2皮阿斯特、5皮阿斯特、10皮阿斯特、20皮阿斯特、25皮阿斯特。ISO货币符号为EGP。

（二）苏丹镑

苏丹共和国,简称苏丹,其货币名称为苏丹镑。其发行机构是苏丹银行。主辅币制为 1 镑等于 100 皮亚斯特。纸币面值分为 6 种:1 苏丹镑、2 苏丹镑、5 苏丹镑、10 苏丹镑、20 苏丹镑、50 苏丹镑。硬币面值分为 3 种:10 皮亚斯特、20 皮亚斯特、50 皮亚斯特。ISO 货币符号为 SDP。

(三) 利比亚第纳尔

利比亚,全称为大阿拉伯利比亚人民社会主义民众国,其货币名称为利比亚第纳尔。其发行机构是利比亚中央银行。主辅币制为 1 第纳尔等于 100 迪拉姆。目前已经发行并流通的纸币面额有 1/4 第纳尔、1/2 第纳尔、1 第纳尔、5 第纳尔、10 第纳尔;硬币有 1 迪拉姆、5 迪拉姆、10 迪拉姆、20 迪拉姆、100 迪拉姆。ISO 货币符号为 LYD。

(四) 摩洛哥迪拉姆

摩洛哥王国，简称摩洛哥，其货币名称为摩洛哥迪拉姆。其发行机构是摩洛哥中央银行。主辅币制为1迪拉姆等于100分。目前已经发行并流通的纸币面额有5迪拉姆、10迪拉姆、50迪拉姆、100迪拉姆、200迪拉姆；硬币有1迪拉姆、2迪拉姆、5迪拉姆、10迪拉姆。ISO货币符号为MAD。

（五）肯尼亚先令

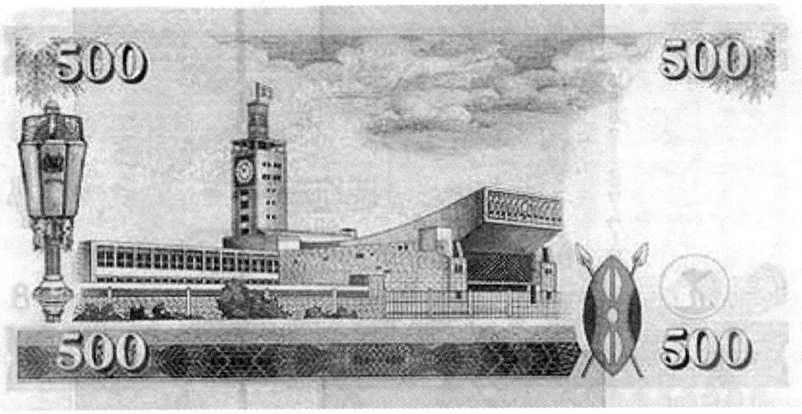

肯尼亚共和国，简称肯尼亚，其货币名称为肯尼亚先令。其发行机构是肯尼亚中央银行。主辅币制为1先令等于100分。目前已经发行并流通的纸币面额有10先令、20先令、50先令、100先令、200先令、500先令、1 000先令；硬币有1先令、2先令、5先令、10先令和5分、10分、25分、50分。ISO货币符号为KES。

（六）坦桑尼亚先令

坦桑尼亚共和国，简称坦桑尼亚，其货币名称为坦桑尼亚先令。其发行机构是坦桑尼亚中央银行。主辅币制为1先令等于100分。目前已经发行并流通的纸币面额有10先令、20先令、50先令、100先令、200先令、500先令、1 000先令、5 000先令、10 000先令；硬币有1先令、5先令、10先令、20先令、50先令、100先令和5分、10分、20分、50分。ISO货币符号为TZS。

（七）南非兰特

南非共和国，简称南非，其货币名称为南非兰特。其发行机构为南非储备银行。主辅币制为 1 兰特等于 100 分。目前已经发行并流通的纸币面额有 5 兰特、10 兰特、20 兰特、50 兰特、100 兰特、200 兰特；硬币有 1 兰特、2 兰特、5 兰特和 1/2 分、1 分、2 分、5 分、10 分、20 分、50 分。ISO 货币符号为 ZAR。

（八）尼日利亚奈拉

尼日利亚联邦共和国，简称尼日利亚，其货币名称为尼日利亚奈拉。其发行机构是尼日利亚银行。主辅币制为1奈拉等于100考包。目前已经发行并流通的纸币面额有1奈拉、5奈拉、10奈拉、20奈拉、50奈拉；硬币有1奈拉和1/2考包、1考包、5考包、10考包、25考包、50考包。ISO货币符号为NGN。

（九）安哥拉宽扎

安哥拉共和国，简称安哥拉，其货币名称为安哥拉宽扎。其发行机构是安哥拉国家银行。主辅币制为 1 宽扎等于 100 勒韦。目前已经发行并流通的纸币面额有 1 000 宽扎、5 000 宽扎、10 000 宽扎、50 000 宽扎、100 000 宽扎、500 000 宽扎；硬币有 1 宽扎、2 宽扎、5 宽扎、10 宽扎、20 宽扎、50 宽扎、100 宽扎和 50 勒韦。ISO 货币符号为 AOA。

（十）阿里亚里

马达加斯加的货币名称为阿里亚里（原为马达加斯加法郎），其发行机构是马达加斯加中央银行。2005 年 1 月 1 日，马达加斯加实行货币改革，发行新币阿里亚里取代之前的马达加斯加法郎，兑换率为 1 阿里亚里 =5 马达加斯加法郎。主辅币制为 1 阿里亚里等于 500 分。目前已经发行并流通的纸币面额有 100 阿里亚里、200 阿里亚里、500 阿里亚里、1 000 阿里亚里、2 000 阿里亚里、5 000 阿里亚里、10 000 阿里亚里。硬币情况比较特殊，新币和旧币混合使用，共 11 种。其中，旧硬币有 5 种，分别是 1 马达加斯加法郎（等于 0.2 阿里亚里）、2 马达加斯加法郎（等于 0.4 阿里亚里）、5 马达加斯加法郎（等于 1 阿里亚里）、10 马达加斯加法郎（等于 2 阿里亚里）和 20 马达加斯加法郎（等于 4 阿里亚里）；新硬币有 6 种，分别是 1 阿里亚里、2 阿里亚里、5 阿里亚里、10 阿里亚里、20 阿里亚里、50 阿里亚里。ISO 货币符号为 MGA。

五、大洋洲主要国家货币

（一）澳大利亚元

澳大利亚联邦，简称澳大利亚，其货币名称为澳大利亚元。其发行机构是澳大利亚国家银行。主辅币制是 1 澳元等于 100 分。目前已经发行并流通的纸币面额有 5 澳元、10 澳元、20 澳元、50 澳元、100 澳元；硬币有 1 澳元、2 澳元和 1 分、2 分、5 分、10 分、20 分、50 分。ISO 货币符号为 AUD。澳大利亚澳元使用地包括澳大利亚、基里巴斯、瑙鲁、图瓦卢、圣诞岛、科群岛、诺福克岛等。

目前，澳大利亚澳元已成为国际金融市场重要的硬通货和投资工具之一。在外汇市场上，澳元目前是世界第六大交易量货币，居美元、欧元、日元、英镑和瑞士法郎之后，占总交易量的6%左右。

（二）新西兰元

新西兰的货币名称为新西兰元。其发行机构是新西兰储备银行。主辅币制是1新西兰元等于100分。目前已经发行并流通的纸币面额有1元、2元、5元、10元、20元、50元、100元;硬币有1元、2元和1分、2分、5分、10分、20分、50分。ISO货币符号为NZD。

超级链接

中国外汇交易中心宣布:2014年3月19日起,银行间外汇市场将允许开展人民币兑新西兰元的直接交易。中国央行将在每个工作日格林尼治时间公布当日人民币兑新西兰元汇率中间价。新西兰元是继美元、俄罗斯卢布、马来西亚林吉特、日元、澳元、英镑、新加坡元之后,第八个与人民币直接兑换的货币。此举使企业和外汇交易员在支付和收取款项时无须再通过第三种货币实现新西兰元和人民币的兑换。

在直接兑换交易开启之前,人民币和新西兰元之间的汇率定价是以美元作为“中介”的折算汇率,这样的汇率形成机制在理论上会使人民币对新西兰元的汇兑成本比直接兑换要高。中国是新西兰最大的出口市场,庞大的贸易量,以美元为结算媒介不仅增大了结算交易成本,也让苦心经营的企业利润不得不暴露在不可控的美元汇率风险之下。预计,直接交易启动后,仅交易费用一项,每年能节约数十亿美元。

央行的相关负责人表示,开展人民币对新西兰元直接交易,有利于形成人民币对新西兰元直接汇率,降低经济主体汇兑成本,有利于促进双方的人员往来,包括工作、学习、旅游等,促进人民币与新西兰元在双边贸易和投资中的使用,有利于加强两国金融合作,支持中国和新西兰之间不断发展的经济金融关系。不但推动双边贸易和投资往来,也为新西兰央行将部分外汇储备投资于中国国债铺平道路。具备银行间人民币外汇市场会员资格的机构均可在银行间外汇市场开展人民币对新西兰元直接交易。银行间外汇市场人民币对新西兰元交易实行直接交易做市商制度,直接做市商承担相应义务,连续提供人民币对新西兰元直接交易的买卖双向报价,为市场提供流动性。

除美元外人民币可直接交易货币的时间推进表

币　种	时　间
卢布(俄罗斯)	2008年6月15日
林吉特(马来西亚)	2010年8月19日
日元(日本)	2012年6月1日
澳元(澳大利亚)	2013年4月8日
英镑(英国)	2013年10月15日
新加坡元(新加坡)	2013年10月22日
新西兰元(新西兰)	2014年3月19日

资料来源:中国外汇交易中心网站。

延伸阅读 2-1

世界各国纸币上的头像都是谁？

几乎每个国家都流通纸币，而许多国家在纸币的设计上，都喜欢印制人物的头像。纸币上印什么？印谁？也大致能反映一个国家的国情，显示本国民俗风情以及对待文化精神的态度和文明高度。大体来看，大多数国家以选择本国的政要或领袖人物为主，也有部分国家逐渐脱离这种趋势，比如日本近年来流通的纸币版本头像则以启蒙思想家、教育家、文学家为主，德国也正向平民化趋势发展（见表 2-2）。

表 2-2 世界各国纸币上的头像

货　币	头像（或主要图案）
中国 100 元人民币	毛泽东
日本 10 000 日元	福泽谕吉，日本近代启蒙思想家和教育家；明治维新时期的重要大臣、农学家；用英语写出名著《武士道》
西班牙 10 000 比塞塔	正面为胡安·卡洛斯（Juan Carlos），1938 年 1 月 5 日生于罗马；背面是乔治·胡安（Jorge Juan，1713—1773），西班牙航海时代的海军军官、数学家、科学家
韩国 10 000 韩国元	世宗大王，韩国文字的发明者
美国 20 美元	安德鲁·杰克逊
英国 10 英镑	所有英镑的正面都是英国女王伊丽莎白，反面的图案则根据钱币的面值各有不同
越南 50 盾	胡志明，越南劳动党主席，越南国家主席
澳大利亚 50 澳元	正面是作家戴维·乌奈庞（David Unaipon），背面是女性议员艾蒂丝·科恩（Edith Cowan）
意大利 100 000 里拉	卡拉瓦乔，意大利著名画家；后面的背景是他早期的风俗画《占卜者》
德国 100 马克	克拉·舒曼（Clara Schumann），德国著名钢琴家
波兰 5 000 兹罗提	正面是肖邦，背面则是肖邦的名作《英雄波兰舞曲》的开头部分的五线谱
加拿大 10 加元	约翰 A. 麦克唐纳（John A. Macdonald）爵士，加拿大的第一位总理
泰国 500 泰铢	泰王普密蓬·阿杜德的头像
印度 1 000 卢比	莫罕达斯·卡拉姆昌德·甘地（Mohandas Karamchand Gandhi），印度国父，被尊称为圣雄甘地，是印度民族主义运动和国大党领袖
法国 200 法郎	居斯塔夫·艾菲尔，法国建筑工程师，设计了艾菲尔铁塔

【实训演练 2－1】

1. 通过查询各国货币的相关信息,请完成下列表格的填写。

货币标准符号	货币名称		使用国家(地区)	辅币进位制
	中　文	英　文		
	美元			
KPW				
	卢比			
AUD				
			韩国	
GBP				
			俄罗斯	
			加拿大	
	欧元			

2. 建立外国货币资源库(有货币的名称、标准符号、使用国家和货币代表图案),进入自建的外国货币资源库,能准确快速地辨认 20 个以上外币。要求能说出该货币的中文名称,写出其英文的货币标准符号。

3. 各贸易模拟团队,建立本公司产品进出口贸易主要国别相关货币的信息档案,要求列出国家名称、货币符号、货币名称以及外币能否视作外汇等基本信息。

【评价考核标准】

任　务	测评指标	考核标准	分　值	得　分
辨认主要交易国货币	建立主要交易国货币资源库	能快速查询到主要进出口交易国及其货币名称等相关信息,并建立完整的资源库	30	
	主要交易国货币图案、名称、标准符号	快速准确辨认 20 个及以上	70	

任务 2.2　选择货币兑换汇率

【操作指南】

选择货币兑换汇率的流程

步骤一:明确需兑换外币类别。

步骤二:通过专业外汇类或银行类网站查询外汇牌价表,并进行解读(见表 2－3)。

表 2－3　中国银行外汇牌价

（2012 年 12 月 14 日每 100 单位外汇币价）

货币名称	现汇买入价	现钞买入价	现汇或现钞卖出价
英镑	994.9500	964.2300	1002.9400
美元	620.3600	615.3800	622.8400
港币（中国）	80.0200	79.3800	80.3200
澳大利亚元	654.3100	634.1100	659.5700
瑞士法郎	664.8200	644.2900	670.1600
加拿大元	628.9200	609.5100	633.9800
新加坡元	505.2100	489.6200	509.2700
澳门元	77.7500	75.1400	78.0500
日元	7.0162	6.7997	7.0665
欧元	822.6200	797.2200	829.2200
泰国铢	20.6500	20.0100	20.8200

在这张外汇牌价表中，需要思考：

（1）现汇、现钞是什么含义？买入价、卖出价和中间价的含义是什么？

（2）同样是买入价，为什么现汇买入价不同于现钞买入价？

（3）现汇或现钞卖出价为什么要高于现汇买入价与现钞买入价？

（4）这张外汇牌价表中，第一列的货币与本币是什么关系？

步骤三：根据参展要求，在买入价、卖出价、中间价中选择确定可使用的一个汇率。并在各银行公布的同一类汇率中，确定相对于买方而言最优的银行汇率。

【相关知识】

一、外汇汇率的概念

外汇汇率（Exchange Rate）也称外汇行市或汇价，是指一国（地区）货币兑换另一国（地区）货币的比率，即以一种货币表示另一种货币的价格。由于世界各国货币的名称不同、币值不一，所以一国货币对其他国家的货币要规定一个兑换率，即汇率。

二、汇率的标价方法

确定两种不同货币之间的比价，先要确定用哪个国家（地区）的货币作为标准。由于确定的标准不同，产生了不同的外汇汇率标价方法。

（一）直接标价法

直接标价法（Direct Quotation）又称应付标价法（Giving Quotation），是指以本国货币来表示一定单位的外国货币价格的标价方法，即将外国货币当作商品，本国货币作为价值尺度（见表 2－4），大多数国家都采取直接标价法，市场上大多数的汇率也是直接标价法下的汇率。

表 2-4　直接标价法(2012 年 2 月 10 日)

100	美元	629.3700	人民币
100	欧元	835.9000	人民币
100	日元	8.1026	人民币
100	港币(中国)	81.1500	人民币
100	英镑	994.9400	人民币
100	澳元	677.1100	人民币
100	加元	632.1500	人民币

例如,1 美元兑 7.5175 元人民币,对于中国来说就是直接标价法(一般表示为 1、100 或 10000 单位的外币能够折合多少单位的本国货币)。本国货币越值钱,单位外币所能换到的本国货币就越少,外汇汇率就越低;反之,本国货币越不值钱,单位外币能换到的本国货币就越多,外汇汇率就越高。外汇汇率的升降和本国货币标价数的增减呈同方向变化。在直接标价法下,本币升值,汇率下降;本币贬值,汇率上升。例如,中国人民币市场汇率为月初:USDl = CNY 7.5214,月末:USDl = CNY 7.5200,说明人民币币值上升,美元币值下跌。

(二) 间接标价法

间接标价法(Indirect Quotation)又称应收标价法(Receiving Quotation),是指以一定单位的本国货币为标准来计算应该收取多少单位的外国货币,即本国货币被当作商品。用外国货币的数额来表示本国货币的价格,外国货币充当价值尺度。

如 1 英镑兑 1.9880 美元,对于英国来说就是间接标价法。在间接标价法下汇率越高,表示单位本币所能兑换的外国货币越少,本币贬值,外币升值;汇率越低,表示单位本币所能兑换的外国货币越多,本币升值,外币贬值。外汇汇率的升降和外国货币标价数的增减呈反方向变化。目前,除英国使用的是间接标价法,美国使用直接标价法外,对其他货币均使用间接标价法。

例如,伦敦外汇市场汇率为月初:GBPl = USDl.8115,月末:GBPl = USDl.8010,说明美元汇率上升,英镑汇率下跌。

火眼金睛

直接标价法与间接标价法的比较

	直接标价法	间接标价法
标准货币	外币	本币
汇率波动所表现的货币	本币	外币
实行国家	大多数国家	英国、美国等
买入、卖出汇率标示的位置	买入汇率在前,卖出汇率在后	卖出汇率在前,买入汇率在后
共同点:它们都是本币与外币比价的标价方法		

三、汇率的种类

（一）买入汇率、卖出汇率、中间汇率和现钞汇率

按银行买卖外汇的角度划分，汇率可分为买入汇率、卖出汇率、中间汇率和现钞汇率。

1. 买入汇率

买入汇率(Buying Rate)也称买入价，即银行向同业或客户买入外汇时所使用的汇率。采用直接标价法时，外币折合本币数较少的那个汇率是买入价；采用间接标价法时，本币折合外币数较多的那个汇率是买入价。

不同的标价法下买入价的含义不同。在采用直接标价法报价时，买入价是指银行买入一定的外币而付给客户的若干本币数。银行实行贱买贵卖原则，买入价是较小的数，即买入外币时付给客户较少的本币。因此，银行报出的外币对应两个本币的价格中，前一个外币折合本币数较少的那个汇率就是买入价。

在采用间接标价法报价时，买入价是指银行买入若干外币而支付给客户一定的本币数。银行实行贱买贵卖的原则，买入价是较大的数，即买入较多的外币时付给客户一定的本币。因此，银行报出的本币对应两个外币的价格中，后一个较大的外币数字是银行愿意以一个单位的本币而买进的外币数，即为外汇的买入价。

2. 卖出汇率

卖出汇率(Selling Rate)也称卖出价，即银行向同业或客户卖出外汇时所使用的汇率。采用直接标价法时，外币折合本币数较多的那个汇率是卖出价；采用间接标价法时，外币折合本币数较少的那个汇率是卖出价。

不同标价方法下卖出价的含义不同。在直接标价法下，卖出价是指银行卖出一定外币而向客户收取的若干本币数。银行实行贱买贵卖的原则，卖出价是较大的数，即卖出一定量的外币时向客户收取较多的本币。因此，在直接标价法下，卖出价在后。在间接标价法下，卖出价是指银行卖出若干外币数而向客户收取一定的本币数。银行实行贱买贵卖的原则，卖出价是较小的数，即卖出较少的外币时收取客户一定的本币。因此，在间接标价法下，卖出价在前。

任何情况下，外汇的买入价均低于外汇的卖出价。买入价与卖出价之间有个差价，这个差价是银行买卖外汇的收益，一般为0.1%—0.5%。银行同业之间买卖外汇时使用的买入汇率和卖出汇率也称同业买卖汇率，实际上就是外汇市场买卖价。

例如，在直接标价法下，1美元等于8.001 7—8.003 7元人民币，8.001 7元是买入价，8.003 7元是卖出价。其含义是中国的银行买卖美元时，每买入1美元要支付8.001 7元人民币；每卖出1美元要收回8.003 7元人民币。每买卖1美元要赚取0.002元人民币价差。

在间接标价法下，1英镑等于1.500 0—1.700 0美元，1.500 0美元是卖出价，1.700 0美元是买入价。其含义是每卖出1.500 0美元外币要收取客户1英镑的本币，每买入1.700 0美元外币要付给客户1英镑的本币。

3. 中间汇率

中间汇率(Medial Rate)(基准价)，是指买入价与卖出价的平均数，即：

$$中间汇率 = (买入价 + 卖出价)/2$$

它通常用于银行间的交易，主要用于说明外汇市场汇率的一般走势和企业内部本币与外币核算时的计算标准。

4. 现钞汇率

现钞汇率(Bank Note Rate)又称现钞买卖价，是指银行买入或卖出外币现钞时所使用的汇率。从理论上讲，现钞买卖价和外币支付凭证、外币信用凭证等外汇形式的买卖价应该相同。但现实生活中，由于大多数国家都不允许外国货币在本国流通，只有将外币兑换成本国货币，才能够购买本国的商品和劳务，银行需要把买入的外币现钞运送到发行国或能流通的地区去，这就要花费一定的运费和保险费，这些费用需要由客户承担。因此，银行在收兑外币现钞时使用的汇率稍低于其他外汇形式的买入汇率；而银行卖出外币现钞时使用的汇率则与外汇卖出价相同。

超级链接

中国与其他大多数国家一样，所规定的现钞买入价比银行购买汇票等支付凭证的价格要低。对银行来说，始终遵循"低买高卖"的原则。因为银行购入外币汇票以后，通过航邮划账，可很快地存入外国银行，开始生息，调拨动用；而银行收现钞是要经过一定时间，积累到一定数额后，才能将其运送并存入外国银行调拨使用。在此之前，买入钞票的银行要承受一定的利息损失；将现钞运送并存入外国银行的过程中，还有运费、保险费等支出。银行要将这些损失及费用开支转嫁给卖出现钞的顾客，所以银行买入现钞所出的价格要低于买入各种形式的国际结算凭证的价格，而银行卖出外国现钞时，则不再考虑这些因素。

(二) 电汇汇率、信汇汇率与票汇汇率

按银行付汇的方式划分，汇率可分为电汇汇率、信汇汇率和票汇汇率。

1. 电汇汇率

电汇汇率(Telegraphic Transfer Rate, T/T Rate)是指经营外汇业务的本国银行在卖出外汇后，以电报委托其国外分支机构或代理行付款给收款人所使用的一种汇率。由于电汇付款快，银行无法占用客户的资金，国际间的电报费用又较高，所以电汇汇率较一般汇率高。电汇调拨资金速度快，有利于加快国际资金的周转速度，因此电汇在外汇交易中占有绝大比例。

2. 信汇汇率

信汇汇率(Mail Transfer Rate, M/T Rate)是指银行开具付款委托书，用信函方式通知付款地银行转付收款人所使用的一种汇率。由于付款委托书的邮递需要一定的时间，银行在这段时间内可以占用客户的资金，因此信汇汇率比电汇汇率低。

3. 票汇汇率

票汇汇率(Demand Draft Rate, D/D Rate)是指银行在卖出外汇时，会开立一张由其国外分支机构或代理行付款的汇票交给汇款人，由其自带或寄往国外取款所使用的汇率。由于票汇从卖出外汇到支付外汇有一段间隔时间，银行可以在这段时间内占用客户的资金，所以票汇汇率一般比电汇汇率低。票汇有短期票汇和长期票汇之分，其汇率也不同。由于长期票汇使银行有更长的时间运用客户的资金，所以长期票汇汇率较短期票汇汇率低。

（三）基础汇率与套算汇率

按制定汇率的方法划分，汇率可分为基础汇率和套算汇率。

1. 基础汇率

基础汇率（Basic Rate）是各国在制定汇率时必须选择某一国货币作为主要对比对象，这种货币被称为关键货币。根据本国货币与关键货币实际价值的对比制定出的汇率，就是基础汇率。一般来说，美元是国际支付中使用较多的货币，各国都把美元当作制定汇率的关键货币，把对美元的汇率作为基础汇率。

2. 套算汇率

套算汇率（Cross Rate）是指在基础汇率的基础上套算出来的本币与非关键货币之间的汇率。套算汇率又称交叉汇率，是指两种货币都通过各自对第三国的汇率算出来的汇率。世界外汇市场只公布按美元标价计算的外汇汇率，不能直接反映其他外币之间的汇率，要换算出其他各种货币的汇率，就要用各种货币对美元汇率进行套算。一个国家制定出基本汇率后，对其他国家货币的汇率可以根据基本汇率换算出来。

（四）即期汇率和远期汇率

按外汇交易的交割期限划分，汇率可分为即期汇率和远期汇率。

1. 即期汇率

即期汇率（Spot Exchange Rate）也称现汇率，是指交易双方达成外汇买卖协议后，在两个工作日以内办理交割的汇率。这一汇率一般就是现时外汇市场的汇率水平。

2. 远期汇率

远期汇率（Forward Exchange Rate）也称期汇率，是指远期外汇买卖所使用的汇率，是交易双方达成外汇买卖协议后，约定在未来某一时间进行外汇实际交割所使用的汇率。

所谓远期外汇买卖，是指外汇买卖双方成交后并不立即交割，而是到约定的日期再进行交割的外汇交易。这种交易在交割时，双方按原来约定的汇率进行交割，不受汇率变动的影响。远期汇率高于即期汇率的差价称为外汇升水；反之称为外汇贴水。外汇升、贴水主要受到利率差异、供求关系、汇率预期等因素的影响。

（五）官方汇率和市场汇率

按对外汇管理的程度划分，汇率可分为官方汇率和市场汇率。

1. 官方汇率

官方汇率（Official Rate）是指国家机构（即财政部、中央银行或外汇管理当局）公布的汇率。一切外汇市场都要以其公布的汇率为准进行交易。一般存在于发展中国家。保证了汇率的稳定，但比较缺乏弹性。

2. 市场汇率

市场汇率（Market Rate）是指外汇管制较松的国家在自由外汇市场上进行外汇交易的汇率，一般存在于市场机制较发达的国家，由外汇市场供求关系决定的在外汇市场上买卖外汇的实际汇率。在外汇管理较松的国家,官方宣布的汇率往往只起中心汇率作用,实际外汇交易则按市场汇率进行。

(六) 单一汇率和多重汇率

按外汇的来源与用途划分,汇率可分为单一汇率和多重汇率。

1. 单一汇率

单一汇率(Single Exchange Rate)是指一国货币管理当局对本国货币只规定一种买卖价格,各种不同来源和用途的外汇收支都按照这个汇率结算。西方发达国家往往采用单一汇率。

2. 多重汇率

多重汇率(Multiple Rate)是指一国政府对本国货币规定的一种以上的对外汇率,是外汇管制的一种特殊形式。其目的在于奖励出口,限制进口,限制资本的流入或流出,以改善国际收支状况。

(七) 固定汇率和浮动汇率

按国际汇率制度的不同,汇率可分为固定汇率和浮动汇率。

1. 固定汇率

固定汇率(Fixed Exchange Rate)是指因某种限制而在一定的幅度之内进行波动的汇率。

2. 浮动汇率

浮动汇率(Floating Exchange Rate)是指各国货币之间的汇率波动不受限制,而是根据市场供求关系自由涨落的汇率。

四、汇率的确定

(一) 金本位制度下的外汇汇率

金本位制度,是指一国的本位货币以黄金表示的一种货币制度。典型的金本位制度盛行于19世纪中期至20世纪初。它有三大特点:金币可以自由铸造,银行券可以自由兑换黄金及黄金可以自由输出和输入国内外。

在金本位制度下,货币所代表的价值量是通过货币的含金量来表示的,两国货币的含金量对比称为铸币平价,铸币平价是决定两国货币汇率的基础。

例如,1英镑等于7.322 38克纯金,1美元等于1.504 63克纯金,则英镑对美元的汇率为:

$$1\text{ 英镑}=\frac{7.322\,38}{1.504\,63}=4.866\,5\text{ 美元}$$

即1英镑的含金量是1美元含金量的4.866 5倍,因此1英镑等于4.866 5美元。

铸币平价是汇率的决定基础,由其决定的汇率是一种法定的或中心汇率,市场汇率会围绕着铸币平价或中心汇率上下波动。当外汇市场外汇供不应求时,市场汇率就会超过铸币平价;当外汇供过于求时,市场汇率就会低于铸币平价。但不管外汇供求发生什么变化,总会被限制在黄金点(Gold Point)内。所谓黄金点,就是汇率涨落引起黄金输出与输入的界限,包括黄金输出点和黄金输入点。在直接标价法下,黄金输出点等于铸币平价加上运送黄金的费用，黄金输入点等于铸币平价减去运送黄金的费用。

例如，在纽约至伦敦之间运送1英镑黄金，黄金的运费为0.03美元，英镑与美元的铸币平价为4.866 5美元，则对美国商人来说，黄金输送点是：

$$黄金输出点 = 4.866\,5 + 0.03 = 4.896\,5（美元）$$

$$黄金输入点 = 4.866\,5 - 0.03 = 4.836\,5（美元）$$

若汇率超过了黄金输送点，就会引起黄金的输出与输入，从而引起货币汇率的自动调节。汇率在黄金输送点内波动的规则，总的来说是：最高不能超过黄金输出点，即铸币平价加运费；最低不能低于黄金输入点，即铸币平价减运费。超过或低于这一界限，就会引起黄金的输出与输入和货币汇率的自动调节。

假定美国对英国产生国际收支逆差，从而导致对英镑需求的增加，势必使英镑汇率升高，根据1英镑等于4.866 5美元的铸币平价，英国伦敦与美国纽约之间运送1英镑黄金的费用约为0.03美元。在这种情况下，当英镑汇率高于4.896 5美元（即铸币平价4.866 5与运费0.03之和）时，美国的债务人就不会采用在纽约购买英镑外汇的办法偿还伦敦的债务，而是选择在美国国内购买黄金，并把黄金运送到伦敦去偿还债务。这是因为纽约的债务人如果采用在国内购买英镑还债，需以高出4.896 5美元的价格进行，但采用直接运送黄金的方法偿还伦敦1英镑债务，只需4.896 5美元。反之亦然。

（二）纸币制度下的外汇汇率

在1929—1933年资本主义世界经济危机期间，金本位制度彻底崩溃，从此西方国家普遍实行了纸币制度，并且都走上了通货膨胀的道路。

纸币是作为金属货币的代表而出现的。由于纸币所代表的金属货币具有价值，所以纸币被称为价值符号。纸币流通的初期，各国政府都参照过去流通的金属货币的含金量，用法令规定货币的含金量，因而当时的汇率是依据各国纸币法定含金量的对比确定的。

如第二次世界大战后美元的含金量为0.888 671克，法国政府规定法郎的含金量为0.16克，则美元对法郎的含金量之比为0.888 671/0.16 = 5.554 19，那么美元对法郎的比价为1美元 = 5.554 19法国法郎。

第二次世界大战后至1973年2月以前的这段期间，由于当时纸币同黄金还有一定的间接联系，所以当时汇率决定的基础是黄金平价。由于实行纸币流通的国家普遍存在着纸币贬值现象，纸币的法定黄金平价与其实际所代表的金量严重脱节。在这种情况下，纸币的汇率不应由纸币的黄金平价来决定，而应以贬值了的纸币实际上代表的含金量为依据。但是，在第二次世界大战以后，西方国家的政府利用外汇管制等手段，人为地维持不符合纸币贬值程度的汇率，不根据其实际代表金量减少的状况而相应地调高汇率，因而使纸币的对内价值（物价）和对外价值（汇率）长期严重脱节，这已经成为一个普遍的现象和特点。然而，客观经济不以人的意志为转移，它在时机成熟的时候，必然会打破人为障碍，显示自己的作用。1971年和1973年的两次美元贬值，可以说明这个问题。

在纸币流通制度下，汇率变化的规律受通货膨胀的严重程度影响和国际收支状况的制约。通货膨胀越严重，纸币实际所代表的金量越少，外汇汇率越上涨，即以本国货币所表现的外国货币的价格上涨得越高，国际收支状况越恶化，外汇汇率也越上涨。纸币汇率的波动，已经没有金本位制度下黄金输送点的界限，外汇汇率有时上涨得奇高，在自由市场上表现得最为突出。

五、影响汇率变化的因素

一国汇率的变动要受到许多因素的影响，这些因素既有经济的，也有非经济的，而各个因素之间又有相互联系，相互制约，甚至相互抵消的关系。

（一）影响汇率变动的经济因素

1. 国际收支状况

国际收支是一国在一定时期内对外经济活动的综合反映，其状况好坏直接影响外汇市场的供求关系，从而在很大程度上决定了汇率的基本走势和实际水平。仅以国际收支经常项目的贸易部分来看，当一国进口增加而产生逆差时，该国对外国货币产生额外的需求，这时，在外汇市场就会引起外汇升值，本币贬值；反之，当一国的经常项目出现顺差时，就会引起外国对该国货币需求的增加与外汇供给的增长，本币汇率就会上升。如自20世纪80年代中后期开始，美元在国际经济市场上长期处于下降的状况，而日元正好相反，一直不断升值，其主要原因就是美国长期以来出现国际收支逆差，而日本持续出现巨额顺差。

2. 通货膨胀程度

通货膨胀是影响汇率变动的一个长期、主要而又有规律性的因素。在纸币流通条件下，两国货币之间的比率，从根本上说是根据其所代表的价值量的对比关系来决定的。因此，在一国发生通货膨胀的情况下，该国货币所代表的价值量就会减少，其实际购买力也就下降，进而导致货币对内贬值。在大多数情况下，货币对内贬值也必然会引起货币的对外贬值。当然，如果对方国家也发生了通货膨胀，并且幅度恰好一致，两者就会相互抵消，两国货币间的名义汇率可以不受影响，然而这种情况毕竟少见。一般来说，两国通货膨胀率是不一样的，通货膨胀率高的国家货币汇率下跌，通货膨胀率低的国家货币汇率上升。特别值得注意的是，通货膨胀对汇率的影响一般要经过一段时间才能显现出来。

3. 利率水平

一国利率水平的高低，是反映借贷资本供求状况的主要标志。一般来说，利率的高低会影响一国金融资产的吸引力。一国利率的上升，会使该国的金融资产对本国和外国的投资者来说更有吸引力，从而导致资本流入，汇率升值。当然这里也要考虑一国利率与别国利率的相对差异，如果一国利率上升，但别国利率也同幅度上升，则汇率一般不会受到影响；如果一国利率虽有上升，但别国利率上升更快，则该国利率相对来说反而下降了，其汇率也会趋于下跌。另外，利率的变化对资本在国际间流动的影响还要考虑汇率预期变动的因素，只有当外国利率与汇率的预期变动率之和大于本国利率时，把资金移往外国才会有利可图。

一国利率变化对该国的国际贸易也会产生影响。当该国利率提高时,意味着国内居民消费的机会成本提高,导致消费需求下降,同时也意味着资金利用成本上升,国内投资需求也下降,这样,国内有效需求总水平下降会使出口扩大、进口缩减,从而增加该国的外汇供给,减少其外汇需求,使其货币汇率升值。不过在这里需要重点强调的是,利率因素对汇率的影响是短期的,一国仅靠高利率来维持汇率坚挺,其效果是有限的。

4. 经济增长率的差异

一国实际经济增长率与其他国家的差别,与未来汇率的变动有着较为复杂的关系。在其他条件不变的情况下,一国实际经济增长率相对别国来说上升较高,其国民收入增长也会较快,会使该国增加对外国商品和劳务的需求,结果会使该国对外汇的需求相对于其可得到的外汇供给来说趋于增加,导致该国货币汇率下跌。不过在这里要注意两种特殊情况:一是对于出口导向型国家来说,经济增长是由于出口增加而推动的,那么经济较快增长伴随着出口的高速增长,此时出口增加往往超过进口增加,其汇率不跌反而上升;二是如果国内外投资者把该国经济增长率较高看成是经济前景看好、资本收益率提高的反映,那么就可能扩大对该国的投资,以至于抵消经常项目的赤字,这时,该国汇率亦可能不是下跌而是上升。中国就同时存在着这两种情况,近年来尤其是2003年以后中国一直面临着人民币升值的巨大压力。

5. 财政收支状况

政府的财政收支状况也常常作为该国货币汇率预测的主要指标,当一国出现财政赤字时,其货币汇率是升还是降主要取决于该国政府所选择的弥补财政赤字的措施。一般来说,为弥补财政赤字一国政府可采取四种措施:提高税率、增加财政收入;减少政府公共支出;发行国债;增发货币。前三种可以视为政府实施的紧缩性财政政策,其结果会降低国内居民可支配收入,抑制投资与消费,降低物价,促使出口增加,推动本国货币汇率上升。后一种可视为扩张性行为,如果这种纸币发行纯粹是为了弥补财政赤字,其结果必然会导致该国通货膨胀的发生,最终可能会导致该国货币汇率持续下跌。从比较角度来看,一国用发行国债的方式来弥补财政赤字,是一种较好的选择。

6. 外汇储备的多寡

一国中央银行所持有外汇储备充足与否,是该国国际清偿力与政府干预市场、维持汇率稳定能力大小的反映,也是能否稳住投资者对本国货币信心的一个重要保证。一般情况下,一国外汇储备充足,该国货币汇率往往会趋于上升,外汇储备不足或太少,该国汇率往往会下跌。如1995年美元危机,很重要的原因就是当时克林顿政府为缓和墨西哥金融危机,动用了200亿美元的总统外汇平准基金,动摇了外汇市场对美国政府干预外汇市场能力的信心。1997年东南亚货币危机,其原因之一就是各国外汇储备不足且危机后运用外汇储备政策不当,以使其无力抗击国际游资的强大攻击。

(二)影响汇率变化的非经济因素

1. 政治局势

如果一国出现政府经常更迭,国内叛乱、战争,与其他国家的外交关系恶化以及遇到严重的自然灾害,而这些事件又未能得到有效控制的话,就会导致国内经济萎缩或瘫痪，导致投资者信心下降而引发资本外逃，其结果会导致该国货币汇率下降。

2. 新闻及其他信息

这是影响短期汇率的爆发性因素。现代外汇市场由于通信设施高度发达，各国金融市场的紧密连接和交易技术的日益完善，已逐渐发展成为一个高效率的市场，因此，市场上出现的任何微小的盈利机会，都会立刻引起资金大规模的国际移动，使这种盈利机会迅速归于消失。在这种情况下，谁最先获得有关能影响外汇市场供求关系和预期心理的“新闻”或信息，谁就有可能在其他市场参加者尚未了解实情之前立即作出反应，从而获得盈利。同时要特别注意的是，在预期心理对汇率具有很大影响的情况下，外汇市场对政府所公布的“新闻”的反应，也不仅取决于这些“新闻”本身是“好消息”还是“坏消息”，更主要取决于它是否在预料之中，或者是“好于”还是“坏于”所预料的情况。总之，信息因素在外汇市场日趋发达的情况下，对汇率变动已具有相当微妙而强烈的影响。

3. 心理预期因素

在外汇市场上，人们买进还是卖出某种货币，同交易者对今后情况的看法有很大关系。当交易者预期某种货币的汇率在今后可能下跌时，他们为了避免损失或获取额外的好处，便会大量地抛出这种货币；而当他们预料某种货币今后可能上涨时，则会大量地买进这种货币。一些外汇专家甚至认为，外汇交易者对某种货币的预期心理现在已是决定这种货币市场汇率变动的最主要因素，因为在这种预期心理的支配下，转瞬之间就会诱发资金的大规模运动。由于外汇交易者预期心理的形成大体上取决于一国的经济增长率、货币供应量、利率、国际收支和外汇储备的状况、政府经济改革、国际政治形势及一些突发事件等很复杂的因素。因此，预期心理不但对汇率的变动有很大影响，而且还带有捉摸不定、十分易变的特点。

4. 政府干预因素

汇率波动对一国经济会产生重要影响。目前，各国政府（央行）为稳定外汇市场，维护经济的健康发展，经常对外汇市场进行干预。干预的途径主要有四种：(1) 直接在外汇市场上买进或卖出外汇；(2) 调整国内货币政策和财政政策；(3) 在国际范围内发表表态性言论以影响市场心理；(4) 与其他国家联合，进行直接干预或通过政策协调进行间接干预等。如 2010 年到 2013 年的欧洲债务危机时，美、英、法、德、意、加、日联合救市，干预外汇市场；2011 年，日元遭受大地震、海啸和核泄漏危机的严重冲击后，日元成为投机者攻击的主要目标，出现大幅攀升，日本央行就联合美、英、加和欧盟在国际外汇市场联手卖出日元买入美元，日元汇率随即下跌等。

延伸阅读 2-2

人民币汇率制度

一、人民币汇率制度的演变

改革开放以前，中国实行高度集中的计划经济体制，由于外汇资源短缺，中国一直实行比较严格的外汇管制。1978 年实行改革开放战略以来，中国外汇管理体制改革沿着逐步缩小指令性计划，培育市场机制的方向，有序地由高度集中的外汇管理体制向与社会主义市场经济相适应的外汇管理体制转变。1996 年 12 月，中国实现了人民币经常项目可兑换，对资本项目外汇进行严格管理，初步建立了适应社会主义市场经济的外汇管理体制。2001 年加入世界贸易组织以来，中国对外经济迅速发展，国际收支持续较大顺差，改革开放进入了一个新阶段。外汇管理主动顺应加入世贸组织和融入经济全球化的挑战，进一步深化改革，继续完善经常项目可兑换，稳步推进资本项目可兑换. 推进贸易便利化。

二、现行的人民币汇率制度

人民币汇率形成机制改革坚持主动性、可控性、渐进性的原则。自 2005 年 7 月 21 日起，中国开始实行以市场供求为基础，参考一揽子货币进行有调节、有管理的浮动汇率制度。人民币汇率不再盯住单一美元，而是按照中国对外经济发展的实际情况，选择若干种主要货币，赋予相应的权重，组成一揽子货币。同时，根据国内外经济金融形势，以市场供求为基础，参考一揽子货币计算人民币多边汇率指数的变化，对人民币汇率进行管理和调节，维护人民币汇率在合理均衡水平上的基本稳定。参考一揽子货币表明外币之间的汇率变化会影响人民币汇率，但参考一揽子货币不等于盯住一揽子货币，还需要将市场供求关系作为另一个重要依据，据此形成有管理的浮动汇率。

人民币汇价的管理即中国人民银行于每个工作日闭市后公布当日银行间外汇市场美元等交易货币对人民币汇率的收盘价，作为下一个工作日该货币对人民币交易的中间价格。银行间外汇市场人民币对美元买卖价在中国人民银行公布的市场交易中间价上下 0.3% 的幅度内浮动，欧元、日元、港币等非美元货币对人民币交易价浮动幅度为上下 3%。外汇指定银行在规定的浮动范围内确定挂牌汇率，对客户买卖外汇。银行对客户美元挂牌汇价实行价差幅度管理，美元现汇卖出价与买入价之差不得超过交易中间价的 1%，现钞卖出价与买入价之差不得超过交易中间价的 4%，银行可在规定价差幅度内自行调整当日美元挂牌价格。银行可自行制定非美元对人民币价格。银行可与客户议定所有挂牌货币的现汇和现钞买卖价格。

【实训演练 2－2】

1. 2013 年 8 月，小波出差来到泰国曼谷，看到以下外汇牌价表，请解读各个项目的具体含义：

（1）解释 Bank Buys Notes、Bank Buys TC、Bank Sells Notes 的具体含义。

（2）Bank Sells Notes 高于 Bank Buys Notes，Bank Buys Notes 低于 Bank Buys TC 的原因。

Currency		Bank Buys Notes	Bank Buys TC	Bank Sells Notes
USD	USA	30.07	31.34	31.96
EUR	Euro	36.84	38.33	39.40

续表

Currency	Bank Buys Notes	Bank Buys TC	Bank Sells Notes
GBP　England	47.61	49.06	50.62
JPY：100　Japan	37.88	39.62	40.98
AUD　Australia	31.23	32.55	33.88
CNY　China	4.58	—	5.26
HKD　Hong Kong	3.83	3.99	4.20
KRW　Korea	23.00	—	33.40
MYR　Malaysia	9.04	—	10.63
SGD　Singapore	24.59	24.88	25.62
NOK　Norway	4.93	—	5.32
SEK　Sweden	4.29	—	4.65
CAD　Canada	30.54	30.98	31.78
CHF　Switzerland	31.56	31.90	32.71

2．两周后展会结束，小波回到国内，向银行卖出多余外汇 289 美元。请根据以下中国银行和中国工商银行外汇牌价，正确选择兑换汇率并计算可换回的人民币金额。

美元与人民币的外汇牌价

货币名称	现汇买入价	现钞买入价	现汇卖出价	现钞卖出价
中国银行	620.21	615.24	622.69	622.69
工商银行	620.31	615.33	622.79	—

3．中国银行 2010 年 6 月 11 日的外汇牌价表（见下表）。

中国银行外汇牌价表

日期:2010 年 6 月 11 日　　人民币（元）/100 外币

货币名称	现汇买入价	现钞买入价	卖出价	基准价
英镑	1 000.71	969.81	1 008.75	1 003.6
港币	87.51	86.81	87.84	87.66
美元	681.63	676.17	684.37	682.79

根据该外汇牌价回答下列问题：

（1）一位旅行者到中国银行兑换 300 元港币现钞，需付多少人民币现钞？

（2）一位客户欲将 100 英镑现钞兑换等值的人民币，该客户能兑换多少人民币？

（3）一家出口企业到中国银行以 10 000 美元即期结汇，能兑换多少等值的人民币？

4．各贸易模拟团队，请按当天银行外汇牌价形成一份出口参展兑换外币选择汇率的解决方案。

【评价考核标准】

任　务	测评指标	考核标准	分　值	得　分
选择货币兑换汇率	1. 查询外汇牌价表	快速准确查询外汇牌价表	20	
	2. 解读外汇牌价表	能清晰地表述5个汇率牌价的含义 能正确地选择买入价或卖出价 能正确地计算可获得外币金额	60	
	团队合作	仔细严谨	20	

任务2.3　办理货币兑换业务

【操作指南】

步骤一：到中国银行大厅，索取并填制《外币兑换业务申请书》或是《买入外汇申请书》（见表2－5）一式两份。

表2－5　____________银行买入外汇申请书

年　月　日　　　　　　　　　　　　　　　　　　编　号

单位名称			
单位地址		联系人及电话	
本单位申请按市价买入外汇，金额为（大写）		（小写）	
折人民币金额		人民币资金扣划号	
外币资金划入银行名称		外币资金划入银行账号	
收款单位名称			
购汇用途及商业单据名称	用途：贸易进口付汇商业单据、进口合同、进口付汇核销单、形式发票		
银行审批意见 经手人（签字） 审批单位（印章） 年　月　日	我单位同意本业务按照国家外汇管理局规定执行，如果我单位违反规定，将对由此给贵行造成的一切经济损失负赔偿责任。我单位保证所提供的有关资料、证明文件真实、完整、有效。由于本单位错误填写本申请书或其他原因，而造成不能购汇延误的，损失由我单位自行承担。 申请单位印鉴 年　月　日		

步骤二：填写完整后，凭排号、身份证和《外汇兑换业务申请书》或是《买入外汇申请书》到外汇兑换窗口换回所需外汇。

【相关知识】

一、外币兑换

(一) 外币兑换的概念

外币兑换的概念有狭义和广义之分。

狭义的外币兑换是专指外币现钞的兑换业务。

广义的外币兑换不仅包括外币现钞的兑换,还包括汇入和携入的外币票据、旅行支票、旅行信用证和信用卡等业务,按银行当天汇价兑换成人民币或将人民币按规定兑换成外币的一种行为。即将一国货币按一定比例转换成另一国货币的过程。《中华人民共和国外汇管理条例》明文规定:任何外币不可在中国境内自由流通。

超级链接

各国(地区)货币与人民币之间的比率(按中间价)

外币	兑人民币汇率	外币	兑人民币汇率	外币	兑人民币汇率
1 英镑	11.1810	1 越南盾	0.0003736	1 韩元	0.0059
1 欧元	10.1300	1 印度尼西亚卢比(盾)	0.0725200	1 丹麦克朗	1.3800
1 美元	6.8200	1 马尔代夫卢亚夫	0.5337000	1 挪威克朗	1.2100
1 俄罗斯卢布	0.2315	1 印度卢比	0.1479000	1 瑞士法郎	6.8260
1 港币(中国)	0.8800	1 埃及镑	1.2498000	1 瑞典克朗	0.9930
1 澳门元(中国)	0.8550	1 南非兰特	0.9195000	1 马来西亚林吉特	2.0127
1 新台币(中国)	0.2122	1 澳大利亚元	6.2400000	1 新西兰元	4.8910
1 日元	0.0753	1 新加坡元	4.9100000	1 德国马克	5.1353
1 菲律宾比索	0.1500	1 泰国铢	0.2100000		

资料来源:根据外汇牌价表整理而成。

(二) 银行兑入外币现钞

步骤一:要鉴别外币的真伪及是否属于受理范围,是否属于已经停止流通的废币。若发现伪钞或已停止流通的钞票,银行一律没收,并开具假钞证明一式两联。

步骤二:确认无误后,填写一式四联的《外汇兑换水单》(Exchange Memo)和内部传票。经复核无误后交出纳,点收外币金额,按其现钞买入价折算人民币金额。

步骤三 :顾客在水单上签名后,将顾客护照号码或身份证号码抄写在兑换水单上。

步骤四:在水单上加盖图章。第一联交持兑人;第二联作为外汇买卖科目外币贷方传票;第三联作为外汇买卖科目人民币借方传票;第四联作为外汇买卖统计卡,留存备用。如属代办单位可凭此向银行清算。

（三）银行兑出外币现钞

步骤一：客户应按有关规定向银行申请，填制《外汇兑换业务申请书》一式两份。

步骤二：经审核无误后办理兑付。要缮制《兑出外汇水单》一式四联。根据申请人交付的人民币金额，按外汇卖出价折算外币金额，填写在有关栏内。

步骤三：出纳复核配款，凭复核数兑付相应的外币现钞。同时在《外币兑换业务申请书》上加盖业务公章退回申请人。

步骤四：兑出水单一式四联：第一联为兑出外币水单，由兑出行加盖业务公章后交申请人收执；第二联为外汇买卖科目人民币贷方传票；第三联为外汇买卖科目外币借方传票；第四联为外汇买卖统计卡，留存备查。

对《外币兑换业务申请书》的管理，银行统一印制，其他途径印制应征得银行的许可。遵循统一存放、统一管理的原则。空白水单不得事先盖好业务章。

《外币兑换业务申请书》的填写。顺号使用，逐一填写，不得漏填，漏填一项视为无效水单。填写整洁完整，字迹清楚，不得涂改。使用正确的外汇牌价。作废水单应完整保存，不得任意撕毁。其作用是可以在有多余情况下向银行换回本币。

二、客户购汇申请书填制要点

（1）进口付汇核销单号：填进口付汇核销单的编号。

（2）银行编号：售汇银行的编号。

（3）用汇金额：合同金额。

（4）应根据如下规定填报：如所付款项是从现汇账户中支出，则在“外汇账号”栏填写该现汇账户的账号；如所付款项是从银行购得的外汇，则在“人民币账号”栏填写其用于购汇的人民币账户的账号。

（5）用汇单位（人）：购买外汇的企业。

（6）购汇请提供以下有效证件：在需要的文件前面打“√”。

（7）折合人民币：按照购买日汇率折算的人民币金额，选择卖出汇率进行折算。这也是整份表中的重点项目。

根据上述要求，具体填写，见表2－6。

表2－6 中国光大银行买入外汇申请书

2012年12月10日　　　　编　号：1122

单位名称	宁波海曙玉楚贸易有限公司		
单位地址	浙江宁波市海曙区柳汀街888号	联系人及电话	
本单位申请按市价买入外汇，金额为（大写）壹万美元		（小写）	USD10 000.00
折人民币金额		人民币资金扣划号	
外币资金划入银行名称	宁波银行宋诏桥支行	外币资金划入银行账号	
收款单位名称	宁波海曙玉楚贸易有限公司		
购汇用途及商业单据名称	用途：贸易进口付汇商业单据、进口合同、进口付汇核销单、形式发票		

续表

银行审批意见 经手人(签字)李小乐 审批单位(印章) 年 月 日	我单位同意本业务按照国家外汇管理局规定执行,如果我单位违反规定,将对由此给贵行造成的一切经济损失负赔偿责任。我单位保证所提供的有关资料、证明文件真实、完整、有效。由于本单位错误填写本申请书或其他原因,而造成不能购汇延误的,损失由我单位自行承担。 申请单位印鉴 年 月 日

延伸阅读2-3

外币现钞的鉴别

目前,在中国银行挂牌收兑的外币中,发行的国家(地区)不同,名称、特点不同,进位制比价不同,颜色、图案、面额、版式也不同。给外币兑换工作增加了难度和风险。稍有疏忽,就可能会兑入假钞。所以,在兑换时,不仅要对各种货币进行深入全面地了解,掌握鉴别真假钞的常识,而且还应熟悉各种货币的流通情况,把握外币现钞退出流通的时间。为此,外币兑换首先要做好如下工作。

1. 从外国钞票的主要内容方面鉴别

通常钞票上包括:(1) 发行钞票的机构;(2) 货币单位名称;(3) 年版;(4) 号码;(5) 签字或盖章;(6) 图案;(7) 发行说明;(8) 字母;(9) 库印;(10) 供盲人识别的标记。

2. 从外国钞票的质地、隐像及印刷技术方面鉴别

各国用于印制钞票的纸张都是专门制造的,具有光洁、耐折、坚韧、耐磨,久经流通不发毛、不断裂的特征,对一些液体有一定的抵抗力。而用于假钞的纸张不完全具有以上的特征,如有的没有韧性,用手触摸,感觉过薄或过厚,有蜡纸感。隐像是指通过制版技术,使钞票某些图像或文字,在正常视线下看不到,透过光线照射时才能看到其中隐藏的字样或图像。还有的是初看是一种图案,细看可看到另一种图像,使伪钞不易模仿。印刷技术是印钞中防假的一个重要方面。世界各国都力求把最新、最先进、最可靠的技术应用到制钞上面。精密度达到百分之百准确,印刷过程中,增加许多防伪标记。

3. 从外国钞票的纸张特征方面鉴别

其方法如下:

(1) 看。一是迎光透视。主要观察水印、安全线和对印图案。二是晃动观察。主要观察全息标识。如5欧元、10欧元、20欧元背面珠光油墨印刷条状标记和50欧元、100欧元、200欧元、500欧元背面右下角的面额数字。用眼看图案是否清晰,线条是否精致,是否具有立体感;油墨颜色是否纯正、鲜亮;纸张是否光滑、挺括;各种数字、字母是否一致,排列是否均匀。

（2）摸。一是摸纸张。欧元纸币纸张薄、挺度好，摸起来不滑、密实，在水印部位可以感到有厚薄变化。二是摸凹印图案。如欧元纸币正面的面额数字，门窗图案，欧洲中央银行缩写及200欧元、500欧元的盲文标记均是采用雕刻凹版印刷的，摸起来有明显的凹凸感。

（3）听。用手抖动纸币，真钞会发出清脆的声响。

（4）测。借助仪器判定外钞真伪。尤其是票面破损较严重的钞票，要借助科学的验伪仪器如放大镜、紫光灯（磁性检测仪）等鉴别。用紫光灯和放大镜等仪器检测欧元纸币的专业防伪特征。在紫外光下，欧元纸张无荧光反应，同时可以看到纸张中有红、蓝、绿三色荧光纤维；欧盟旗帜和欧洲中央银行行长签名的蓝色油墨变为绿色；12颗星由黄色变为橙色；背面的地图和桥梁则全变为黄色。

【实训演练2-3】

1. 请各贸易模拟团队，根据其中一个出口交易国的外币计算金额填写完成外汇购买申请表的填写。

2. 境内某公司业务员出境考察并洽谈业务，需要携带4 000美元现钞，在取得外汇管理局批准并开具携带现钞证明后，该人打算在对国内多家商业银行进行兑换成本比较后，再实施兑换；请你今天为这位业务员选择一家银行兑换美元并说明理由；若今天该业务员回国，欲将剩余2 000美元兑回人民币，他选择哪家银行好？为什么？

【评价考核标准】

任　务	测评指标	考核标准	分　值	得　分
办理货币兑换业务	填制外币兑换申请表	快速准确填写	100	

项目三

报价折算

【应知目标】

理解出口报价原则，远期汇率的产生原理与报价标准；掌握即期支付和远期支付下汇率的选择与使用，出口报价折算。

【应会目标】

- 会进行即期支付下出口报价折算。
- 会进行远期支付下出口报价折算。

【素质目标】

- 培养仔细严谨准确的处事态度和为集体利益服务的精神。

【企业典型案例导入】

2012年10月，宁波海曙玉楚贸易有限公司员工小波参加完美国芝加哥举行的展会后回到国内，不断接到展会期间来自世界各地客户的来电来函询盘问价。小波在公司产品成本、其他业务成本加合理利润空间的基础上，计算出了产品的合理报价。但是，小波发现，在询盘函电中，有的客户要求外币报价，有的客户要求三个月后的出口报价，有的客户要求的外币报价甚至在中国银行的外汇牌价表上都没有显示。Alice告诉他，要成功应对各种报价交易，必须对本币与外币之间的相互折算了如指掌。该如何正确操作呢？

【任务分析】

在进出口贸易的出口商报价中，在报出出口商品本币价格的同时报出其外币价格是非常普遍的现象。因此，小波针对操作中遇到的外币折算成本币、本币折算成外币、外币折算成外币问题认真请教了师傅。对此，师傅指导小波要先掌握不同付款方式下不同的报价方法，也就是即期汇率下本外币报价折算和远期汇率下本外币报价折算方法，然后根据客户的要求，运用所掌握的方法进行具体报价。

任务3.1　即期支付下本外币报价折算

2012年11月1日，小波接到伊朗客户关于家用电器接线端子的询盘问价如下：

Fati：Hi, I need pin header.

（嗨，我们需要品螺形接线端子。）

DuDu：Tell me the product details specification or send me a picture.

（请告诉我产品的详细规格或发给我一张图片。）

Fati：OK, I will send you a email.

（好的，我发邮件给你。）

DuDu：The price is RMB 0.223 6/pc.

（每件的人民币报价是0.223 6元。）

Fati：Can you tell me the FOB NINGBO price, please quote in us dollars.

（请转报给我FOB NINGBO的美元报价。）

DuDu：FOB NINGBO price is USD 0.035 8/pc if you immediately payment.

（如果你是即期支付，FOB NINGBO的美元报价是0.035 8美元。）

所谓即期支付，是指进出口商品交易成交后，在较短时间内进行支付的方式。出口业务中，即期支付下的报价是指对外出口商品，进口商采用即期支付方式，出口商报价时应注意：要根据出口报价的基本原则进行报价，要注意外汇买入价与卖出价的合理运用，要注意货币之间的折算技巧和硬币、软币问题。

【操作指南】

在即期支付下进行出口报价：

步骤一：先看要求报出的货币是挂牌货币还是未挂牌货币。

步骤二：若是挂牌货币，可以选择按中间价进行折算报价，也可以按相关原则选择买入价和卖出价进行报价折算。

步骤三：若是未挂牌货币，就要先转换成挂牌货币，再按步骤二进行。

【相关知识】

一、挂牌外币/本币到本币/外币的中间价折算方法

挂牌汇率是由银行挂牌进行标示出外汇兑换的汇率，分为买入汇率、卖出汇率和中间价。

外币/本币就是1单位外币等于多少单位本币，本币/外币就是1单位本币等于多少单位外币。通常，直接标价法最常见的形式就是单位外币等于多少本币，即以一定单位的外币为标准折合为一定数额的本币来表示其汇率；间接标价法就是单位本币等于多少外币，即以一定单位的本国货币为标准折合为一定数额的外币来表示其汇率。

目前,除美国、英国、澳大利亚外,大部分国家都采用直接标价法公布其外汇汇率。中国也采用直接标价法公布外汇汇率。如 USD100/RMB653.2,即以直接标价法表示美元与人民币之间的汇率,100 美元等于 653.2 元人民币。

在出口贸易中,出口商可能被要求在报出出口商品本币价格的同时报出其外币价格。这就会遇到外币/本币到本币/外币的折算问题。

外币/本币到本币/外币的中间价折算,是指由直接标价法转移到间接标价法的中间汇率的折算。直接标价法与间接标价法表示的汇率数额上是互为倒数的关系,掌握一种标价法下的汇率值,就可以计算出另一种标价法下的汇率值。

【例 3-1】 假设在中国香港外汇市场上,采用直接标价法挂牌公布汇率。某日美元对港币的汇率为:USDl = HKD7.797 0。港商出口商品的本币报价单价为 5 港币。若进口商要求报出其美元价格,则为多少报价?

解:

分析:因为告诉了中间价,并且都是挂牌货币,只要进行汇率折算后即可直接报出价格。

(1) 汇率折算:把 1 单位外币作标准的汇率转化成以单位本币为标准的汇率,即将 1 单位美元作标准的汇率转换成单位港币作标准的汇率。

将:USDl = HKD7.797 0 折算为:HKDl = USDl/7.797 0 = USD0.128 3

(2) 出口报价:把本币折算成外币报价,即将港币报价折算为美元报价。

根据折算出的本币对外币的汇率,一件出口商品的本币价格为 5 港币,折成美元为 0.128 3 × 5 = 0.641 5(美元),则该出口商品的报价为 0.641 5 美元。

以上举例可归纳出:

已知:外币/本币,求本币/外币。

求解方法是用 1 除以本币的具体数字。

二、未挂牌外币/本币到本币/未挂牌外币的中间价折算方法

外汇交易中经常使用的货币只有几种,如美元、欧元、英镑、日元等。目前,中国银行公布的外汇牌价,仅有 14 种货币挂牌。但如果想得到一种不经常使用的货币汇率价格,如西班牙比塞塔、丹麦克朗、越南盾等的汇率价格,就必须查出当天这些货币与挂牌货币(美元、欧元、英镑等)之间的比价,然后加以套算,即可求出 1 单位本币等于多少不经常使用的外币。

具体方法如下。

已知:

本币对已挂牌货币(如美元)的中间汇率　　式一

查主要外汇市场美元对未挂牌货币(如西班牙比塞塔)的中间汇率　　式二

以式一的中间汇率与式二的中间汇率进行套算:即式二/式一表示本币/未挂牌外币的比价;式一/式二表示未挂牌外币/本币的比价。

【例 3-2】 设中国香港某出口商以 100 美元报价后,接到西班牙进口商的来电,要求其报出该商品的港币与西班牙比塞塔之间的报价。

解：

分析：美元和港币是挂牌货币，但西班牙比塞塔是未挂牌货币，这样就要根据挂牌货币的中间汇率和查询到的未挂牌货币与基础货币之间的中间汇率来计算出折算汇率，再进行报价。

（1）先列出港币对美元的中间汇率，1 美元 = 7.798 4 港币；

若中国香港外汇市场不公布港币对西班牙比塞塔的牌价，查纽约外汇市场 1 美元对比塞塔的中间汇率是 1 美元 = 126.78 比塞塔；

港币/比塞塔的比价：

$$126.78/7.7984 = 16.2572$$

即 1 港币 = 16.257 2 比塞塔

比塞塔/港币的比价：

$$7.7984/126.78 = 0.06151$$

即 1 比塞塔 = 0.061 51 港币。

（2）依据上述计算方法，中国香港出口商就可以将出口商品的港币套算成西班牙比塞塔，对西班牙进口商进行港币和比塞塔两种货币报价。

以港币报价为：100 × 7.798 4 = 779.84（港币）

以西班牙比塞塔报价为：16.257 2 × 779.84 = 12 677.86（比塞塔）

此种情况，可归纳出三步求解方法：

第一，先找出本币对某一主要可兑换货币的中间汇率。

第二，在主要国际金融市场上，查找该可兑换货币兑未挂牌外币的中间汇率。

第三，通过上述两个中间汇率进行套算，计算得出本币兑未挂牌外币的汇率。

三、挂牌外币/本币到本币/外币的买卖价折算方法

通过前面的学习，我们已经知道将本币/外币折算报价，在这个过程中需要用到汇率来进行折算，以上讲的是按中间汇率来折算。但一般汇率报价是双向报价，也就是同时报出买入价和卖出价，这就需要正确选择买卖价来折算汇率。

火眼金睛

挂牌外币/本币到本币/外币的折算要领：

本币折算外币时，应用买入价。

外币折算本币时，应用卖出价。

如果报价时所采用的两种货币都是外币，应以外汇市场所在国货币为本币，按国际市场外汇牌价折算。

（一）本币折算外币，应用买入价

如果出口商底价为本币，而需要改为外币报价时，则以买入价进行折算。因为出口商原为收取本币，现改为收取外币，所以，收到货款后需将外币卖给银行换回本币。而在出口商卖出外汇时，银行为买入外汇，因此用买入价进行折算。

【例 3－3】

设港商出口产品底价为 100 000 港币，应客户要求改为以美元报价，如果交易当天中国香港外汇市场美元/港币的比价为：USDl＝HKD7.797 0－7.816 0，该报多少美元？

解：

(1) 汇率选择：中国香港外汇市场美元/港币的比价为：USDl＝HKD7.797 0－7.816 0，USDl＝HKD7.797 0 为买入价，应作为折算汇率。

(2) 汇率折算：把 1 单位外币作标准的汇率转化成以单位本币为标准的汇率，即将 1 单位美元作标准的汇率转换成单位港币作标准的汇率。

将：USDl＝HKD7.797 0 折算为：HKDl＝USDl/7.797 0＝USD0.128 3

(3) 出口报价：把本币折算成外币报价，即将港币报价折算为美元报价。

根据折算出的本币对外币的汇率，一件出口商品的本币价格为 100 000 港币，折成美元为 0.128 3×100 000＝12 830(美元)，则该出口商品的报价为 12 830 美元。

或者：该出口商品的美元报价为 100 000÷7.797 0＝12 825.45(美元)

两种算法的答案是一样的。

否则，如果以卖出价折算为 100 000÷7.816 0＝12 794.27(美元)，出口商的出口收入将遭受损失。

当然，对上述解题中的汇率折算部分也可以直接进行转换到位，即将外汇市场上美元/港币的买入和卖出报价直接折算成港币/美元的买入价和卖出价，再选择买入价进行出口报价。如某日中国香港外汇市场 USD1＝HKD7.769 0－7.809 0，求港币/美元的买入价和卖出价。按报价惯例可知美元/港币报价实际含义如下：

卖出 7.769 0 港币	买入 7.809 0 港币
↓	↓
买入 1 美元	卖出 1 美元
等价于	等价于
卖出 1 港币	买入 1 港币
↓	↓
买入 1/7.769 0 美元	卖出 1/7.809 0 美元

因此，实质是已知一个单位的外币兑多少本币的买入价和卖出价，计算一个单位的本币兑多少外币的买入价和卖出价。计算方法为：求买入价则以 1 除以已知的卖出价，求卖出价则以 1 除以已知的买入价。

如上题中港币/美元的即期汇率为 1/7.809 0－1/7.769 0，即 1HKD＝USD0.128 1－0.128 7，选择 0.128 1 作为出口报价的折算汇率即可。

超级链接

在外汇买卖中，不仅买卖双方的地位是相对的，买卖的货币也是相对的，之所以有买卖某种货币的说法，只是因为报价时的基准货币不同。如在 USD1 = HKD7.769 0/7.809 0 当中，报价方报出美元兑港币的价格，斜线前面是买入美元的价格，后面是卖出美元的价格，也可以说斜线前面是卖港币的价格，后面是买港币的价格。因为对于报价方而言，买美元就是卖港币，卖美元就是买港币。不过这里是卖 7.769 0 港币收回 1 美元，买 7.809 0 港币付出 1 美元。那么买卖 1 港币分别付出和收回多少美元呢？答案是显而易见的。

（二）外币折算本币，应用卖出价

如果出口商品底价为外币，而要改成本币报价时，则应用卖价来计算。因为，出口商原为收取外币，现改为收取本币，所以收到货款时，需将本币卖给银行换回外币，而出口商以本币换外汇的过程即为银行卖出外汇的交易过程，因此用卖出价。

【例 3－4】　设中国香港出口商的出口产品底价为 100 美元，应客户要求改为港币报价，如果交易当天中国香港外汇市场美元/港币的比价为：USDl = HKD7.797 0 －7.816 0，则应报价多少？

解题思路：也就是说，出口商现在要花多少港币才能兑换回 100 美元？即买美元卖港币，出口商为客户，银行为报价方，对应于客户的需求，正是银行卖出美元买入港币，当客户拿着港币到银行去兑换美元，要多少港币才能换回相应美元呢？这就是报价问题的实质了。

（1）汇率选择：中国香港外汇市场美元/港币的比价为：USDl = HKD7.797 0 －7.816 0，USDl = HKD7.816 0 为买入价，应作为折算汇率。

（2）汇率折算：直接引用 1 单位外币作标准的本币汇率。

即：USDl = HKD7.816 0

（3）出口报价：把外币折算成本币报价，即将美元报价折算为港币报价。

根据折算出的外币对本币的汇率，一件出口商品的外币价格为 100 美元，折成港币为 7.816 0 × 100 = 781.60 美元，则该出口商品的报价为 781.60 港币。

否则，如果以买入价折算为：7.797 0 × 100 = 779.70 港币，出口商的出口收入将受到损失。

（三）如果报价时所采用的两种货币都是外币，应以外汇市场所在国货币为本币，按国际市场外汇市场牌价折算

出口商在对出口商品报价时，若以某种外币报价，对方要求以另一种外币报价，无论是采用直接标价法的外汇牌价，还是采用间接标价法的外汇牌价，都将外汇市场所在国的货币视为本币，然后再按照上面的两项原则处理，即将本币折算为外币，按买入价折算；将外币折算为本币，按卖出价折算。

【例 3－5】　某日美国纽约外汇市场美元与港币的汇率卖出价为 7.780 6，买入价为 7.782 0，纽约外汇市场采用间接标价法，买入价大于卖出价。同日，中国某出口商

出口一台机器,报价为5000美元。现应客户要求改为以港币报价。该报多少呢?

方法一:参考纽约外汇市场公布的汇率。

(1) 汇率选择:视美元为本币,其他货币一律为外币。美元报价改为港币报价,即把本币报价改为外币报价,按上述原则,应以买入价进行折算。即选择USDl = HKD7.7820。

(2) 汇率折算报价:港币报价应为5000美元 ×7.7820 = 38910(港币)(纽约外汇市场采用间接标价法,买入价大于卖出价)。

方法二:参考中国香港外汇市场公布的汇率。

(1) 汇率选择:视港币为本币,其他货币一律为外币。美元报价改为港币报价,即把外币报价改为本币报价,按上述原则,应以卖出价进行折算。即选择USDl = HKD7.7820。

(2) 汇率折算报价:港币报价应为5000美元 ×7.7820 = 38910(港币)(中国香港外汇市场采用直接标价法,买入价小于卖出价)。

由上例可以看出,一种外币报价改为另一种外币报价,不论按照哪一个外汇市场的牌价折算,只要两个外汇市场所公布的汇率相同,折算出来的结果是相同的。

上述原则之所以主要是针对出口商,是因为在国际贸易中,出口商是站在出口报价的角度,以某币种报出出口商品的底价,或应进口商要求改变报价货币的币种,因而在出口报价时要面对不同币种之间比较复杂的汇率折算问题。

四、交叉汇率的报价折算

世界上除了英国、美国外,大多数国家或地区的外汇市场都采用直接标价法或美元标价法挂牌公布即期汇率,即以单位外币或单位美元作为标准折合成若干本币,而不采用以本币作为标准折合成若干外币的方法来报价。另外,许多外汇市场公布的主要是发达国家货币与本币的比价,而其他一些国家的货币与本币的比价并未公布,需要进行汇率的套算。在实际业务中,并不是所有外汇都挂牌公布相互汇率,这就需要利用已知的汇率进行交叉汇率的折算。

交叉汇率的折算是指两个汇率表达式中有一种货币是相同的,另外两种货币是不同的,经过折算,变为两种不同货币之间的汇率。有以下三种情况。

1. 两个已知汇率中的基础货币相同,标价货币不同,求标价货币之间的比价

此种情况的求解方法是:将两项标价汇率的买入价与卖出价分别交叉相除,使小数字除以大数字得出的买入汇率小于大数字除以小数字得出的卖出汇率,从而使新计算出来的两种货币汇率的前一标价数小于后一标价数。

【例3-6】 已知:

公式(1)1欧元 = 1.2000/1.2020美元

公式(2)1欧元 = 0.7500/0.7530英镑

求:美元与英镑之间的汇率。

在折算中,我们将美元确定为基础货币,即求1美元折合多少英镑。

首先求美元的买入价：

汇率公式(1)表明，买入1美元需要付出1÷1.2020欧元；汇率公式(2)表明，买入1欧元需要付出0.7500英镑。

所以美元的买入价为：0.7500×(1÷1.2020) =0.6240(英镑)

再求美元的卖出价：

汇率公式(1)表明，卖出1美元可以得到1÷1.2000欧元；汇率公式(2)表明，卖出1欧元可以得到0.7530英镑。

所以美元的卖出价为：0.7530×(1÷1.2000) =0.6275(英镑)

由此可以得出：1美元=0.6240/0.6275英镑

再如：

USD/JPY 的即期汇率是1美元=100.15/100.25日元

USD/DEM 的即期汇率是1美元=1.5808/1.5810马克

求：DEM/JPY 的即期汇率。

解：

DEM/JPY 的买入价 100.15÷1.5810=63.35(日元)

DEM/JPY 的卖出价 100.25÷1.5808=63.42(日元)

其买入价的推导过程为：

卖出1美元，买入1.5810马克

买入1马克，卖出1÷1.5810美元

买入1美元 卖出100.15日元

买入1÷1.5810美元，卖出100.15÷1.5810日元

买入1马克，卖出100.15÷1.5810日元

1马克=63.35日元

卖出价的推导思路同上。

2. 两个已知汇率公式中的标价货币相同，基础货币不同，求基础货币之间的比价

此种情况下的求解方法是：两项基础汇率的买入价与卖出价分别交叉相除，使小数字除以大数字得出的买入汇率小于大数字除以小数字得出的卖出汇率，从而使新计算出来的两种货币汇率的前一标价数小于后一标价数。

【例3-7】 已知：

公式(3)1美元=0.6500/0.6530英镑

公式(4)1欧元=0.7800/0.7825英镑

求：欧元与美元之间的汇率。

在折算中，我们将欧元确定为基础货币，即求1欧元折合多少美元。

首先求英镑的买入价：

买入1欧元需要付出0.7800英镑；汇率公式(3)表明，买入1英镑，需要付出1÷0.6530美元。

所以欧元的买入价为：0.7800×(1÷0.6530) =1.1945(美元)

再求欧元的卖出价：

汇率公式(4)表明，卖出1欧元可以得到0.7825英镑；汇率公式(3)表明，卖出1英镑，可以得到1÷0.6500美元。

所以欧元的卖出价为：0.7825×(1÷0.6500)＝1.2038(美元)

由此可以得出：1欧元＝1.1945/1.2038美元

也就是说如果国际外汇市场上某银行的即期汇率报价：

1澳大利亚元＝0.7350－0.7360美元

1新西兰元＝0.6030－0.6040美元

则：新西兰元兑澳大利亚元的买入价是0.6030÷0.7360＝0.8193(澳元)

新西兰元兑澳大利亚元的卖出价是0.6040÷0.7350＝0.8212(澳元)

其推导过程为：买入1新西兰元＝卖出0.6030美元

卖出1澳元＝买入0.7360美元

买入1美元＝卖出1÷0.7360澳元

买入0.6030美元＝卖出0.6030÷0.7360澳元

买入1新西兰元＝卖出0.6030÷0.7360澳元

3. 两个已知汇率中，基础货币和标价货币均不相同，但都涉及同一种货币

此种情况的标价方法是：将两项基础汇率的买入价与买入价、卖出价与卖出价分别相乘，使小数字乘以小数字得出的买入价小于大数字乘以大数字得出的卖出价，从而使新计算出的两种货币汇率的前一标价数小于后一标价数。

【例3－8】 已知：

公式(5)1欧元＝1.2000/1.2040美元

公式(6)1英镑＝1.3000/1.3025欧元

求：英镑与美元之间的汇率。

在折算中，我们将英镑确定为基础货币，即求1英镑折合多少美元。

首先求英镑的买入价：

汇率公式(6)表明，买入1英镑需要付出1.3000欧元；汇率公式(5)表明，买入1欧元需要付出1.2000美元。

所以英镑的买入价为：1.3000×1.2000＝1.5600(美元)

再求英镑的卖出价：

汇率公式(6)表明，卖出1英镑可以得到1.3025欧元；汇率公式(5)表明，卖出1欧元可以得到1.2040美元。

所以英镑的卖出价为：1.3025×1.2040＝1.5682(美元)

由此可以得出：1英镑＝1.5600/1.5682美元

也就是说：

1美元＝1.3820－1.3832马克

↓　　　↓

1英镑＝1.5808－1.5812美元

求英镑/马克的汇率。

则英镑的买入价 = 1.3820 × 1.5808 = 2.1847(马克)

　英镑的卖出价 = 1.3832 × 1.5812 = 2.1871(马克)

其推导过程是:

买入1英镑 = 卖出1.5808美元

买入1美元 = 卖出1.3820马克

买入1.5808美元 = 卖出1.5808 × 1.3820马克

买入1英镑 = 卖出2.1847马克

根据上述三种情况,可以总结出下面两种计算交叉汇率的方法:

(1) 两种汇率标价方式相同,用左右数字交叉相除。

$1 = SF1.3894–1.3904…………瑞士法郎对美元间接标价汇率

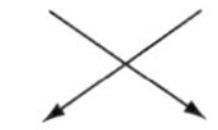

$1 = DM1.6917–1.6922…………马克对美元间接标价汇率

DM1 = SF1.3894 ÷ 1.6922 – 1.3904 ÷ 1.6907

(2) 如两种汇率标价方式不同,用左右数字同边相乘。

£1 = $1.6808 – 1.6816 ……………英镑对美元的直接标价汇率

↓　　　↓

$1 = DM1.6917 – 1.6922 …………马克对美元间接标价汇率

£1 = DM1.6808 × 1.6907 – 1.6816 × 1.6922

火眼金睛

不同标价法下,无论买入价和卖出价的位置如何排列,遇到两种外币互相折算时,都应视外汇市场所在地的货币为本币。然后,按照本币折外币用买入价,外币折本币用卖出价的原则进行折算。

为确保所得收益不变,在报价中遵循"乘大除小"的原则。

4. 具体应用

【例3-9】 假设中国香港某商人出口产品底价为100美元,应客户要求改为以英镑报价。

分析:首先要看英镑与美元的汇率有没有挂牌,若是有挂牌则不存在汇率换算问题,只要看两种货币中有没有本币,若两种货币都是外币,则要看按哪个外汇市场的牌价折算。如果按照纽约外汇市场的外汇牌价折算时,应视美元为本币;如果按照伦敦外汇市场外汇牌价折算时,则应视英镑为本币。其次,按照本币折外币用买入价、外币折本币用卖出价的原则进行折算。我们会发现,无论按照哪个外汇市场的外汇牌价进行折算,同一笔交易都会出现大致相同的结果。

(1) 假设当时纽约外汇市场外汇牌价为:GBP1 = USD1.6532 – 1.6558,在纽约外汇市场上,英镑/美元的比价采用直接标价法,买入价在前,卖出价在后。按此牌价计算该出口商品的英镑报价，本币折外币应用买入价，即报价为：GBP100 ÷ 1.653 2 = GBP60.49。

（2）假设同日伦敦外汇市场外汇牌价为：GBP1 = USD1.653 2 – 1.655 8，而在伦敦外汇市场上，英镑/美元的比价采用间接标价法，卖出价在前，买入价在后，按此牌价计算该出口商品的英镑报价，外币折本币应用卖出价，即报价为：GBP100 ÷ 1.653 2 = GBP60.49。

在例题中，假设当时伦敦外汇市场外汇牌价与纽约一致，这种做法是为了使问题简单明了，而且也与当今世界电子通信技术高度发达，国际市场外汇价格趋于统一的实际相符。

从以上的计算中，我们可以总结出两条报价的原则，一是本币报价折成外币时用买入价，外币报价折成本币时用卖出价，折算后进出口商所得收益不变；二是为确保所得收益不变，在报价中遵循"乘大除小"的原则。

如果要折算的货币可能是没有挂牌的货币，首先，要通过汇率套算的三种方法得到要折算的货币之间的买卖汇率，再看这两种货币中有没有本币，若两种货币都是外币，则要看按哪个外汇市场的牌价折算。如上例中，如果按照纽约外汇市场的外汇牌价折算，应视美元为本币；如果按照伦敦外汇市场外汇牌价折算，则应视英镑为本币。然后，按照本币折外币用买入价、外币折本币用卖出价的原则进行折算。

当然，无论有没有挂牌，均可以得到相应的两种要折算货币之间的汇率。如果两种货币中有本币，则直接按以上规律折算。

延伸阅读 3－1

出口报价中的技巧

新客户发来询价单，你及时回复后，却没有下文。是你的报价太高吓跑了客户？还是报价太低，让客户一看就知道你不是行家里手，而不敢冒险与你做生意？对老客户报价也不容易。他会自恃其实力而将价压得很低，以致在你接到他的询盘时，不知该如何报价：报得太低，没有钱赚；报得太高，又怕他把订单给了别的公司。

怎样报价才有效？有经验的出口商首先会在报价前进行充分的准备，在报价中选择适当的价格术语，利用合同里的付款方式、交货期、装运条款、保险条款等要件与买家讨价还价，也可以凭借自己的综合优势，在报价中掌握主动。

一、报价前充分准备

首先，认真分析客户的购买意愿，了解他们的真正需求，拟定一份有的放矢的好报价单。有些客户将价格低作为最重要的因素，一开始就报给他接近你的底线的价格，那么赢得订单的可能性就大。广州市××进出口公司的负责人曾××说：我们在客户询价后到正式报价前这段时间，会认真分析客户真正的购买意愿和意图，然后才会决定给他们尝试性报价（虚盘），还是正式报价（实盘）。

其次，作好市场跟踪调研，清楚市场的最新动态。由于市场信息透明度高，市场价格变化迅速，因此，出口商必须依据最新的行情报出价格——"随行就市"，买卖才有成交的可能。深圳××进出口公司的负责人孙××介绍说:现在与他们公司做业务的都是正规的、较有实力的外商,这些外商在中国香港、中国内地都有办事处,对中国的行情、市场环境都很熟悉。这就要求出口公司自己也要信息灵通。同时,作为长期经营专一品种的专业公司,由于长时间在业内经营拓展,不但要了解这个行业的发展和价格变化历史,而且能对近期的走势作出合理的分析和预测。

二、选择合适的价格术语

在一份报价中,价格术语是核心部分之一。因为采用哪一种价格术语实际上就决定了买卖双方的责权、利润的划分,所以,出口商在拟定一份报价前,除了要尽量满足客户的要求外,自己也要充分了解各种价格术语的真正内涵并认真选择,然后根据已选择的价格术语进行报价。

选择以FOB价成交,在运费和保险费波动不稳的市场条件下于自己有利,但也有许多被动的方面,比如:由于进口商延迟派船,或因各种情况导致装船期延迟,船名变更,就会使出口商增加仓储等费用的支出,或因此而迟收货款造成利息损失。出口商对出口货物的控制方面,在FOB价条件下,由于是进口商与承运人联系派船,货物一旦装船,出口商即使想要在运输途中或目的地转卖货物,或采取其他补救措施,也会颇费一些周折。

在CIF价出口的条件下,船货衔接问题可以得到较好的解决,使得出口商有了更多的灵活性和机动性。在一般情况下,只要出口商保证所交运的货物符合合同规定,所交的单据齐全、正确,进口商就必须付款。货物过船舷后,即使在进口商付款时货物遭受损坏或灭失,进口商也不得因货损而拒付货款。也就是说,以CIF价成交的出口合同是一种特定类型的“单据买卖”合同。一个精明的出口商,不但要能够把握自己所出售货物的品质、数量,而且应该把握货物运抵目的地及货款收取过程中的每一个环节。对于货物的装载、运输、货物的风险控制都应该尽量取得一定的控制权,这样贸易的盈利才有保障。一些大的跨国公司,以自己可以在运输、保险方面得到优惠条件而要求中国出口商以FOB价成交,就是在保证自己的控制权。再如,出口日本的货物大部分都是FOB价,即使出口商提供很优惠的条件,也很难将价格条件改过来。所以,到底是迎合买家的需要,还是坚持自己的原则,出口商在报价时多加斟酌是十分必要的。在现在出口利润普遍不是很高的情况下,对于贸易全过程的每个环节精打细算比以往的任何时候更显得重要。国内有些出口企业的外销利润不错,他们的做法是,对外报价时,先报FOB价,使客户对本企业的商品价格有个比较,再询CIF价,并坚持在国内市场安排运输和保险。

三、利用合同其他要件

合同其他要件主要包括付款方式、交货期、装运条款、保险条款等。在影响成交的因素中,价格只是其中之一,如果能结合其他要件和客户商谈,价格的灵活性就要大一些。例如,对于印度、巴基斯坦等国家或地区的客户,有时给他30天或60天远期付款的信用证的条件,或许对他具有很大的吸引力。同时,还可以根据出口的地域特点、买家实力和性格特点、商品特点来调整报价。有的客户特别在意价格的高低,订单会下给报价最便宜的卖家,那么报价时就直接报给他你所能提供的最低价格。有的客户习惯于讨价还价,你所报出的价格如果没有被砍一点下来就不太甘心,那么,第一次报价时可以预留出他希望砍掉的幅度。而如果一种产品在一段时间里行情低迷,为了抢下订单,就不妨直接报出你的最低价。对于服装等季节性很强的商品,在你的报价中给客户承诺快速而又准时的交货期无疑可以让客户垂注你的报价单。根据销售淡、旺季之分,或者订单大小也可以调整自己的报价策略。

四、以综合实力取胜

对于自己的综合实力有信心,也就不用一味地以低价来取悦客户。一方面要考虑客户的信誉,另一方面对自己的产品和质量要有信心。在与新客户打交道时,让客户了解清楚自己的情况很重要,比如请他们去看工厂,让他们了解自己的运作程序,这样客户下单时就容易下决心。同时,从你的报价,非常了解和熟悉该行业的外商能够觉察到,你是否也是该行业中的老手,并判断你的可信度,过低的价格反而让客户觉得你不可信、不专业。最后,在对新客户报价前,一定要尽量让他了解你的公司的实力和业务运作模式。只有对你和你的公司具有充分的信心时,客户才有可能考虑你的交易条件,这一点很多没有经验的出口商常常忽略。

【实训演练 3-1】

1. 假定某日外汇市场上几种货币的报价如下:

GBP/USD 1.6700/10　　USD/CHF 0.9283/00　　USD/JPY 81.30/40

(1) 请指出 USD/JPY 的美元买入价。

(2) 请指出 USD/CHF 的瑞士法郎的卖出价。

(3) 请根据资料中的 USD/CHF 报价写出 CHF/USD 的报价。

2. 中国某进出口公司向外商出口一批商品,原报价为 100 万美元,现外商要求改以英镑报价。试查询当日所得外汇牌价,计算出应报多少英镑。

3. 如果以 EUR 为基准货币,请计算出各种货币对 EUR 的交叉汇率的买入价和卖出价。设 USD/EUR:0.6753/70

(1) USD/JPY: 82.70/80,求 EUR/JPY。

(2) AUD/USD:1.0970/20,求 EUR/AUD。

(3) GBP/USD:1.6510/20,求 EUR/GBP。

4. 现在有一批货物,出口成本为 CNY500 000,请计算:(1) 美元报价;(2) 欧元报价;(3) 欧元对日元的汇率。已知相关牌价表如下:

货币名称	现汇买入价	现钞买入价	卖出价
英镑	1 114.770 0	1 080.350 0	1 123.720 0
美元	681.410 0	675.950 0	684.150 0
欧元	1 004.020 0	973.030 0	1 012.090 0
日元	7.538 9	7.306 2	7.599 5

5. 各贸易模拟团队,请根据本虚拟公司出口商的要求完成当天即期汇率下三种情况的本外币报价折算:(1) 本币报价折算成外币报价;(2) 将外币报价折算成本币报价;(3) 外币报价折算成外币报价。

【评价考核标准】

任　务	测评指标	考核标准	分　值	得　分
即期汇率下本外币报价折算	出口报价折算	能正确进行按中间价折算出口报价(挂牌和未挂牌两种情况) 能正确进行按买卖价折算出口报价(分挂牌和交叉汇率计算)	80	
	团队合作	仔细严谨准确,能为集体利益服务	20	

任务 3.2　远期支付下本外币报价折算

2012 年 12 月 2 日,小波看到伊朗客户的答复如下:"Hi, I need payment after three months, tell me the price ."小波该如何应答呢? 再看 2012 年 12 月 8 日美元兑人民币远期汇价(见表 3-1)。

表 3-1　2012 年 12 月 8 日美元兑人民币的远期汇价表

期　限	买　价	卖　价
7 天(7D)	6.809 0	6.815 4
1 个月(1M)	6.800 6	6.807 0
2 个月(2M)	6.802 0	6.815 4
3 个月(3M)	6.792 0	6.798 4
4 个月(4M)	6.782 0	6.789 1
5 个月(5M)	6.772 0	6.779 8
6 个月(6M)	6.763 0	6.771 4
9 个月(9M)	6.729 7	6.738 6
12 个月(1Y)	6.715 0	6.723 4

所谓远期支付,是指进出口商品交易成交后,在合同规定的将来一定时期进行债权、债务结算的一种支付方式。

出口业务中,进口商采用远期支付方式,出口商报价时应注意的问题与采用即期支付方式基本相同,只是因为远期支付方式下,从合同成交到实际支付需要较长的一段时间,因此,还要特别注意这段时间内货币汇率的升降变化,要将报价和支付货币的币值变化考虑进去。只有这样才能避免和减少因汇率发生变化而给出口商带来的风险或损失。

【操作指南】

在远期支付下进行出口报价：

步骤一：先了解两种货币的即期汇率。若是挂牌货币，则直接计算出远期汇率；如果是未挂牌货币，可以先根据挂牌货币折算出该货币的即期汇率。

步骤二：明确远期差额情况，求出远期汇率。

步骤三：根据求出的远期汇率，运用即期汇率下本外币报价折算的买入价和卖出价的原则，折算出改报价格。

【相关知识】

上面已经讲过，出口商品如果以硬币对外报价，而进口商要求采用远期支付方式，则出口商可以按原价报出；反之，出口商品如果以软币对外报价，而进口商要求采用远期支付方式，则出口商的报价应适当提高，即在原价的基础上加上一定时期的贴水率，从而使收汇不受损失。

远期汇率与即期汇率之间会有一定的差额，这个差额称为汇水。如果某一货币对另一货币的远期汇率高于即期汇率，则称为"升水"（At Premium）；反之，远期汇率低于即期汇率，则称为"贴水"（At Discount）；如果远期汇率和即期汇率相等，远期汇差为零，则称为"平价"（At Par）。

超级链接

升水、贴水的判断。汇水的点数由小到大的顺序排列，表示单位货币相对于报价货币升水，报价货币相对于单位货币贴水；汇水的点数由大到小的顺序排列，表示单位货币相对于报价货币贴水，报价货币相对于单位货币升水。

一、远期汇率的标价方式

远期汇率是在即期汇率的基础上产生的。其报价方式通常有两种方式：

（一）完整汇率报价方法

完整汇率（Swap Rate）报价方法是指完整地报出不同期限的远期外汇交易的买入价和卖出价。这种报价一目了然，通常运用于银行对一般顾客的远期外汇报价。日本和瑞士的银行同业间远期交易也采用这一报价方法，例如，某日美元兑日元3个月远期为USD/JPY =116.40/54。一般而言，远期的买卖差价要大于即期的买卖差价。

（二）远期差价报价法

远期差价（Forward Margin）报价法又称点数汇率（Points Rate），即报出远期汇率与即期汇率差异的点数。该报价法的特点是简明扼要，虽然即期汇率波动频繁，但通常远期差价比较稳定，因此其比直接报价法省事方便。

远期汇率以即期汇率为基础，但又不同于即期汇率。远期汇率与即期汇率的差价称为远期差价。公布升水或贴水时，一般用点数，即用小数点后的 4 位数来表示（注：日元一般用小数点后的 2 位数表明），1 点（Point）=0.000 1。例如 3 个月远期外汇买入价与卖出价报为：35—38 或 35/38，实际上是表示外汇汇率上升了 0.003 5—0.003 8 个单位。

在国际外汇交易中普遍采用美元标价方法，根据远期差价我们可以计算出远期汇率的完整报价，这一规则见表 3－2：

表 3－2　远期汇率计算方法

远期点数	远期汇率计算	基础货币	标价货币
前小后大	即期汇率＋点数	升水	贴水
前大后小	即期汇率－点数	贴水	升水

具体应用见表 3－3：

表 3－3　远期汇率远期差价报价行情

	即期汇率	1 个月远期汇率	2 个月远期汇率	3 个月远期汇率
远期差价报价		5/10	15/5	8/24
完整报价	1.696 5/1.697 5	1.697 0/1.698 5	1.965 0/1.697 0	1.697 3/1.699 9
买卖差价	0.001 0	0.001 5	0.002 0	0.002 6

从以上的例子中可以发现一条重要规律，即不论在哪种标价法下，也不论哪种货币的升水或贴水，凡是远期差价（升贴水数）为前小后大，就用“即期汇率加上远期差价”的公式计算出远期汇率；凡是远期差价（升贴水数）为前大后小，就用“即期汇率减去远期差价”的公式计算出远期汇率。检验通过远期差价计算出来的远期汇率是否正确，可以看看结果是否符合“期汇的买卖差价大于现汇的买卖差价”这一原则。

当两种汇率都不是直接看挂牌就能得到时，就要用到远期交叉汇率（Forward Cross Rate）的套算。远期套算汇率是指两种货币的远期汇率通过第三种货币为中介而推算出来的汇率。远期交叉汇率的计算方法与即期交叉汇率相似，将基本汇率根据不同的报价方式，交叉相除或同向相乘即可得到交叉汇率。

【例 3－10】 已知某日即期汇率：

USD/DEM＝1.650 0/10

GBP/USD＝1.677 0/80

掉期率：

DEM	Spot/3M	135/139
GBP	Spot/3M	192/184

试计算 3 个月远期 GBP/DEM＝?

解：

步骤一：计算 USD/DEM 的 3 个月远期汇率。

即期汇率　USD/DEM＝1.650 0/10

＋　Spot/3M　135/139

则 3 个月远期　USD/DEM＝1.663 5/49

步骤二：计算 GBP/USD 的 3 个月远期汇率。

即期汇率　　GBP/USD = 1.677 0/80

　－　　　Spot/3M　　192/184

则 3 个月远期　GBP/USD = 1.657 8/96

步骤三：计算 GBP/DEM 的 3 个月远期交叉汇率。

3 个月远期　GBP/USD = 1.657 8/96

3 个月远期　USD/DEM = 1.663 5/49

则 3 个月远期　GBP/DEM = 1.657 8 × 1.663 5/1.659 6 × 1.664 9

= 2.757 8/2.763 1

二、远期汇率与利率的关系

造成远期汇率升水、贴水的因素很多，但主要由有关国家的利率高低决定，在一般情况下，利率较高的货币远期汇率表现为贴水，利率较低的货币的远期汇率表现为升水。例如，美国某商业银行卖出远期美元较多，即超卖，不能平衡，为了避免汇率波动的风险，它要用英镑买进即期美元，存放于纽约。如果纽约的利率低于伦敦，则该银行将在利息上蒙受损失。因此该银行要把由于远期外汇业务所引起的利息损失，转嫁给远期美元的购买者，那么客户购买远期美元的汇率就会高于即期美元的汇率。发生升水或贴水的数额原则上等于两种货币的利率差异。若两国利差发生变化，则远期差价也会相应的变动。计算远期差价，即升贴水的公式为：

升水或贴水 = 即期汇率 × 两国利差 × 月数 ÷ 12

【例 3 - 11】 假定即期汇率 USD/JPY = 81.850 0，美元年利率 6%，日元年利率 4%。求出 3 个月远期汇率是多少？

解：

根据定理，美元远期将贴水，日元将升水。

假设美元为外汇，则贴水 = 81.850 0 × (6% - 4%) × (3/12) = 0.409 3

所以 3 个月美元远期汇率为 81.850 0 - 0.409 3 = 81.440 7(日元)

或假设日元为外汇，则日元升水 = 81.850 0 × (6% - 4%) × (3/12) = 0.409 3

所以间接法下，日元升水，3 个月远期汇率 = 81.850 0 - 0.409 3 = 81.440 7(日元)

总之，利率较高的货币，其远期汇率表现为贴水，利率较低的货币其远期汇率表现为升水。另外，在远期汇率的经济分析中，还常常使用到升(贴)水年率的概念，即将远期差价折成年百分率来表示，其计算公式为：

升(贴)水年率 = (远期汇率 - 即期汇率) ÷ 即期汇率 × (12 ÷ 月数) × 100%

在直接标价法下，该年率正数为升水年率，负数为贴水年率。

三、远期汇率下出口报价原则

(一) 远期汇率下出口报价原则

国际贸易买方市场形成以来，大量的进出口贸易都采取延期支付货款的方式进行。而在世界各国普遍采取浮动汇率制的条件下，延期付款方式在一定程度上对进出口商的双方都存在汇率风险。远期汇率作为固定汇率则不仅可以用来为进出口商的交易结算保值避险,而且是延期付款方式下出口报价折算的基本依据。

如果在出口贸易中,进口商延期付款,并要求出口商在原报价基础上改报另一种货币,则出口商应了解两种货币的即期汇率及相应的远期差额状况,然后根据求出的远期汇率运用即期汇率下同样的买入价与卖出价的报价原则,得到应改报的价格。

(二)远期汇率是出口企业接收延期收款的报价依据

软币是指预期未来汇率呈下跌走势的货币,硬币则反之。按照国际贸易的一般游戏规则,出口商收款时,尤其是延期收款时,更愿意收硬币,但为了达成出口交易,有时不得不妥协而收软币。当出口收汇不得不收取软币时,出口商就要以软币的远期贴水作为商品加价的标准。目的是为了减少软币报价的损失。而汇率标价中软币远期贴水点数或贴水年率都可作为出口商延期收款报价中商品加价的标准。

1. 用软币的远期贴水点数作为商品加价数额的标准

用软币的远期贴水点数作为出口商延期收款报价中商品加价数额的标准,目的是要分析软币收款的出口商品的加价数额。即出口商延期收款不得不收软币时,出口商可以用软币的远期贴水点数作为加价的数额标准。

【例3-12】 某企业出口产品,原来以美元报价,单价为2 000美元,3个月后付款。现应进口商要求,改为瑞士法郎报价。而3个月期的瑞士法郎远期汇率为贴水。则出口商在出口商品报价时,就应把瑞士法郎远期贴水点数加在货价上。

又假设交易当日纽约外汇市场美元/瑞士法郎的即期汇率标价为:USDl = CHF 1.603 0—1.604 0,3个月远期贴水点数为:135—140(注意:在纽约外汇市场上,美元为本币,瑞士法郎为外汇,从远期点数135—140的数字排列上,应能够判断出瑞士法郎远期汇率下跌)。

改为瑞士法郎报价后,出口商将瑞士法郎远期贴水点数加到出口商品货价上,则出口商品单价计算如下。

(1)计算远期汇率:

$$\begin{aligned} \text{USDl} &= \text{CHF}(1.603\,0 + 0.013\,5) - (1.604\,0 + 0.014\,0) \\ &= \text{CHFl}.616\,5 - 1.618\,0 \end{aligned}$$

(2)选择折算汇率:因报价市场为纽约,美元为本币,瑞士法郎为外币,依据“本币折成外币用买入价”的原则,同时纽约市场报价为间接标价法,所以选择USDl = CHF1.618 0。

(3)出口报价:2 000 × 1.618 0 = 3 236(瑞士法郎)。

2. 用软币的贴水年率作为商品加价幅度的标准

如果远期报价中未告知远期升贴水数,仅告知升贴水年率,则使用贴水年率的方法作为商品加价幅度的报价标准。

用软币的贴水年率作为出口商延期收款报价中商品加价的标准,目的是要分析以软币收款的出口商品的加价幅度。即出口延期付款不得不收取软币时,可以用软币的远期贴水年率作为加价幅度的标准。

升(贴)水年率 =(远期汇率 - 即期汇率)/即期汇率 ×(12/月数)×100%

【例 3-13】 某企业出口商品，原以英镑报价，每吨单价 GBP1 150，6 个月后付款，应进口商的要求，改为港币报价，当日伦敦外汇市场英镑/港币的即期汇率标价如下：GBPl = HKD9.454 5 - 9.457 5，6 个月远期点数为 412—586。

用港币远期贴水年率作加价，计算出口商品的港币报价需要分两步。

第一步：用英镑/港币的中间汇率计算出时间(t)为 6 个月期的港币贴水利率。

即期汇率 = (9.454 5 + 9.457 5) ÷ 2 = 9.456 0(中间汇率)

远期汇率 = [(9.454 5 + 0.041 2) + (9.457 5 + 0.058 6)] ÷ 2 = 9.505 9(中间汇率)

6 个月期的港币贴水年率 = (9.505 9 - 9.456 0)/9.456 0 × (12/6) × 100% = 1.055%。

第二步：用英镑/港币的买入价加上 6 个月期的港币贴水年率折算出该商品的港币报价。

因为在伦敦市场，原报价为本币报价，改为外币报价，依据原则用买入价，而伦敦市场是间接标价法，所以买入价为 9.457 5。所以改报价为：

HKD9.457 5 × [1 + 1.055% × (6 ÷ 12)] × 1.150 = HKD10.933 5

比较起来，如果不加价，该商品的港币报价为

HKD9.457 5 × 1.150 = HKD10.876 1

则出口商将受到损失。

延伸阅读 3-2

看人民币升值

根据相关媒体报道，2005 年 7 月 22 日，100 美元兑换 811.00 元，比前一日兑换 827.65 元又升了 1 665 点，拉开了对美元升值的序幕。直至 2014 年 1 月，人民币已连续 9 年单边升值，升值幅度高达 35.84%。

持续升值的人民币使中国的出口商品的竞争力下降，不利于货物出口。以国内市场 3 500 元/吨的热轧卷板为例，若 1 美元兑 6.20 元汇率，钢材价格相当于 564.52 美元/吨，若 1 美元兑 6.10 元汇率时，即人民币汇率升值 1.61%，此时这批钢材价格已相当于 573.77 美元/吨。同样的热轧卷板，因汇率升值而使按美元结算的每吨价格提升了 9.25 美元，涨幅达 1.64%。可见，人民币升值对出口贸易的影响不小，降低了中国出口商品的竞争力。但是人民币升值也有有利的一面，有利于货物进口贸易。

当人民币升值时，由于进口商可从汇率升值中获取额外的利润，而这一额外利润提供了调低进口商品在国内市场上的价格。以进口铁矿石为例，假设进口铁矿石价格为每吨 120 美元，当 1 美元对 6.20 元人民币时，每吨进口铁矿石价格相当于 744 元/吨；当 1 美元兑 6.10 元人民币时，每吨进口铁矿石价格相当于 732 元/吨，汇率升值对铁矿石的进口价格带来了 12 元/吨的利润空间，有利于进口商增加对进口铁矿石的需求，促进进口贸易。

【实训演练 3-2】

1. 宁波海曙玉楚贸易有限公司向美国出口机床，如即期付款 2 000USD/台，现美国进口商要求我公司以 CHF 报价，并于货物发运后 3 个月后付款。

已知当日纽约外汇市场汇价：即期 USDl = CHF1.603 0/40

3 个月远期差价 140/135

问：我公司应报多少 CHF？

2. 已知伦敦外汇市场的外汇牌价为，即期汇率 1 英镑 = 1.580 0—1.582 0 美元，3 个月远期 70—90，问：

(1) 美元 3 个月远期汇率是多少？

(2) 某商人若卖出 3 个月远期美元 10 000，届时可换回多少英镑？

(3) 如按上述汇率，我机械公司出口一批机床，原报价每台 18 000 英镑，现英商要求改用美元报价，问应报多少美元？

3. 中国某进出口公司出口机器设备，如果采用即期支付方式，每台原报价为 4 000 瑞士法郎，现外商要求我公司改用美元向其报价，并于货物发运后 3 个月付款。已知纽约外汇市场即期汇率牌价为 1 美元 = 6.240 0—6.243 0 瑞士法郎，3 个月远期点数为 360/330。问：我方应报多少美元？

4. 某日纽约外汇市场美元/日元的即期汇率为 110.56/77，美元 3 个月的远期差价为 10/20，欧元/美元的即期汇率为 1.002 1/35，欧元 3 个月的远期差价为 25/15。分别计算美元/日元、欧元/美元 3 个月的远期汇率。

5. 各贸易模拟团队，请根据本虚拟公司进口商的要求完成当天即期汇率下 3 个月远期时，三种情况的本外币报价折算：(1) 本币报价折算成外币报价；(2) 将外币报价折算成本币报价；(3) 外币报价折算成外币报价。

【评价考核标准】

任　务	测评指标	考核标准	分　值	得　分
远期汇率下本外币报价折算	远期汇率计算 出口报价折算	能按升贴水数计算远期汇率 能正确计算远期汇率下出口报价	80	
	团队合作	仔细严谨准确，能为集体利益服务	20	

项目四

风险防范

【应知目标】

了解外汇风险的含义及分类，外汇交易市场的组成；熟悉即期外汇交易的报价方法与交易方式；理解三种出口远期收汇的风险防范方法，即期和远期外汇交易的原理、作用与区别掌握即期外汇交易和远期外汇交易的原理。

【应会目标】

- 会简单运用远期合同法、BSI 法、LSI 法制订外汇风险防范方案。
- 能进行即期外汇交易的简单操作。
- 能进行远期外汇交易的简单操作。

【素质目标】

- 培养安全贸易意识；敏锐的危机处理意识和敬业精神。

【企业典型案例导入】

2013 年 3 月，经过多次报还盘后，小波成功地完成了一笔出口订单的交易。该合同价格条款中约定，以美元作为计价和支付货币，3 个月后付款，总价共计 10 万美元。可是，小波每天观察外汇行情，发现美元对人民币有不断贬值的趋势。小波清楚如果在今后的 90 天内，美元持续贬值而人民币不断升值，公司会因此遭受损失。该如何操作才能避免公司亏损呢？

【任务分析】

外汇风险的存在要求外贸工作者随时关注汇率风险，从维护公司利益出发，尽可能将外汇风险降到最低。规避外汇风险的方法不少，师傅要求小波对各种方法作一个全面的了解，重点先领会用 BSI 法、LSI 法和远期合同法来规避外汇风险。

任务4.1　远期收汇风险防范——事前防范

【操作指南】

步骤一：合理辨识外汇风险。

步骤二：主要针对交易风险，选择合理的事前防范措施。

【相关知识】

一、外汇风险

（一）外汇风险的概念

当今世界各国间的经济、贸易联系日益密切。一个国家不可能独立于世界之外，一个企业更不可能闭门造车而称雄于国际市场。国际经济和国内经济通过货币这一特殊的纽带紧密地联系起来。一国货币相对于另一国货币的汇率变动给从事国际经济活动、贸易活动的经济实体或个人带来了经营结果的不确定性，即存在外汇风险（Foreign Exchange Risk）。

外汇风险，是指在国际经济、贸易与金融活动中，以外币计价的资产与负债因汇率变动而引起其价值的上升或下降，从而给当事人造成损失或收益的可能性。对具有外币资产与负债的当事人来说，外汇风险可能具有两个结果：即获得利益（汇率变动使以外币计价的资产或负债的价值增加）和遭受损失（汇率变动使以外币计价的资产或负债的价值减少）。无论是哪一种可能性，对于企业或个人来说都是一种不确定的因素，可能会给企业或个人带来意外的收益或损失。因此，从某种意义上讲，从事国际经济、贸易活动实际上就是一个预测风险、避免风险的过程。

（二）外汇风险的构成因素

一个国际企业在它的经营活动中所发生的外币收付，如应收账款、应付账款、货币资本的借出或借入等，均需用本币进行结算并考核其经营成果。本币是衡量一个企业经济效益的共同指标。从交易达成到应收账款的实际收进、应付账款的实际付出、借贷本息的最后偿付均有一个期限，这个期限就是时间因素。在确定的时间内，外币与本币的折算比率可能发生变化，从而产生外汇风险。可见，凡是外汇风险一般包括三个因素：本币、外币和时间。这三个因素在外汇风险中同时存在，缺一不可。

一笔应收或应付外币账款的时间结构对外汇风险的大小具有直接影响。一般来说，时间越长，在此期间汇率波动的可能性就越大，外汇风险相对就大；时间越短，在此期间汇率波动的可能性就越小，外汇风险相对就小。从这个角度看，外汇风险包括时间风险和价值风险。时间风险取决于时间结构，价值风险取决于币种的转换。

超级链接

从时间结构和货币兑换的因素来考虑，外汇风险包括时间风险和价值风险。时间风险取决于时间结构，价值风险取决于货币的转换。从消除外汇风险的角度分析，有三种不同的情况：第一种情况是在有些情况下消除时间风险即可消除价值风险。例如，出口产品在交易达成时就收到外汇，企业可立即把收到的外汇换成本币，因为没有时间的间隔，所以不存在外汇风险。第二种是消除价值风险即可消除外汇风险。例如，出口商以本币结算，尽管从交易达成到收到货款需间隔一段时间，但不涉及货币兑换也就没有外汇风险。第三种是时间风险与价值风险需分别消除。例如，90 天后有一笔外汇收入，既存在着时间风险，又存在着价值风险。在这种情况下，怎样做才能消除外汇风险呢？

（三）外汇风险的类型

从事对外经济、贸易、投资及金融活动的公司、企业组织、个人以及国家外汇储备的管理机构，通常在国际范围内收付大量外币或保有外币的债权、债务或以外币表示其资产、负债价值，由于各国使用的货币不同，加之各国间货币汇率经常变动，因此在国际经济交往过程中就可能产生外汇风险。例如，对于从事国际经营的企业来说，在经营活动中主要面临的是交易风险（Transaction Exposure），在经营活动结果中主要面临的是会计风险（Accounting Exposure），在预期经营收益中主要面临的是经济风险（Economic Exposure）。

1. 交易风险

交易风险是指由于外汇汇率波动而引起的应收资产与应付债务价值变化的风险。其主要表现在以下几个方面。

（1）贸易结算风险：以即期付款或延期付款为支付条件的商品或劳务的进出口，在装运货物或提供劳务后至费用收支时这一期间，由于外汇汇率变动使出口商收入减少或进口商支付增加的风险。例如：中国某企业 6 个月后要收回一笔出口货款 100 万美元，当时的汇率为 1 美元 = 7.7917 元人民币，6 个月后的汇率变为 1 美元 = 7.5983 元人民币。由于贸易结算风险，该企业损失了 19.34（100 × 7.7917 − 100 × 7.5983）万元人民币。

（2）国际信贷风险：以外币计价的国际信贷活动，在债权、债务产生至清偿债权债务时的这一时段，由于外汇汇率变动使债权人收入减少或债务人支付增加的风险。例如：美国某企业 2002 年借入 100 万欧元两年期的国际商业贷款，当时的市场汇率为 1 美元 = 1.0255 欧元，但是还款时的市场汇率变为 1 美元 = 0.9235 欧元。由于国际信贷风险，该美国企业损失了 10.60（100 ÷ 0.9235 − 100 ÷ 1.0255）万美元。

（3）外汇买卖风险：待交割的即期或远期外汇合同的一方在该合同到期时，由于外汇汇率变化而可能要拿出更多或较少的货币去换取另一种货币的风险。例如：某客户与银行在当天以 1 欧元 = 1.1500 美元的汇率卖出美元，买入 100 万欧元，次日交割。若第二天汇率变为 1 欧元 = 1.1400 美元，则由于外汇买卖风险，该客户将损失 1

万美元。

以上三种交易风险是企业在国际经营活动中面临的最主要的外汇风险。

2. 会计风险

会计风险是指经济主体对资产负债表进行会计处理，在将功能货币转换成记账货币时，因汇率变动而呈现账面损失的可能性。当公司将其外币计量的资产、负债、收入、费用等折成以本币表示的有关项目时，汇率的变动很可能给公司造成账面损失，这种风险就是由货币转换带来的，所以会计风险又称转换风险或折算风险。例如：中国某公司因业务需要在美国的银行中存放了 1 000 万美元。当时存放时美元与人民币的汇率是 1 美元 = 6.270 0 元人民币，则在该公司的会计账目上，其存款值折算成人民币为 6 270 万元。如果一段时间后，美元与人民币的汇率变为 1 美元 = 6.280 0 元人民币，则在该公司的会计账目上，其存款值折算成人民币就会变为 6 280 万元。这意味着该公司的国外存款按人民币计算在账目上增加了 10 万元人民币。反之，如果一段时间后，美元与人民币的汇率变为 1 美元 = 6.260 0 元人民币，则在该公司的会计账目上，其存款值折算成人民币就会变为 6 260 万元。这意味着该公司的国外存款按人民币计算在账目上减少了 10 万元人民币。这种情况会对企业的盈利和账目平衡等产生很大的影响。

3. 经济风险

经济风险是指由于外汇汇率波动而引起国际企业未来收益变化的一种潜在的风险。收益变化的幅度取决于汇率变动对该企业的产品数量、价格与成本产生影响的程度。潜在的经济风险直接关系企业在海外的经营效果或一家银行在国外的投资效益。经济风险是一种概率分析，是企业从整体上进行预测、规划和进行经济分析的具体过程。经济风险的分析很大程度上取决于公司的预测能力，预测的准确程度将直接影响该公司在融资、销售与生产方面的战略决策。

火眼金睛

三种汇率风险比较

区别点	经济风险	交易风险	会计风险
发生的时间	预测企业未来收益	经营过程中	经营结果
造成损益真实性	潜在的	真实的	账面的
衡量损益的角度	企业整体	单笔的交易	母公司
衡量风险的时间	长期的	一次性的	一次性的
损益表现的形式	动态性和主观性	客观性	客观性

二、事前外汇风险的防范措施

企业如何避免在经济交易中产生外汇风险是一个很重要的问题。企业必须从自己的利益出发，通过选择适当的方法来避免或减少外汇风险。外汇风险的防范方法主要有两种:一种方法是在外汇风险发生之前就采取某种相应的措施,称为外汇风险的防止;另一种方法是在外汇风险发生之后采取某种相应的措施,称为外汇风险的转嫁。事前防范外汇风险的措施有以下几种。

(一) 本币计价法

选择本币计价结算,实际上是将外汇风险构成因素中的外币因素去掉。不管汇率如何变动,出口商将来以本币收进货款或进口商以本币支付货款都是确定的,不存在任何不确定因素。因此,采用此方法可以完全防范外汇风险。

本币计价法一般有两种形式:一种是以出口商所在国货币作为计价货币,另一种是以进口商所在国货币作为计价货币。此方法的优点是简便易行,效果明显,但是它受本国货币的国际地位和贸易双方的交易习惯的制约。

采用本币计价法总会对贸易一方产生外汇风险,买卖双方会因计价货币的确定而产生矛盾,如果因此而影响贸易的进行就得不偿失了。出口商可以根据自己在贸易中的地位来考虑接受何种计价货币。若处于买方市场的环境下,进口商可以考虑坚持用本币作为计价货币,要求出口商作出让步;若处于卖方市场的环境下,出口商可以考虑坚持用本币作为计价货币,要求进口商作出让步。有外汇风险的一方可以在商品价格上做文章,或采取转嫁外汇风险的方法,以达到实现进出口贸易的目的。

目前,一些主要工业国家的进出口贸易大部分是以本币计价结算的。中国为适应加入世贸组织的新形势,外汇局发布了《关于境内机构对外贸易中以人民币作为计价货币有关问题的通知》,明确了自 2003 年 3 月 3 日起,境内机构可以采用人民币作为计价货币,结算时按结算当日银行挂牌汇价,将合同中的人民币金额折成外币对外支付。这样有利于中国进出口商防范外汇风险。

(二) 货币选择法

在无法争取使用本国货币计价的情况下,选用外币应掌握"收硬付软"的原则,即在出口贸易中应选择硬币作为计价货币,在进口贸易中应选择软币作为计价货币。掌握这一原则,可减少因外汇收支可能发生的价值波动而造成的损失。

出口商在以硬币作为计价货币时,由于硬币不断升值,将来当出口商收到货款时就可以将这笔货款兑换成更多数额的本币;同样,进口商在以软币作为计价货币时,由于软币不断贬值,将来当进口商支付货款时就可以用较少的本币兑换到这笔货款。此方法的实质在于把汇率变动所带来的好处留给自己,损失推给对方。采用此方法,一方面要受到贸易双方交易习惯的制约,另一方面由于各种货币的"硬"或"软"并不是绝对的,有时会出现逆转,所以此方法并不能够保证进出口商完全避免外汇风险。

在实际业务中,选择哪种计价货币结算是一项复杂的工作,出口双方都以自己的利益作为出发点,选择对自己有利的货币。但任何交易都是由买卖双方洽谈商定的,不能由单方决定,所以这个基本原则必须结合贸易条件、商品价格和市场行情等综合考虑,统筹决策。

一般来说,如果出口商在贸易中处于有利地位,出口商坚持"收硬"原则就容易实现,进口商坚持"付软"原则就难以实现。如果坚持上述原则会在货价上蒙受损失,也可以采取进出口货值一半用硬币、一半用软币计价的办法,使买卖双方互不吃亏、平等互利。当前,有些金额较大的进出口合同采用四种货币计价(即两种较硬货币,两种较软货币),使不同货币的汇率急升急降的风险缓冲抵消。这样就可防止采用单一货币计价时因汇率突然骤变而使买卖双方遭受重大的损失。

(三) 价格调整法

价格调整法是指当出口用软币计价结算、进口用硬币计价结算时,企业通过调整商品价格来防范外汇风险的方法。由于在进出口贸易中,“出口用硬币计价结算、进口用软币计价结算”的原则往往受交易意图、市场需求、商品质量和价格条件等因素的制约而不能如愿以偿,有时出口不得不用软币成交,进口不得不用硬币成交。这就加大了外汇风险,这时可采用价格调整法来抵消一部分风险。价格调整法主要分为加价保值法和压价裸值法两种。

1. 加价保值法

加价保值法主要用在出口贸易中,在出口商接受软币计价成交时,将汇价损失摊入出口商品的价格中,以转移外汇风险。加价的幅度相当于软币预期贬值的幅度。根据国际惯例,加价有固定的公式:

$$加价后的商品价格 = 加价前的商品价格 \times (1 + 预期货币贬值率)$$

2. 压价裸值法

压价裸值法主要用在商品进口贸易中,进口商在进行硬币计价的国际贸易中,通过压低进口商品的价格来减少硬币升值可能带来的损失。压价的幅度相当于硬币预期升值的幅度。根据国际惯例,压价有固定的公式:

$$压价后的商品价格 = 压价前的商品价格 \times (1 - 预期货币升值率)$$

如果实际升值率大于预期升值率,进口商仍会承担外汇风险。如果进口商坚持以本币计价,出口商就会存在外汇风险。为此,在卖方市场条件下,出口商可以适当提高出口货价;在买方市场条件下,货价则不易提高。反之,如果出口商坚持以本币计价,进口商就会存在外汇风险。为此,在买方市场条件下,进口商可以适当压低进口货价;在卖方市场条件下,货价则不易压低。

应当注意的是,价格调整法不能消除外汇风险,只能转移外汇风险。实际上风险依然存在,只不过是当事人承担的风险减少了而已。运用价格调整法必须把市场供求因素以及双方的购销意图结合起来考虑,在双方共同承担外汇风险的前提下,提出适当的进出口价格。

(四) 货币保值法

货币保值法是指在交易谈判时采取货币保值措施,经过双方协商,在订立合同时加入适当的保值条款,以防止外汇风险的方法。

货币保值法一般在合同中规定一种(或一组)币值较稳定的货币作为保值货币,将计价货币与保值货币之间的汇率固定下来,如果结算支付时汇率波动超过了规定幅度,则按原定汇率调整。常用的货币保值法有两种:一种是硬币保值法;另一种是“一揽子”货币保值法。

1. 硬币保值法

硬币保值法一是双方在合同中规定,以硬币保值,用软币支付,并且记录两种货币当时的汇率。在执行合同时,如这一汇率发生变化,则原货价按这一汇率的变动幅度进行调整。这样保证了出口商收到的软币的货款折合成硬币的金额,等于签订合同中硬币的计价金额。二是双方在签订合同时,确定一个软币与硬币的"商定汇率",并规定其波动幅度。如支付时超过"商定汇率"一定幅度,则对原货价进行调整。此方法适用于交往有素的客户之间,以推进与发展双方长期往来的经济合作关系。软币与硬币汇率变动幅度较小时,则不调整货价,以示给予对方的折让与照顾。只有软币与硬币汇率变动超过规定的波动幅度时,才对原货价进行调整。

2. "一揽子"货币保值法

"一揽子"货币保值法是指同时利用多种货币保值,以免因汇率波动而造成损失的方法。在签订合同时,选定若干种货币作为保值货币,确定支付货币与"一揽子"货币之间的汇率和各种保值货币所占的比例。当执行合同时,按当时的汇率变动情况重新进行调整,从而达到保值的目的。

由于"一揽子"货币当中,各种货币的汇率有升有降,汇率风险得到了分散,并把最大的风险限制在规定的幅度内,这样就避免了外汇风险。在目前的国际支付中,特别是对一些金额较大、期限较长的合同,使用这种方法比较普遍,它起到了分散外汇风险的作用。

(五)提前收付或拖延收付法

提前收付或拖延收付法就是根据汇率的变动情况,将外币计价结算的收付日期提前或推迟,以避免外汇风险或得到汇价上的好处。

在出口贸易中,如果企业预测计价货币将贬值或下浮,进口商则应推迟向国外购货,或允许外国出口商推迟交货日期,或采用延期付款的方式。若计价货币果然贬值或下浮,进口商就可用较少的本币兑换计价货币完成对外支付。进出口贸易中,如果企业预测计价货币将贬值或下浮,出口商则应尽早签订出口合同,或答应进口商提前交货的要求,或要求进口商提前付款。若计价货币果然贬值或下浮,出口商可以抢在计价货币贬值之前将外币货款兑换成本币。如果企业预测计价货币将升值或上浮,进口商要尽量提前购买货物,或提前付款,或预付货款;出口商要推迟交货,或允许进口商延期付款。

假定将来美元上升,人民币疲软,出口商以及将来有外币收入的人会尽可能推迟收汇日期,以得到更多的人民币。为此,出口商以及将来有外币收入的人会尽可能推迟履行出口合同,或延长出口汇票期限,推迟结算日期。相反,进口商以及将来发生支付外币的人在预测到人民币疲软时,就会尽可能提早支付,加速履行进口合同,并缩短出口商提供的短期信用期限,以加快结汇,付清外汇。假定将来美元会下跌,人民币将会升值,上述活动则完全相反,即出口商加速履行合同,提前收汇;进口商推迟履行合同,延期付汇。提前或拖延结汇。

采用提前收付或拖延收付法时,就一般情况而言,提出更改结汇日期的一方要给予另一方一定的折扣,作为对方承担外汇风险的补偿。在进出口实务中,由于偿付进口货款的主动权掌握在进口商手中,因此,进口商可以根据预期的汇率变动来提前或推迟支付货款。

对于出口商来说，要运用提前或拖延结汇的方法有一定的困难，但出口商如预料到外汇汇率将会下跌，也可想出方法促使进口商早日付款，如提供现金折扣和优惠条件等。

一般情况下，跨国公司内部交易采用提前收付或拖延收付法是易行的，因为各公司同属一个企业，它们之间的交易属于内部交易。而其他情况下，一旦签订了合同，进出口双方就不能随便变更结算日期，提前或拖延结汇应在合同签订时就考虑，因为各国对此往往有较严格的管理。

（六）选择适当的结算方式，防止外汇风险

为使出口企业加速资金周转，扩大出口贸易，选择和灵活运用国际贸易中惯用的外汇结算方式是非常必要的。

要使对外贸易中选择的外汇结算方式不给企业、国家带来损失，并让贸易双方都感到满意，就需要熟练掌握国际上常用的结算方式和尽快掌握外汇市场的行情，只有这样才能作出外汇结算方式的最佳选择。

在决定结算方式之前，需要注意以下几点：

（1）调查了解贸易伙伴的资信状况和经营作风，掌握市场上商品的供求状况和价格行情的变化趋势。如果国际市场上商品需求和价格行市看好，在出口该类商品时，则可以要求采用不可撤销的即期信用证方式支付，做到比较安全、迅速地收汇。

（2）调查了解贸易伙伴国家的商业惯例、贸易和外汇管理制度，以免双方在决定支付方式时不易达成一致意见，或造成收汇过程中不应有的损失。例如，按拉美一些国家的商业惯例，进口商不论对即期汇票还是远期汇票，均要在进口货物到达目的港后才办理付款或承兑手续，或一概都采用承兑交单方式，因此在向拉美这些国家出口货物时，要尽量采用信用证方式收汇。

（3）调查了解外汇市场的行情及发展趋势。在货物销售前，如果支付货款的资金不是自有资金，就要支付额外的利息。如果外汇市场汇率波动不定，在出口时就要尽量多收硬币，进口时尽量支付软币。

在中国的出口贸易中，考虑到安全、及时的收汇原则，一般多采用不可撤销的即期信用证支付方式；考虑到适应国外市场的特点及扩大出口销路，对资信好的客户采用付款交单的托收方式；考虑到促进某些积压商品、库存大的商品的对外成交，搞活资金，可采用承兑交单的托收方式；对鲜活商品的出口，可采用汇付的方式；对统一对外成交、分口岸交货的合同，可采用不可撤销的可转让信用证的支付方式；对长期供货、分批交货的合同，可采用循环信用证的方式。总之，即期信用证是最安全、迅速的支付方式，依次是远期信用证、付款交单、承兑交单和汇付。出口商在选择出口收汇的方式时，应首先考虑出口收汇的安全性。

延伸阅读 4－1

企业防范汇率风险的原则

企业在防范汇率风险过程中，采用哪种方法较为理想，以及将风险降低到何种程度，这就涉及一个防范原则问题。

1. 最低成本原则

采用任何一种方法回避汇率风险，都要支付一定的成本，所以在选择众多的方法时，就有一个成本比较的问题。如果遭受汇率风险而造成的损失大于采用防范方法所花费的成本，那么采用该种方法就有必要；反之，就没有必要。

2. 规避性原则

规避性原则即是以防范风险为主，利用风险为次的原则。企业进行汇率变动预测，选择适当的操作方法，其目的并不在于利益风险进行投机活动，而在于规避可能面临的风险。根据这一原则，企业在选择各种方法避险时，应本着保守的原则，不能把企业的理财活动变成一次赌博，为赚取较大的收益而采取冒险措施。

3. 机动性原则

防范汇率风险，是交易双方共同考虑的问题，一方积极采取措施排除或降低风险，另一方同样也在绞尽脑汁回避可能的风险，若双方僵持不下，合同将难以签订。此时就要具体问题具体分析。如果进口产品是国内紧俏商品或生产建设急需商品，有较大的经济效益和社会效益，就得适当承受一些可能因汇率变动带来的风险，以保证交易成功。交易成功后，再用外汇交易法或平衡法对货款保值。如为了促成出口交易的成功，也同样可以采用这种方法。

4. 预测先导原则

凡事预则立，不预则废。成功回避汇率风险，必须建立在对汇率变动走势科学预测的基础上。这就要求在选择具体操作方法时，坚持理论与实际、定性与定量、历史与未来相结合的方法，以确保实施方法的准确性和有效性。

延伸阅读 4-2

外汇风险保险法

外汇风险保险法是指一国进出口企业，只要交纳一定的保险费给专门的外汇保险机构，当它因汇率变动而蒙受损失时，就会得到保险机构补偿的一种业务。

西方许多国家都有外汇风险保险制度，这属于进出口保险的一种。只要符合汇率变动保险制度的条件，企业便可以按规定投保。其一般的做法是：投保企业向保险机构提供有关单据证明，并交纳一定比例的保险费，保险机构对投保企业货币汇率的波动幅度加以规定。若汇率波动在规定的幅度内，保险机构对投保企业遭受的损失负责赔偿，对超过规定幅度的损失则不负赔偿责任；若因汇率变动超过规定幅度而产生收益，则该收益归保险机构所有。通过投保外汇风险，进出口商即使用软货币计价成交，在一定幅度内，双方可以获得汇率波动的损失的补偿。由于外汇风险在一定程度上被转嫁给了保险机构，一方面企业可以扩大贸易，另一方面保险机构也可以得到保险收益。

目前，世界上许多国家的政府都对某些外汇风险提供保险服务。但各国做法不同，保险标的也不同。例如：日本只对长期外币债权持有者中的设备和零配件出口商以及向海外提供技术者提供保险服务；服务范围仅仅限于给日元升值范围3%—20%时所造成的损失提供补偿，即日元升值幅度不超过3%时不能补偿，汇差损失超过20%的部分也不能补偿；使用的币种仅限于美元、英镑、欧元、瑞士法郎等。

作为"奖出限入"政策的一部分，许多国家的政府都设有专门的机构办理汇率风险保险业务。参加官方或半官方机构所开办的汇率保险，是控制外汇风险的手段之一。西方发达国家办理此项业务的保险机构有英国出口信贷担保局、德国海尔梅斯出口信贷保险公司、美国进出口银行、日本输出入银行、荷兰尼德兰信贷保险公司等。这些保险机构所提供的汇率风险保险单标的不同，由投保人按期交纳少量的保险费，由承保机构负担全部或部分的汇率风险，包括损失和收益。

【实训演练4－1】

1. 宁波海曙玉楚贸易进出口有限公司将在60天后有一笔100万美元（暂不考虑利息因素）的款项收入，为预防美元贬值的外汇风险，请采用事前防范措施法来规避风险。请写出具体流程图。

2. 某跨国公司的总公司在美国，其中一个子公司在英国，一个子公司在德国。现预测欧元兑美元的汇率将上浮，英镑对美元的汇率将下浮。为消除外汇风险，跨国公司在出口业务中，将如何运用提前结汇和推迟结汇呢？请说明理由，并填报下表。

提前或推迟结汇情况

计价货币	国家		
	英　国	美　国	德　国
英镑计价（对英国收付）		进口： 出口：	进口： 出口：
美元计价（对美国收付）	进口： 出口：		进口： 出口：
欧元计价（对德国收付）	进口： 出口：		

3. 各贸易模拟团队，请根据本虚拟公司的一笔出口收汇业务，采用事前防范措施中的一种方法进行远期收汇风险防范。要求写出具体操作步骤与过程。

【评价考核标准】

任　务	测评指标	考核标准	分　值	得　分
出口收汇风险规避——事前防范	本币计价、货币选择、价格调整、货币保值、提前或拖延付款、选择适当的结算方式	能进行简单的事前风险防范操作	70	
	团队合作	安全贸易和敏锐的危机处理意识及敬业精神	30	

任务4.2 远期收汇风险防范——BSI法和LSI法

【操作指南】

步骤一:判断收汇货币是否有贬值(或本币的升值)的趋势。

步骤二:出口远期收汇时,若本币升值或外币贬值,且投资回报率高于提前收款和卖汇的成本,则建议实施BSI法或LSI法进行风险规避。

【相关知识】

一、即期外汇业务操作

在出口收汇风险的防范中,不仅要考虑事前风险,也要有事后汇率风险的转嫁办法。衍生金融工具在外汇风险管理中的应用与外汇风险管理和金融工具创新是密切相关的。一方面,创新金融工具的出现是金融市场(包括外汇市场)发展的结果,外汇市场的发展,使得外汇风险日益加剧,从而对管理手段提出更高的要求;另一方面,创新金融工具的出现,也促进了外汇市场的发展,对外汇风险管理"雪中送炭",为企业外汇风险管理提供了更为广阔的运作空间,财务风险管理不再仅仅局限于企业内部,而是延伸到企业外部的外汇市场之中。从目前情况看,外汇风险管理所运用的创新金融工具主要有外汇远期合同、外汇期货,还有运用即期外汇交易的BSI法和LSI法等方法。

(一) 外汇交易

外汇交易是指在不同国家的可兑换货币之间进行买卖兑换的行为,就是以约定的汇率将一种货币转换成为另一种货币,并在约定的日期进行资金的交割,包括在国际金融市场上通过现代通信设备进行的批发性买卖行为,以及银行等金融机构以柜台方式进行的零售性买卖行为。

1. 交易货币

无论使用何种外汇交易方式,其交易金额都是用某一国家的货币来表示。1973年,国际标准化组织技术委员会制定了一套适合贸易、商业和银行使用的国际标准ISO三字符货币代码。1978年2月,联合国贸易发展会议和欧洲经济委员会将三字符货币代码作为国际通用货币代码或货币名称缩写向国际上推荐。ISO货币代码的三个字符,前两个表示这种货币所属国家和地区,第三个字符表示货币单位,如美元为USD,英镑为GBP,人民币为CNY。外汇市场上交易比较活跃的货币为美元(USD)、日元(JPY)、澳元(AUD)、丹麦克朗(DKK)、欧元(EUR)、加拿大元(CAD)、英镑(GBP),新西兰元(NZD)、瑞士法郎(CHF)、港币(HKD)、新加坡元(SGD)、韩元(KRW)。

2. 交易时间

由于现代通信设施的发展,遍及全世界的电话、电报、电传、互联网等线路已经形成了庞大的网络,使全球各地区的外汇市场能够按世界时区的差异相互衔接,出现了全球性的、星期一至星期五 24 小时不间断的外汇交易。

如以北京时间为例,每天早上 4 点,亚太地区的惠灵顿开市,欧洲则在下午 14—15 点先是法兰克福、苏黎世开市,1 小时后伦敦开市,晚上 21 点纽约开市直到第二天凌晨 4 点收市,从而构成一天 24 小时交易。

外汇交易者在一个交易日中应特别关注的交易时间有:早上亚洲市场的开盘、下午欧洲市场的开盘,晚上纽约市场的开盘和次日凌晨纽约市场的收盘。其中,交易量最大、最活跃、最繁忙的时候当属欧洲当地时间下午 13 点至次日凌晨 3 点。在此期间,世界几大交易中心如法兰克福、伦敦、芝加哥、纽约同时开市,是交易额较大的时间段。在一个交易周中,交易者应当予以关注的是:星期一早晨悉尼市场的开市,其对外汇行情起承上启下的作用;星期五晚上纽约外汇行情,因为美国的许多经济数据在此时公布,于是星期五纽约外汇市场的收盘价,影响着下一周的汇市走势。具体见表 4 - 1。

表 4 - 1　国际外汇市场营业时间表

城　市	开市时间 (格林尼治)	收市时间 (格林尼治)	北京时间
悉尼	23:00	7:00	6:00—14:00
东京	0:00	8:00	8:00—16:00
中国香港	1:00	9:00	9:00—17:00
法兰克福	8:00	4:00	—
巴黎	8:00	4:00	—
伦敦	9:00	5:00	17:00—次日 1:00(凌晨)
纽约	13:00	21:00	21:00—次日 4:00(凌晨)

3. 外汇交易的参加者

在外汇市场上积极活动的当事人是多种多样的,既有政府、企业等机构投资者,又有个人投资者。金融机构包括商业银行、养老基金、保险公司、投资基金等不同形式的金融组织。其中最主要的参与者包括以下几类:

(1) 外汇银行。

外汇银行包括专营或兼营外汇业务的本国商业银行、设在本国的外国商业银行的分支机构和其他金融机构。外汇市场上大多数外汇交易是通过外汇银行进行的,因而外汇银行是外汇市场的主要参与者,是外汇市场的主体。

在外汇市场上,外汇银行主要从事两类外汇交易。一方面,它在外汇市场上起到外汇交易中介人的作用,即从出售外汇的顾客手中购入外汇,再转手出售给需要购买外汇的顾客,从中获取差价。另一方面,它为了调控自己在外汇业务中产生的外汇头寸,也自主地买进或卖出外汇。在外汇市场上,通常只有外汇银行才是外汇价格——汇率的制定者和提供者。

超级链接

中国有哪些银行参与外汇交易？除了地方性商业银行、农村合作银行和农村信用社外的其他所有商业银行，包括中国银行、中国农业银行、中国建设银行、中国工商银行、交通银行及一些诸如招商银行、浦发银行、光大银行、中信银行等股份制商业银行。

在外汇市场上参与外汇交易并提供报价的外汇银行数目众多，其中一些实力雄厚的大银行具有举足轻重的地位，这些银行往往被视为外汇市场的领导者或维持者，这些银行的数目通常都是有限的。其他银行限于自身的实力，一般交易规模较小，多数交易的金额在一百万美元以下，客户多为中小企业。自身持有的外汇头寸（外汇资产和外汇负债的差额）也很小，若是某种外币有多余或短缺，则迅速和前述的大银行进行交易以轧平头寸。有的银行和其他银行合作将小额外汇合并凑成大额的外汇同大银行进行交易，以争取更有利的价格。

一般来说，银行越能凭自身力量满足客户的外汇交易需求，或是有实力维持金额较大的外汇头寸，就越不需要向其他银行买卖外汇以轧平头寸，则其外汇业务的获利水平就越高，因为交易的中介费用会大大减少。

（2）外汇经纪人。

外汇经纪人是指介于外汇银行之间或外汇银行与客户之间，为买卖双方接洽外汇业务并收取佣金的中介人。外汇经纪人并不以自有资金在外汇市场上从事外汇买卖，而是凭借与各外汇银行和客户的密切联系，利用现代化的通信工具及其对外汇行市的灵敏信息，促成买卖双方成交，从中收取佣金，不承担任何风险。

外汇交易量庞大而且瞬息万变，要求外汇交易者能随时掌握最新消息，迅速达成交易，这对业务广泛的外汇银行来说是难以做到的，因而外汇银行之间的外汇交易往往会通过外汇经纪人达成。外汇经纪人在世界许多外汇市场上都设有分支机构，他们的存在使银行可以更加迅速地达成交易。不过，随着现代通信网络的发展以及银行间竞争的加剧，银行在国外主要外汇市场上进行买卖时一般不通过经纪人，而是直接同其他银行打交道。

（3）客户。

客户是指参与外汇交易的公司和个人等，如进出口商、投资者、留学生、旅游者、投机商等，他们出于交易、保值或投机的目的通过外汇银行进行买卖，以期获得利益或出售外汇，其中以进出口商为主。他们是外汇市场的最终供应者和需求者，外汇市场说到底是为他们服务的，外汇市场的供求趋势和汇率走势最终也是由他们决定的。但客户通常并不能提出自己的外汇报价，而只能接受银行提出的外汇报价，并按照报价和银行进行外汇交易。他们不是价格的提供者和维持者，而是价格的接受者。

（4）中央银行。

在外汇市场上，各国中央银行也是重要的参加者。它主要代表政府对外汇市场进行干预。具体地说主要是充当两个角色：一是外汇市场的管理者，通过制定和运用法规、条例等，对外汇市场进行监督、控制和引导，使外汇市场上的交易有序进行，并能最大限度地满足本国经济政策的需要；二是直接参与外汇市场上的交易活动，主要是根据国家政策需要买进或卖出外汇，以影响外汇汇率走向。中央银行的这种外汇买卖活动，实际上充当了外汇市场最后交易者的角色，即因汇率不能充分调整（即达不到市场均衡汇率的水平）而导致的外汇供求差额会由中央银行买进或售出外汇的方法来平衡。

由于外汇市场上的参与者有以上四类，因而外汇市场上的交易按主体划分，就有三个层次：一是外汇银行与顾客之间，这一层次的市场被称为“零售市场”，该市场上每笔交易金额一般较小。二是外汇银行同业之间的交易，这一层次的市场为“批发市场”，其每笔交易金额通常较大。这两个市场是密切相关的一个整体。其中银行间市场是外汇市场的基础，它决定了零售市场上的外汇来源及其价格。三是外汇银行与中央银行之间的交易。

4. 外汇交易规则

在外汇交易中，存在一些约定俗成的、大家共同遵守的习惯和做法，最后逐渐演变为交易规则。以下列举几种主要的交易规则：

（1）使用统一的标价方法。汇率的标价方法有直接标价法和间接标价法。为使交易迅速顺利进行，交易各方使用统一的标价方法，即除欧元、英镑、澳大利亚元、新西兰元等少数交易货币采用间接标价法以外，其他交易货币一律采用直接标价法。

（2）报价简洁。外汇交易中的报价采用双价制并且通常只报汇率最后几位数。

（3）交易双方必须恪守信用。

（4）数额限制。银行间交易额通常以 100 万美元为单位进行买卖。例如交易“One Dollar”表示“100 万美元”。较小规模的外汇买卖须在向银行询价时预先说明，并报出具体买卖金额，银行将对报价作出适当调整，其汇率相对银行同业汇率来说不利。

（5）外汇交易中交易术语规范化。交易员之间有时为节约时间使用简语或行话，如买入可用 Bid、Buy、Pay、Taking、Mine，卖出可用 Offer、Sell、Giving、Yours 等，我卖给你 500 万美元可用“Five Yours”。

外汇交易规则的具体应用举例见表 4－2。

表 4－2　即期外汇交易具体过程举例

交易过程	具体含义
ABC：CHF 1	询价者 ABC 询价，金额为 100 万美元的瑞士法郎
XYZ：CHF 1.621 3/18	报价银行 XYZ 报价，价格为 1 美元等于 1.621 3/18 瑞士法郎
ABC：1.621 3 DONE MY CHF TO ABC ZURICH A/C	ABC 以 1.621 3 的价格，卖出美元 100 万给 XYZ，即买入相对金额的瑞士法郎，要求 XYZ 把它的瑞士法郎汇入设于苏黎世的瑞士法郎账户中
XYZ：AGREE CHF AT 1.621 3 WE BUY USD 1 MIO AG CHF VAL MAY 20 USD TO XYZ N. Y. TKS FOR CALLING N DEAL BIBI	XYZ 回应此笔交易已经成交，进行确认，XYZ 以 1.621 3 买入美元 100 万，卖出瑞士法郎，交割日为 5 月 20 日，XYZ 要求 ABC 把它的美元汇入 XYZ 在纽约的美元账户，XYZ 谢谢 ABC 的询价及交易
ABC：TKS FOR PRICE	ABC 谢谢 XYZ 的报价

5. 外汇交易程序

(1) 询价(Asking)。主动发起交易的一方在自报家门之后询问有关货币的即期汇率和远期汇率的买入价和卖出价。询价的内容主要包括交易的币种、交易金额、合同的交割期限等。

(2) 报价(Quotation)。接到询价的外汇银行的交易员应迅速完整地报出所询问的有关货币的现汇或期汇的买入价和卖出价。

(3) 成交(Done)。询价者接到报价后,表示愿意以报出的价格买入或卖出某个期限的多少数额的某种货币,然后由报价银行对此交易承诺。

(4) 确认(Confirmation)。当报价银行的外汇交易员说"成交",外汇交易合同即成立,双方都应遵守自己的承诺。依照惯例,交易得到承诺后,双方当事人都会将交易的所有细节以书面形式相互确认一遍。

(5) 交割(Delivery)。外汇交易的最后环节,也是最重要的环节。交易双方需按对方的要求将卖出的货币及时准确地汇入对方指定的银行存款账户中。

(二) 即期外汇业务

1. 概念

即期外汇业务(Spot Exchange Transaction)又称现汇交易,是指买卖双方成交后,在两个营业日内办理交割的外汇交易。即期外汇业务是外汇市场上最常见、最普遍的交易方式,约占外汇交易总额的2/3。即期外汇交易的汇率(即期汇率)构成了所有外汇汇率的基础,其他外汇交易的汇率都在此基础上计算得来。

2. 成交与交割

在外汇交易中,成交是指确定外汇买卖协议,该协议规定了外汇交易的买方、卖方,外汇买卖的币种、数量和价格以及交割标准。成交仅指确定买卖关系,并不发生实际收付行为。成交日是指交易双方达成交易外汇协议的日期。

交割是指成交后,买卖双方实际收付货币,过户交易货币所有权的行为。交割发生的那一天称为交割日,达成交易后双方履行资金划拨、实际收付义务的行为在金融业务中称为交割,这天称为交割日(也称结算日、有效起息日)。即期外汇交易的交割日根据不同的市场习惯不同,主要有以下三种类型(见表4-3)。

表4-3 交割日期比较

当日交割 Value Today, VAL TOD	隔日交割 Value Tomorrow, VAL TOM	标准交割日 Value Spot, VAL SP
又称现金交割,指成交与交割同日进行。 (T+0)	在成交后第一个营业日交割,一般是在成交日的次日。 (T+1)	在成交后第二个营业日交割,目前大部分即期外汇交易采用该种方式。(T+2)
东京:美元兑日元	中国香港:港币兑日元、澳元、新加坡元,美元兑加元、墨西哥比索	国际上通用

注:目前,大多数的即期外汇交易都采用这种类型,尤以欧美市场为典型。

3. 交割时间的确定

在国际外汇市场上,即期外汇的交割日是两个营业日,遇到节假日顺延但顺延不能跨月。除了周末外,在圣诞节和新年期间,有些国家常常有不同的银行休假安排,一笔即期交易的交割日可能长达四五天以适用于两个国家同时满足两个营业日的要求,如果在此期间恰逢周末,则时间可能更长。有些中东国家的银行星期五关门,但星期六营业,而其他国家星期六则不营业。例如,某年6月6日在伦敦外汇市场成交了一笔英镑对美元的标准日交割的即期外汇交易,则其交割日应为6月8日,若6月8日恰逢英国或美国银行的非营业日,则向后顺延,直到两国银行同时营业。但交割日实际执行中不跨月,如果双方是6月28日(星期四)成交,则交割日应为6月30日(星期六),6月30日为非营业日,但交割日不能顺延至7月,而应往前推到6月29日(星期五)。

4. 即期外汇交易的报价

一笔完整的外汇交易通常包括四个步骤:询价(Asking),报价(Quotation),成交(Done)及确认(Confirmation),其中报价是关键,如表4-2所示。

(1) 双向报价方式

外汇市场上汇率通常采用双向报价方式(Two Way Quotation),即报价者(Quoting Party)同时报出买入价格(Bid Rate)及卖出价格(Offer Rate)。

【例4-1】

USD/DEM = 1.651 0/20　　USD/JPY = 116.40/50

USD/FRF = 5.538 0/90　　USD/CAD = 1.542 5/35

GBP/USD = 1.677 5/85　　USD/CHF = 1.345 0/60

(2) 美元报价法

银行报价传统上区分为直接标价法和间接标价法两种形式。

第二次世界大战后由于美元的特殊地位,各国银行间的报价普遍采用美元标价法(US Dollar Quotation or Dollar Terms),即单位美元折合多少其他货币的标价方法。非美元之间的货币汇率可通过各自对美元的汇率套算得出。美元为被报价货币举例如下。

询价者和报价者都同意的交易过程。

【例4-2】

ABC: CHF 5　　询价者ABC询价,金额为500万美元的瑞士法郎

XYZ: CHF 1.533 0/40　　报价银行XYZ报价,价格为1美元兑1.533 0/40瑞士法郎

ABC: 30 Done　　ABC同意以1.533 0的价格,卖出美元500万给XYZ,要

My CHF to Zurich A/C　求XYZ把瑞士法郎汇入设于苏黎世的瑞士法郎账户中。

XYZ: OK Done

CHF at 1.533 0 We buy USD 5 Mio

AG CHF Val May 10 USD to N. Y.

TKS for Calling N Deal BIBI

ABC: TKS for Price BIBI

XYZ 回应此笔交易已经成交，进行确认，XYZ 以 1.533 0 买入美元 500 万，卖出瑞士法郎，交割日为 5 月 10 日，XYZ 要求 ABC 把它的美元汇入在纽约的美元账户，XYZ 谢谢 ABC 的询价及交易。

询价者和报价者未达成首次同意的交易过程。

【例 4－3】

2012 年 2 月 16 日，A 银行向 B 银行询价做 5 000 万 USD 兑 CHF 的即期交易。B 银行报价 0.926 2/67，A 银行对报价不满意，要求 B 银行重新报价。B 银行重新报价 0.926 3/68。A 银行决定向 B 银行卖出美元。

A：CHF 50 Mio

B：0.926 2/67

A：My risk

A：Now PLS

B：0.926 3/68

A：Sell USD PLS. My CHF to Zurich NO xxx.

B：OK Done. at 0.926 3 We Buy USD 50 Mio AG CHF Val Feb－20，USD To NY NO yyy. TKS for Deal，BIBI.

A：THS FOR PRICE.

5. 即期外汇交易的具体应用

【例 4－4】 某年 4 月 25 日，中国甲公司收到一笔出口货款金额为 85 万美元的国外汇款，要求其开户银行兑换成日元存入其日元存款账户，若当日汇率为：USD/JPY＝120.12/68。请问：甲公司的账户增加了多少日元存款？

解：

步骤一：确定汇率。甲公司把 85 万美元现汇卖给银行，相当于银行买入 85 万美元现汇，采用买入价。USD/JPY＝120.12。

步骤二：计算金额。因而甲公司存款账户增加的日元金额为：

$$850\,000 \times 120.12 = 102\,102\,000(\text{日元})$$

在汇率确定的过程中，涉及即期外汇汇率的换算问题。主要有以下三种情况：

情况一：

已知：USD/AUD＝1.816 5/80

USD/HKD＝7.745 0/60

请问：某公司以港币买进澳元支付货款，AUD/HKD 的汇价是多少？

解：

因为两个即期汇价都是以美元作为单位货币，所以应该交叉相除。

$$AUD/HKD = USD/HKD \div USD/AUD$$

则：

澳元买入价（即港币卖出价）＝7.745 0 ÷ 1.818 0＝4.260 2（港币）

澳元卖出价（即港币买入价）＝7.746 0 ÷ 1.816 5＝4.264 2（港币）

所以，该公司以港币买进澳元支付货款的汇价应该是：4.264 2（港币）。

情况二：

已知：GBP/USD＝1.5825/34

　　　AUD/USD＝0.7310/15

求：GBP/AUD ＝？

解：

因为两个即期汇价都是以美元作为计价货币，所以应该是交叉相除。

GBP/AUD＝CBP/USD÷AUD/USD

则：

英镑买入价（澳元卖出价）＝1.5825÷0.7315＝2.1634（澳元）

英镑卖出价（澳元买入价）＝1.5834÷0.7310＝2.1661（澳元）

所以，　　GBP/AUD＝2.1634/61（澳元）

情况三：

已知：GBP/USD＝1.5825/34

　　　USD/JPY＝120.61/71

求：GBP/JPY＝？

解：

因为两个即期汇价，一个以美元作为计价货币，一个以美元作为单位货币，所以应该同边相乘。

GBR/JPY＝GBP/USD ×USD/JPY

则：

英镑买入价（日元卖出价）＝1.5825×120.61＝190.87（日元）

英镑卖出价（日元买入价）＝1.5834×120.71＝191.13（日元）

所以，　　GBP/JPY＝190.87/191.13（日元）

6. 即期外汇交易的投机作用

即期外汇买卖除可以帮助客户解决临时性的支付需要外，还可以调整手中外币的币种结构，称之为套汇交易（Arbitrage）。如通过即期外汇买卖，将公司全部外汇的15%由美元调整为欧元，10%调整为日元，通过此种组合可以分散外汇风险。套汇交易指外汇交易者利用不同外汇市场在同一时刻的汇率差异，在汇率低的市场上买进，同时在汇率高的市场上卖出，赚取不同市场汇差收益的外汇交易。

即期外汇买卖也是外汇投机的重要工具。这种投机行为既有可能带来丰厚利润，也可能造成巨额亏损。比如在同一时间内，出现下列情况：

London　　GBR1＝USD1.6167/1.6172

New York　　GBR1＝USD1.6180/1.6184

投机者会在伦敦市场上以 GBR1＝USD1.6172 的价格卖出美元，买进英镑，同时在纽约市场上以 GBR1＝USD1.6180 的价格买进美元，卖出英镑，则每英镑可获得0.0008美元的套汇利润。

若以100万英镑进行套汇，则可获利为：

1000000×（1.6180－1.6172）＝800（美元）

或者：　　1 000 000 × (1.618 0/1.617 2 − 1) = 494.682 17(英镑)

要注意的是，套汇的金额要大，故套汇者多为银行，因为必须要同时进行，所以使用电汇较多。

超级链接

在很久以前墨西哥与美国的某段边境处，存在着一种特殊的货币兑换情形：在墨西哥境内，1 美元只值墨西哥货币 90 分；而在美国境内，1 个墨西哥比索(100 分)只值美国货币 90 分。一天，一个牧童先在一家墨西哥酒吧喝了一杯啤酒，价格是 10 个墨西哥分，于是他用余下的 90 个墨西哥分换了 1 美元，然后走过边境进了一家美国酒吧，喝了一杯啤酒，价格是 10 美分，他用余下的 90 美分又换成 1 个墨西哥比索。如此这般，牧童每天愉快地喝着啤酒，而口袋里的 1 比索却始终没有减少。这到底是为什么呢？原来牧童一直在用两地套汇的收益喝啤酒。

二、利用金融工具规避外汇风险——BSI 法

BSI 是 Borrowing-Spot-Investing 的缩写，即借款–即期外汇交易–投资法。它是指具有外汇应收账款或应付账款的经济实体，通过借款、即期外汇交易和投资的程序，争取消除汇率风险的管理方法。BSI 法是即期外汇交易在保值方面的具体应用，具体做法如下。

具有应收账款的企业，为了防止汇率变动，先借入与应收外汇等值的外币，以此消除时间风险，同时，通过即期交易把外币兑换成本币，以此消除价值风险，然后，将本币存入银行或进行投资，以投资收益来贴补借款利息和其他费用。应收款到期时，就以收入的外汇归还银行贷款。

如某公司有 1 000 万日元的应收账款，在汇率风险管理中，它可借入 1 000 万日元，通过即期外汇交易将其换成英镑，并用该英镑进行投资。在收回投资时，它用英镑投资利息偿付日元借款利息；如果前者不足以偿付后者，则它为避免汇率风险付出了一定代价。

【例 4－5】 中国某公司向美国出口总价 500 万美元的彩电 1 000 台。当时中国银行外汇牌价：1USD = RMB6.238 2/86。经商定，中方 3 个月后以美元收款。若中方预测 3 个月后美元贬值，则该如何应对？

步骤一：借入等同于应收外汇账款相同金额的外汇。(消除时间风险)

公司从中国银行借入一笔金额为 USD500 万的外汇贷款，期限为 90 天，月息为 4.17‰。这样，USD500 万应收账款的时间风险就从 90 天后转移到了办汇日，为此该出口商要支付利息费用约 USD6.25 万。

步骤二：用即期合同法把外汇卖给银行。(消除价值风险)

该出口商将借入的 USD500 万贷款通过即期合同法卖给银行换成本币，从而消除了 USD500 万的汇兑风险。按照此时的汇率水平 USD1 = RMB6.238 2 折算，出口商可

兑换成3 119.1万元人民币。此时外币兑换本币而向银行支付的卖汇成本为金额的5‰，即USD2.5万即15.59万人民币（2.5×6.2382）。

步骤三：把本币用于投资。（弥补利息损失和卖汇成本）

该出口商及时地将换来的RMB3 119.1万元存入银行（或者购买短期债券）进行投资，期限为90天，年息为4%。这样，在90天的时间里，该出口商连本带利可获得RMB3 149.86万（3 119.1×4%÷365×90+3 119.1）。

步骤四：假设90天后应收款和贷款到期时，美元对人民币汇率变动为USD1 = RMB6.100 0，该出口商将收到的应收账款USD500万归还银行贷款，并支付利息USD6.25万，即38.98万人民币（6.25×6.238 2）。本息折合人民币共3 095.29万元。

步骤五：计算该出口商的损益情况：

3 149.86万−38.98万−15.59万=3 095.29万元人民币。

若不作风险防范，3个月后，如果美元贬值则只能收回3 050万元人民币。

火眼金睛

出口远期收汇时，若本币要升值或外币要贬值（根据期汇点数报价或直接判断），且投资回报率高于贷款和卖汇成本，则建议实施BSI法进行外汇风险规避。

超级链接

即期外汇交易的结算方式有电汇、票汇和信汇三种。一般来说，信汇和票汇的应用较少，大部分交易是采取电汇方式。1977年9月，环球银行金融电信协会（Society for Worldwide Interbank Financial Telecommunication, SWIFT）正式启用，专门处理国际间银行转账和结算，使转账交换极其迅速和安全。目前大多数国际性大银行都加入该系统，最终都以有关交易货币的银行存款的增减或划拨为标志。

电汇（T/T），是汇款人将一定金额的汇款及汇付手续费付给当地一家银行（汇出行），要求该银行用电传或电报通知其国外受款人所在地的分支行或代理行（汇入行）将汇款付给受款人。这种汇款将时差计入，一般当天或隔天可到，最为快捷，但电讯费用比较高。

信汇（M/T），是进口人（即债务人或称汇款人）将汇款及手续费交付给汇款地的一家银行（汇出行），委托该银行利用信件转托受款人所在地的银行（汇入行），将货款付给出口人（即债权人或称受款人）。这种汇付方法，需要一个地区间的邮程的时间，一般航邮约为7—15天，视地区远近而异。如用快递（Express）可以加速3—5天。

票汇（D/D），是汇款人向其当地银行（汇出行）购买银行即期汇票，并直接寄给受款人，受款人收到该汇票即可凭此向指定的付款银行取款。

三、利用金融工具规避外汇风险——LSI 法

（一）LSI 法的概念

LSI 法是 Lead - Spot - Invest 的缩写，即提前收付–即期外汇交易–投资法。它是指具有应收账款或应付账款的经济实体，在征得债务方或债权方的同意后，通过提前或延期收付货款、即期外汇交易和投资的程序，争取消除汇率风险的管理方法。LSI 法也是即期外汇交易在保值方面的具体应用。

（二）LSI 的具体做法

在征得债务方的同意后，以一定折扣为条件，请其提前支付货款，以消除时间风险。紧接着通过即期交易，将收取的外汇兑换成本币，从而消除价值风险。最后，将换回的本币进行投资，所获得的收益可完全或部分抵补因提前收汇造成的折扣损失。

例如，中国的某公司在 90 天后从加拿大公司有一笔 5 万加元的应收货款，为防止汇率波动，该公司征得加拿大公司的同意，在给其一定折扣的情况下，要求其在 2 天内付清这笔货款（暂不考虑折扣具体数额）。该公司取得这笔 5 万加元货款后，立即通过即期交易换成本币，并投资于德国货币市场。由于提前收款，消除了时间风险，由于换成本币，又消除了价值风险。

【例 4－6】 中国某出口商有一笔价值 GBP100 万的出口应收账款，付款期限为 90 天，美元收款。签约时即期汇率为 GBP1 = USD1.3。按照此汇率，GBP100 万折合成美元为 USD130 万。为了避免 90 天后英镑贬值造成美元货款减少的风险，该出口商决定采用 LSI 法进行风险防范。

1. 提前 90 天支付 GBP100 万的出口应收账款，同意给予债务人 2% 的折扣。
2. 与银行发生即期交易，需支付手续费为款项金额的 1%。
3. 短期债券投资活动，期限为 90 天，年利息为 18%。

第一，该出口商首先征得了债务人的同意，请其提前 90 天支付 GBP100 万的出口应收账款，同意给予债务人 2% 的折扣，即 GBP2 万，按照当时的即期汇率 GBP1 = USD1.3 计算，折扣金额折合美元为 USD2.6 万，从而将外币收款的时间风险转移到了办汇日。

第二，该出口商将收到的 GBP100 万贷款通过即期合同，与银行按照即期汇率 GBP1 = USD1.3 兑换为 USD130 万，同时向银行支付手续费为款项金额的 1%，即 USD1.3 万，从而消除了美元和英镑之间的兑换风险。

第三，该出口商将兑换得到的 USD130 万用于短期债券投资活动，期限为 90 天，假定由于通货膨胀等原因，年利息为 18%，则到期时出口商连本带利共收回本金和利息 USD135.85 万。

第四，该出口商的外汇损益情况为：

$$\text{USD135.85 万} - \text{USD2.6 万} - \text{USD1.3 万} = \text{USD131.95 万}$$

即：该出口商不但消除了出口外汇应收账款的汇率风险，而且还由于处理得当获得了 USD1.95 万的收益。

这与 BSI 法的应收账款做法基本相似，但不同的是 BSI 法首先是从银行借款，

以借款利息为成本；而 LSI 法是请付款方提前支付货款，以给其一定的折扣为成本。

延伸阅读 4－3

即期外汇交易的惯例

为了保证外汇交易的正常运行，国际外汇市场上的各项外汇交易虽然没有形成文字的条例或规定，但是各地外汇市场逐步形成了一些约定俗成的交易惯例，在具体实践中得到各地外汇交易者的普遍承认。以下所列是即期外汇交易报价中的一些主要的交易惯例。

1．报价方法以美元为中心。除特殊标明外，所有货币的汇价都是针对美元的，也就是采用以美元为中心的报价方法。国际外汇市场上几乎所有的外汇交易都采用以某种货币对美元的买进或卖出的形式进行。例如，东京银行在 2014 年 10 月报出日元的开市价为 107.99/64，这一价格就是指日元与美元的即期买卖价格。值得重视的是，随着欧洲和日本经济实力的不断增强和经济势力的日益扩大，多元化的国际经济金融实力分布是大势所趋，以美元为中心的报价惯例将逐步向以美元、日元、欧元和英镑等多种货币报价方式转变，“欧元兑日元价”“英镑兑欧元价”“英镑兑日元价”等也逐步成为惯例报价。

2．直接标价法为主要标价方式。一般情况下，其他可兑换货币的汇价均采用直接标价法表示（以 1 单位美元等值多少该币标价），除英镑、爱尔兰镑、澳大利亚元、新西兰元和欧元的汇价是采用间接标价法表示外（以 1 单位货币等值多少美元标价）。此外，不论是直接标价还是间接标价，报价银行报出的买价是指报价者愿意以此报价买入标的货币的价格，报价行报出的卖价是报价者愿意以此报价卖出标的的货币价格。

3．只报最后两位数。在国际外汇市场上，外汇交易员非常繁忙紧张，为使他们尽可能简化报价，报价银行一般情况下通过电讯（电话、电信等）报价时只报汇价的最后两位数。仅仅报出让熟悉外汇交易行情的人才能听明白的价格。如：美元兑瑞士法郎的汇价如果是 USD1 = CHF1.104 4/85，报价银行的交易员一般只报价 44/85。

4．同时报出买入价和卖出价。也就是说，对所有可兑换货币的报价，报价银行都必须同时报出买卖两个价，不能单报其中之一。在即期外汇交易市场上，即使报价者无意与询价者成交，外汇交易者也必须向询价者同时提供买价和卖价而不能拒报价格。如果不想达成交易，也只能通过拉开买价和卖价的差距来达到目的。要注意的是，报价银行的外汇交易员对询价行报出某种货币买卖价的同时，这一银行也承担了以这种价格买进或卖出一定数额货币的义务。但这一义务是建立在询价行同意成交的基础上，报价行才成交的。若买卖未成交或询价行转向其他货币的报价或者询价行在得到报价行报价后讨价还价，则原报价无效。至于报刊公布的外汇交易中间价或者是通过电视公布的很多报价，都是供读者参考的，不能作为外汇交易的依据，并非是报价银行负有成交义务的价格。

要注意的是,询价银行不能强迫报价行按其给询价行的“参考价”成交,也不能强迫报价银行按其在10分钟或更长时间内的报价成交,交易双方不能要求对方按当时路透社或美联社等机构的计算机终端显示的外汇买卖价格成交。因为这些价格只是报价行给交易对方或整个外汇市场的参考价格,仅能作为外汇交易参考用,不能作为成交依据,但交易双方可在参考价基础上商定。

延伸阅读4-4

即期外汇交易的报价依据

在即期外汇交易中,报价行一旦对外报价,该银行就必须按此报价承诺其客户正常的交易要求,除非有明显的口误或书误。因而,报价行的外汇交易员在对外报价过程中,既要尽力使自己的报价具有竞争力,以促使客户与自己成交,增加外汇交易量,又要保持银行本身利益,防止银行在报价过程中承担过大的风险,甚至蒙受损失。

报价银行外汇交易人员在开市报价时,一般需要考虑以下四方面因素。

一、市场行情

外汇市场的行情是报价银行外汇交易员报价的决定性依据。一般包括以下两方面的内容。

1. 市场情绪

市场情绪是报价行对外报价时,市场处于上升还是下降的压力下的市场表现。通常,我们将处于上升压力下的市场称为牛市,而将处于下降压力下的外汇市场称为熊市。市场情绪是人们对外汇市场潜在走向的感觉和判断,报价中的市场情绪因素在很大程度上依赖于报价人员对当时市场的感觉,因而具有很大的主观性。一般而言,报价行在牛市时可以报价偏高,在熊市时报价偏低。

2. 市场价格

国际性的即期外汇市场是完全自由的市场,其价格水平和价格波动完全由外汇市场本身的外汇供求力量来决定,没有一个所谓公认的固定价格,更没有一个一成不变的所谓官方价格。一般情况下,现行的市场价格即是市场截止时的最后一笔常规金额交易的成交价或者是此时市场核心成员的买价或卖价。

二、现实头寸

现实头寸是指报价银行现实的外汇头寸及本币头寸的多寡。它决定了该行买进或卖出某种货币的数额和价格。当报价行接到询价者的询价时,其交易员除了要看本行是否持有对方希望交易的货币,还要看是多头或空头及其金额大小和成本价格水平。如果本银行已持有询价者所询货币的多头且金额较大,则交易员在报价时可能偏低开报该币价格;反之,报价行的交易员则会提高价格,以吸引意欲抛售该币的询价者成交。当然,要是报价行虽已持有某货币的多头,但如果看好行情,仍会增加其已有的头寸,这时,交易员报价会提高该货币价格,以示购买之意。

三、国际动态

国际动态包括国际经济、政治和军事的变化，经济的繁荣或萎缩、财政的盈余或赤字、国际收支的顺差或逆差、外汇储备的增加或减少、通货膨胀的加剧或缓和，以及外汇市场供求的失衡、利率的差异、短期资本的流动、投机的刺激和政治军事的动荡和稳定等。国际动态会影响汇价，而汇价是国际外汇市场各项外汇交易的最关键点。在当今世界普遍实行浮动汇率制度的情况下，报价银行所在国家和世界主要国家政治、军事及经济方面的变化都会引起外汇行市的变化。所以，报价银行的外汇交易员必须时刻注意上述动态，以制定和调整本行报价。

四、交易意图

交易意图主要是针对询价者而言的，这是外汇交易人员报价所要判断的一个问题，技术性很强。在一般情况下，询价者在询价时是不必透露其买卖意图的，即不必讲出是买入还是卖出，而报价行的人员则要同时报买入价和卖出价。因此，为保证报价行利益和争取创利的机会，报价人员应尽可能试探或估计出对方的交易意图。假如对方意欲购买，则可以略微抬高价格，反之则应相应压低报价。但是，试探或估计无章程可循，只能凭报价行交易人员个人的市场经验和其在以往交易中所掌握的该询价者的交易习惯来综合考虑。

【实训演练 4－2】

1. 宁波海曙玉楚贸易有限公司在 60 天后有一笔 100 万美元的出口收入（暂不考虑利息因素），为预防美元贬值的外汇风险，立即采用 LSI 法和 BSI 法来规避风险。请写出具体的流程图。已知：即期汇率 1USD = 100JPY。

2. 写出下列即期报价的含义。

询价方：What's your spot USD/JPY, pls?

报价方：104.20/30.

询价方：Yours USD 1 或 Sell USD 1.

报价方：OK, done.

3. 已知：USD/CNY = 8.276 0/80，USD/HKD = 7.786 0/80，求：HKD/CNY = ?

4. 已知：EUR/USD = 1.102 0/40，AUD/USD = 0.624 0/60，求：EUR/AUD = ?

5. 已知：EUR/USD = 1.102 0/40，USD/CNY = 8.276 0/80，求：EUR/CNY = ?

6. 各贸易模拟团队请根据本虚拟公司的一笔出口收汇业务，采用 BSI 法和 LSI 法进行远期收汇风险防范。要求写出具体操作步骤与过程。

【评价考核标准】

任务	测评指标	考核标准	分值	得分
出口收汇风险规避——BSI 法	即期外汇交易	能进行简单的即期外汇交易操作	20	
	BSI 法规避收汇风险	能使用 BSI 法完成出口远期收汇中外汇风险的规避	30	
	LSI 法规避外汇风险	能使用 LSI 法完成出口远期收汇中外汇风险的规避	30	
	团队合作	安全贸易和敏锐的危机处理意识及敬业精神	20	

任务 4.3 远期收汇风险防范——远期合同法

【操作指南】

步骤一:判断收汇货币是否有贬值(或本币升值)的趋势。

步骤二:若本币升值或外币贬值,投资回报率高于提前收款和卖汇的成本,且希望能直接完成远期交易的方法,则建议实施远期合同法进行外汇风险规避。

【相关知识】

一、远期外汇交易

(一) 概念

远期外汇交易(Forward Exchange Transaction)又称期汇交易,是指买卖双方预先签订远期合约,规定交割的币种、金额、汇率、时间和地点等条件,然后按约定的汇率和时间(成交后两个营业日以上)进行交割的外汇交易。由此可知,凡交割日在成交后两个营业日以上的外汇交易都属于远期外汇交易。

远期外汇交易的交割期限有的短至几天,有的长达几年,但通常为 1 个月、2 个月、3 个月、6 个月和 1 年。超过 1 年以上的交易称为超远期外汇交易。远期外汇交易所使用的汇率就是各种不同交割期限的远期汇率,期限越长,远期汇率的买卖差价就越大。

远期外汇交易分为固定交割日外汇交易(Fixed Maturity Date Exchange)和择期外汇交易(Optional Forward Transaction)两种,其中固定交割日外汇交易是指双方商定了确定的交割日期后,必须按照商定的日期交割,不能提前也不能推迟。择期外汇交易是指一方可以选择从签订合约的第三天到约定期限的任何一天(但必须是营业日)进行交割。择期外汇交易又分为部分择期和完全择期。部分择期是确定交割月份但未确定交割日。例如,5 月 20 日,A 公司与 B 银行达成一笔 3 个月的择期外汇交易,约定 8 月份进行交割,则 A 公司可以在 8 月 1 日至 8 月 22 日的任何一个营业日内向 B

银行提出交割。完全择期是指客户可以选择双方成交后的第三个营业日到合约到期之前的任何一天为交割日。例如上例中 A 公司可以选择从 5 月 23 日至 8 月 22 日这一段时间的任何一个营业日向 B 银行提出交割。

超级链接

中国远期外汇交易的期限安排有 7 天、20 天、1 个月、2 个月、3 个月、4 个月、6 个月等几种，远期外汇交易结汇的货币主要有美元、日元、欧元、港币等。远期外汇交易与即期外汇交易的区别是，交割日期不同是区分即期和远期的最主要标准。即期外汇交易的交割日期为成交后两个营业日以内，远期外汇交易的交割日期为成交后两个营业日以上。

（二）远期外汇交易交割日的确定规则

大部分国家按月而不是按天计算，交割日确定法则为“日对日、月对月、节假日顺延、不跨月”。

（1）日对日：远期外汇交易的交割日与成交时的即期交割日（即成交后的第二个营业日）相对。例如，如果远期交易的成交日是 2 月 8 日，2 月 10 日为即期交割日，则标准的远期交割日为 3 月 10 日、4 月 10 日、5 月 10 日、8 月 10 日、11 月 10 日等，但必须是有效的营业日，是相关国家的共同营业日。

（2）月对月：指月底日对月底日，如果即期交割日是月份的最后营业日，则标准的远期外汇交易交割日是相关币种的国家每个月的共同最后营业日。例如，1 月 30 日是即期交割日，1 个月远期外汇交易交割日是 2 月份最后一个共同营业日。

（3）节假日顺延：即期外汇交易成交后，遇到周末或节假日时，交割日需要顺延，远期外汇交易也同样顺延。

（4）不跨月：远期外汇交易交割日遇上节假日顺延时，不能跨过节假日所在月份。假如两个月的远期外汇交易成交日是 5 月 28 日，即期外汇交易交割日为 5 月 30 日，2 个月起对应的 7 月 30 日、7 月 31 日均为休息日，则交割日退回到 29 日，若 29 日仍为休息日，则再往前推。

超级链接

远期汇率与即期汇率相比，有以下几方面的不同：一是使用汇率不同。即期汇率是成交当时的汇率，受各种因素的影响而随时发生变化；远期汇率是签订合同时事先确定的汇率，一旦签订合同，汇率就固定下来，不随其他条件的变化而变化，又称合同汇率或协定汇率。二是主要作用不同。即期外汇交易的主要作用是为了满足交易性的需要，而远期外汇交易的主要作用是为了回避外汇风险和保值。三是交割方式不同。即期外汇交易交割时必须足额交割，远期外汇交易交割时不一定要足额交割，可以进行差额交割。

（三）远期外汇交易程序

交易过程	意义说明
A:GBP 0.5 Mio.	A:询问 GBP/USD 的即期价位,金额为 50 万英镑。
B:GBP 1.892 0/25.	B:GBP 的价位为 1.892 0/25。
A:Mine, Pls adjust to 1 Month.	A:买入英镑,并请调整为 1 个月后的交割日。
B:OK. Done.	B:好的,成交。
Spot/1 Month.	即期至 1 个月期的掉期率为 93/89。
93/89 at 1.883 6.	1 月期汇率为 1.883 6。
We sell GBP 0.5 Mio.	我们出售 50 万英镑。
Val June/22.	6 月 22 日为交割日。
USD to My N. Y..	请将美元汇入我行纽约账户。
A:OK. All agreed.	A:好的,同意。
My GBP to My	请将英镑汇入我的伦敦账户,
London Tks, BI.	谢谢,再见。
B:OK, BI and Tks.	B:好的。再见,谢谢。

（四）远期外汇交易的操作

1. 远期外汇交易操作的目的是为保值性时,出口商和资金借贷者应用远期外汇交易规避汇率风险

保值性远期外汇交易操作指卖出（或买入）的金额等于所持有的（或所承担的）一笔外币资产（或负债）的远期外汇,交割期限一般与资产变现（或负债偿付）的日期相匹配,使这笔外币资产（或外币负债）以本币表示的价值免受汇率变动的影响,从而达到保值目的的外汇交易,通常又简称为套期保值、抵补保值或套头交易。其主要使用者:进出口商、国际投资者、外币借贷者。

2. 远期外汇交易的目的为投机性时,外汇银行也可以用远期外汇交易来平衡其外汇头寸或进行外汇投机操作

投机性远期外汇交易是基于投机者预期未来某一时点市场上的即期汇率与目前市场上的远期汇率不一致而进行的远期外汇交易。

由于投机者在签订远期合约时只需缴纳一定比例的保证金,无须付现,一般都是到期轧抵,计算盈亏、支付差额,所以利用远期外汇交易进行投机,投机者并不需要雄厚的资金,可以“以小搏大”,炒作成倍于投机本金的外汇资金,进行大规模的投机。

(1) 买空:先买后卖。

所谓买空（Buy Long）,是投机者预测某种货币的汇率将会上涨时,投机者先买进这种货币的远期外汇,然后在到期时再卖出这种货币的即期外汇的投机交易。若远期合约交割日市场即期汇率果然如投机者所料上涨而且高于远期合约协定的汇率,投机

者即可获利。例如:在法兰克福外汇市场上,如果某德国外汇投机商预测英镑对美元的汇率将会大幅度上升,他就可以做买空交易,先以当时的1英镑=1.5550美元的3月期远期汇率买进100万3个月英镑远期;然后,在3个月后,当英镑兑美元的即期汇率猛涨到1英镑=1.7550美元时,他就在即期市场上卖出100万英镑。轧差后他就会获得100万×(1.7550-1.5550)=30万美元的投机利润。

若交割日市场即期汇率的变动与投机者相反,投机者将会遭受损失。如上例,若3个月后市场即期汇率不升反跌为1英镑=1.4550美元,则该投机者将遭受10万美元的损失。

(2)卖空(Sell Short):先卖后买。

所谓卖空,是在预测某种货币的汇率将会下跌时,投机者先卖出这种货币的远期外汇,然后等到远期外汇的交割日再买进这种货币的即期外汇进行冲抵的一种投机活动。

例如,在东京外汇市场上,某年3月1日,某日本投机者判断美元在未来1个月后将贬值,于是他立即在远期外汇市场上以1美元=110.03日元的价格抛售1月期1000万美元,交割日是4月1日。到4月1日时,即期美元的汇率不跌反升,为1美元=115.03日元。请分析该投机商的损益。

该日本投机者在即期外汇市场购买1000万美元现汇实现远期合约交割,要遭受100万×(115.03-110.03)=5000万日元的损失。

可见,远期外汇投机具有很大的风险。万一投机者预测汇率的走势发生错误,就会遭到很大的损失。

二、远期合同法

(一)远期合同法的含义

远期合同法(Forward Contract)是指具有远期外汇债权或债务的公司与银行通过签订合同的形式预约好将来一定时间的外汇交易汇率、交易金额、外汇币种和期限,到期外汇收入或支出发生时,按照该远期结售汇协议办理的结汇或售汇的方法。这种方法在许多国家中广泛应用,是弥补外汇风险的最直接的方法。

远期结售汇币种包括美元、港币、欧元、日元、英镑、澳大利亚元等可自由兑换货币。期限包括7天、14天、21天、1个月至12个月15档标准期限,也包括交割日为未来某一确定日的非标准期限。其适用范围为境内企事业单位、国家机关、社会团体、部队等机构,包括外商投资企业等。

(二)操作流程

(1)签订协议。企业向银行提出业务需求,双方签订《远期结汇人民币与外币主协议》(一式两份,企业与银行各执一份),并提交《交易风险说明书》及《交易授权书》。

(2)担保方式。如企业没有获得银行此类业务授信额度,应当在银行开立保证金账户。

(3) 交易日,由企业向银行询价,并提交远期结汇申请书,按照协议约定比例存入足额保证金,或占用相应授信额度,确定交易币种、金额、汇率、交割日、资金性质等交易要素。

(4) 单笔交易成交后,银行发出交易确认书,一式两份,由企业确认此次交易要素无误后,其中一份签章返回银行。

(5) 市值评估。银行对交易存续期间交易市值情况进行监控,当市值损失达到约定比例,银行将通知企业补足保证金或补占授信额度,或落实其他银行认可的保障措施。

(6) 交割日审核和交割。交割日银行根据收付汇管理及结汇的有关外汇管理规定,审核企业提交的有效凭证及/或商业单据,审核合格后根据企业申请办理交割。

(三) 远期合同法规避收汇风险

1. 具体做法

出口商在签订贸易合同后,按当时的远期汇率把与货款收入相同金额的外币卖给银行,交割期限与收到货款的期限保持一致,届时出口商把从进口商处得到的货款与银行办理远期外汇交易的交割。

例如,中国某出口公司将在90天后收到1000万日元的货款,为防止外汇风险,此公司与银行签订了出售1000万日元的远期外汇交易合同。假设3个月的远期汇率为100日元等于6.3465—6.3495元人民币,则该公司在90天后就可以用国外进口商支付的1000万日元兑换到63.4650万元人民币。

再如,美国一家公司向英国出口一批货物,双方商定以英镑计价并结算,价格为10万英镑。贸易合同签订时的汇率为1英镑=1.60美元,这笔货款折合16万美元,美国出口商担心6个月后英镑贬值,为此,该出口商按照1英镑=1.55美元的6个月远期汇率,把10万英镑卖给银行,到期可收到15.5万美元,比签订合同时少收5000美元,这5000美元就是该公司利用远期交易、防范外汇风险的成本。

2. 远期合同法锁定出口收汇成本的实例

【例4-7】 2013年1月15日,纽约外汇市场,EUR1=USD1.2100,3个月美元兑欧元升值。某美国出口商向德国出口价值100000欧元的机器设备,合同规定3个月后以欧元付款,若出口商预测3个月后美元升值到EUR1 = USD1.2000:

如果出口商不采取任何保值措施,按即期汇率收汇100000欧元,折合100000×1.21=121000(美元);3个月后100000欧元折合美元为100000×1.20=120000(美元);出口商因此将损失121000-120000=1000(美元)。

如果出口商与德国进口商签订商品合同时,与银行签订远期外汇交易合同,按外汇市场美元兑欧元3个月的远期汇率1.2116兑换欧元,则出口商在3个月后收入的欧元折合100000×1.2116=121160(美元),从而锁定该出口商的出口收入。

【例4-8】 在人民币大幅升值的预期下,结汇企业非常想固定住结汇汇率。2011年12月2日,美元兑人民币的即期结汇价为6.3475,6个月后的远期结汇价为6.3775,对应的起息日(即交割日)为2012年6月2日。某企业预计6个月后将有10000000美元的收汇,则该企业可与银行签订远期结汇总协议,并提交交易金额为

10 000 000 美元，交割日为 2012 年 6 月 2 日，远期汇率为 6.377 5 的远期结汇申请。可见，采取远期合同法下，6 个月后（2012 年 6 月 2 日）该企业办理 10 000 000 美元结汇时获得人民币如下。

远期结汇：10 000 000 × 6.377 5 = RMB 63 775 000.00

与交易日即期结汇相比，企业可多获得 300 000 元人民币。办理远期结汇锁定远期汇率也就是锁定了美元结汇成本，以规避日后因汇率波动带来的市场风险。

可见，远期合同是一种外汇交换比率的合约，合同双方不必在交割前提供资金。利用远期外汇合同防范外汇风险，一是可以将防范外汇风险的成本固定在一定范围内，二是可以将不确定的汇率变动因素转化为可计算的因素，有利于成本核算。利用这种方法，通过合同的签订把时间结构从将来转移到现在，并在规定的时间内实现两种货币的冲销，能够同时消除外汇风险的价值风险和时间风险。

延伸阅读 4－5

代理客户外汇交易

1988 年年初，国务院批准外汇局公布了《金融机构代客户办理即期和远期外汇买卖管理规定》，明文规定各银行可以开办代客外汇买卖业务。现以中国银行为例，介绍有关交易程序和做法。

一、代理客户外汇买卖货币的种类

代理客户外汇买卖的货币有美元、日元、欧元、英镑、瑞士法郎、丹麦克朗、挪威克朗、瑞典克朗、港币、加拿大元、澳大利亚元等可以自由兑换的货币。

二、代理客户外汇交易的内容

1. 即期外汇交易。在外汇买卖成交后两个工作日（或以内）办理交割的外汇买卖。

2. 远期外汇交易。在外汇买卖成交后，超过两个以上工作日办理交割的外汇买卖。

3. 择期外汇交易。承做远期外汇买卖时，允许在合同规定的一段期限内的任何一天，按合同规定的价格办理交割（必须提前两个工作日通知银行）的外汇买卖。

4. 掉期外汇交易。在即期买进甲种货币、卖出乙种货币的同时，远期卖出甲种货币，买进乙种货币。

5. 期权外汇交易。期权就是选择是否按约期履行交割的权利。期权买方有权在合同规定的时间内，按约定的价格向银行买进或卖出约定数额的外汇，同时，期权的买方也有权不执行该买卖合同。

三、远期外汇交易的期限

远期外汇买卖的期限一般为 1 年以内，如需要 1 年以上的，可根据需要酌情与中国银行另行商定。

四、远期外汇交易的手续

申请。申请购汇单位可持下列文件向中国银行申请：有效的进出口贸易合同；进口批文;许可证或其他对外经贸合同;外汇来源证明。

开户。客户需在中国银行开有外币账户,并提供账号及余额情况,或将外汇划入中国银行提供的外汇买卖保证金专户。

审核。银行审核申请购汇单位的手续是否符合规定以及外汇来源的可靠性。审核通过后,购汇单位需填写《外汇买卖委托书》,在委托书上填写欲购买和出售的货币、金额、汇率及交割日期,并由申请购汇单位代表人签字和加盖公章。银行以该委托书及委托人的承诺作为代理客户外汇买卖的依据。

银行代理客户交易不收手续费用(采用国际惯例,外汇买卖差价率不超过1%)。

客户可以办理调期手续。客户对其购买的外币需要提前或推迟交割,应提前3个银行工作日办理调期手续。其汇率损失由客户自负。

外汇买卖成交后,银行需向客户寄送《外汇买卖成交确认书》。

转账手续。中国银行应于交割日将代理客户卖出的外币借记其提供的有关账户,同时将购入的货币贷记客户指定的账户。

延伸阅读 4-6

外汇风险识别方法

对于外汇风险的识别,有许多方法,如头脑风暴法、分解法、幕景分析法以及德尔菲法等。

一、头脑风暴法

头脑风暴法(Brain Storming)是一种专家调查咨询方法,又称智暴法。这种方法可以采取小组会议的方式,也可广泛收集专家学者意见的方式。在小组会议上,大家可以畅所欲言,相互激励,相互启发。如果采取小组开会的形式,参加的人数不要过多,以便让与会者有充分发表意见的机会。如果想多听听意见,可以分组开会。参加会议的人通常由风险分析专家、风险管理者、专业领域里的专家、具有较强逻辑思维能力和概括能力的专家组成,最好不要有直接领导人参加。当然,对头脑风暴法的结果还要进行认真的分析,既不能轻视,也不能盲目接受。一般来说,只要有少数几条意见得到实际应用,也就成功了。

二、分解法

分解法是指按事物自身的规律,结合分析人员的知识经验,将这种经营活动的总体风险进行分解。这将有助于对风险整体的认识和了解。因为一种经营活动可能带有多种风险,这些风险的成因及规律不尽相同,分解法就能发挥作用。在对国际资金市场筹资行为的风险进行分析时,我们可将它分解为利率风险、汇率风险、信用风险和流动性风险。

利率风险是由于利率水平变动的不确定性,从而导致行为人遭受损失的可能性。如果金融机构的利润来自于资产收益率与负债成本率之间的差额,一旦其资产转换中一部分的资产与负债的到期日匹配不当,就有可能把自己暴露于利率风险之中,主要体现在三个方面:一是利润水平,主要是成本变化和技术革新等;二是货币市场资金的供求状况;三是宏观政策,主要是政策的扩张或是紧缩变化。当然由于优先发展某项产业的需要导致的差别利率的存在,也会造成一定的利率风险。

汇率风险产生的后果既有可能使经济主体带来收益,又可能使经济主体遭受损失。汇率风险一般包括本币、外币和时间三个要素。如果一国某企业在开展对外业务时,只用本币结算,也就不存在汇率风险,因为不涉及货币兑换问题。如果一国某企业在同一天内收入一笔外汇的同时支出另一笔币种相同、金额相等的外汇,也不存在汇率风险,因为不存在时间间隔。可见,时间越长,汇率波动的可能性越大,汇率风险也就越大,反之亦然。所以,一笔应收或应付外币款项的时间间隔长短与汇率风险大小成正比。

信用风险不单指资产上的风险,也包括负债上的风险;既有表内业务的风险,又有表外业务的风险。它作用于经营活动的全过程,贯穿于营运资金来源与运用的各个方面。因此,必须及时、准确地发现信用风险的各个诱导因素,系统地、连续地掌握它们的特征、属性、大小及变化趋势等,才能规范自身的经营活动,防范和化解风险。

流动性风险指的是金融资产在不发生损失的情况下迅速变现的能力。它要求经济主体在任何情况下所具有的其资产即时变现或是随时从外部获得可用资金的能力。由于其经营职能的特殊性,对于企业尤其是金融机构而言,一旦其贷款承诺无法随时兑现或是客户提现的要求不能及时满足,都会对其下一步的正常运行带来相当的困难。

三、幕景分析法

幕景是对静止和持续性状态的风险的一种描绘,这种状态既可以是文字型的,又可以是图形、图表或曲线型的。幕景分析法是指在外汇风险分析过程中,用幕景描绘引起风险的关键因素及其影响程度的方法。幕景分析法研究的重点是:当某种因素变化时,整个情况将会是怎样?将会有什么样的风险发生?其影响力度将会有多大?通过选择一些关键因素,然后像电影荧幕一样一幕一幕地进行演示,比较不同的结果,供决策时参考。可见,这种方法的功能主要在于考察风险范围及事态的发展,并对各种情况作对比研究,以选择最佳的效果。因此,幕景分析尤其适用于对企业进行风险分析。

使用幕景分析法,它可以向决策人员提供未来某种投资机会最好的、最坏的和最可能发生的前景,并且可以详细给出这三种不同情况下可能发生的事件和风险。幕景分析法的结果,都以形象、易懂的方式表示出来。其过程主要包括筛选、监测和诊断。筛选就是用某种程序对潜在风险进行分类选择的过程。可以分析潜在的种种不确定因素,理清哪些因素最可能引起风险损失,哪些因素可以暂时排除,哪些因素对产生风险及损失的影响不甚明了。在此基础上对不同的后果进行归类,以便风险管理者用不同的方式处理不同的风险。监测就是在某种风险出现后对事件、过程、现象、后果进行观测、记录和分析的过程,并对风险的发展、演变趋势作出预测和警报。诊断就是对风险及损失的前兆、风险的后果和各种起因进行评价,找出主要原因并进行详细的检查。

四、德尔菲法

德尔菲法(Relphi)是一种典型的专家咨询调查法,它以希腊阿波罗神殿所在地德尔菲命名,意在表示这是一种集众人智慧进行准确预测的方法。德尔菲法的基本特点是:参加者之间相互匿名,将各种回答进行统计处理,将上一次征询的统计结果反馈给参加者,这一过程反复进行,直到组织者得到满意的结果为止。多轮反复问询过程,每一次反复都有对每一条目的统计反馈。这种方法后来被广泛运用于风险管理和风险决策中。

使用德尔菲法来进行风险分析时要注意:(1) 避免个人权威、资历、压力等影响,特别是主持人或组织者的倾向性意见。(2) 采取匿名制,参加的专家相互之间不知道姓名。(3) 问题要集中,并排列好,以引起专家的兴趣和注意力。(4) 要限制问题的数量。一般认为20—25个为宜,过多的问题不仅排列困难,也容易引起交叉和组合。(5) 避免组合事件。如果一件事包括两个方面,一方面是专家同意的,另一方面是不同意的,这时专家就难以作出回答。(6) 不同方式的回答问题。对可能方案的排序,或回答某个数字等用不同方式进行回答。当然,统计整理的方法也不同,结论也会有所不同。因此,对结论还需要进行再分析。

延伸阅读 4-7

外汇风险管理策略

第一种是完全抵补策略。即采取各种措施消除外汇敞口金额,固定预期收益或固定成本,以达到避险的目的。对银行或企业来说,就是对于持有的外汇头寸,进行全部抛补。一般情况下,采用这种策略比较稳妥,尤其是对于实力单薄、涉外经验不足、市场信息不灵敏、汇率波动幅度大等情况。

第二种是部分抵补策略。即采取措施清除部分敞口金额,保留部分受险金额,试图留下部分赚钱的机会,当然也留下了部分赔钱的可能。

第三种是完全不抵补策略。即任由外汇敞口金额暴露在外汇风险之中,这种情况适合于汇率波幅不大、外汇业务量小的情况。在面对低风险、高收益、外汇汇率看涨时,企业也容易选择这种策略。

【实训演练 4-3】

1. 2012年7月,宁波海曙玉楚贸易有限公司在出口30天后有一笔100万美元的出口收入(暂不考虑利息因素),为预防美元贬值的外汇风险,立即采用远期合同法来规避风险。请写出具体规避流程。已知:即期汇率 1USD = 100JPY。

2. 某美国商人向英国出口了一批商品,100万英镑的货款要到3个月后才能收到,为避免3个月后英镑汇率出现下跌,美出口商决定做一笔3个月的远期外汇交易。

假设成交时，组约外汇市场英镑/美元的即期汇率为 1.675 0/60，英镑 3 个月的远期差价为 30/20，若收款日市场即期汇率为 1.625 0/60，那么美国出口商做远期交易和不做远期交易会有什么不同？（不考虑交易费用）

3. 以贸易模拟团队为单位下企业进行调研，根据实际案例分组讨论防止远期收汇外汇风险的有效方法。

4. 各贸易模拟团队，请根据本模拟公司的一笔出口收汇业务，采用远期合同法进行远期收汇风险防范。要求写出具体操作步骤与过程。

【评价考核标准】

任　务	测评指标	考核标准	分　值	得　分
远期合同规避出口收汇风险	远期外汇交易	能进行简单的远期外汇交易操作	30	
	远期合同法规避外汇风险	能使用远期合同法完成远期出口收汇中外汇风险的规避	40	
	团队合作	安全贸易和敏锐的危机处理意识及敬业精神	30	

项目五

出口信贷

【应知目标】

理解出口贴现、票据贴现、押汇、打包贷款和福费廷(Forfaiting)的含义与作用;掌握出口贸易信贷的流程与注意事项。

【应会目标】

- 能办理出口贴现业务。
- 能办理押汇业务。
- 能办理打包贷款业务。
- 能制作福费廷业务流程。

【素质目标】

- 培养出口汇兑中灵活有效的融资处理意识和协作精神。

【企业典型案例导入】

2013 年 6 月,宁波海曙玉楚贸易有限公司员工小波在想尽办法规避出口收汇中的外汇风险后发现,公司有几笔出口业务发生了资金危机:一笔在备货过程中出现了资金短缺,另一笔在装船出货后出现资金紧张。小波了解到为了应对当前严峻的外贸形势,支持本国产品的出口,加强出口竞争力,国家对本国产品提供了给予利息补贴并提供担保等不少方法,鼓励本国商业银行对本国出口商或外国进口商(或银行)提供较市场利率略低的贷款,以解决买方支付进口商品资金的需要。小波认为,要解决公司的资金危机,必须先对出口贸易信贷作一个详尽的了解。

【任务分析】

作为一名外贸从业者,遇到资金短缺问题是难以避免的。因此,师傅建议针对目前中国出口贸易常用的短期信贷(如打包贷款、贴现、押汇等)和中长期信贷(如福费廷等),进行认真的学习,掌握其办理手续和要求;然后根据出口企业的实际情况加以采用。同时也要对国际金融机构信贷逐一了解,有助于更加全面地领会企业信贷应对方案。

任务5.1 办理短期出口信贷

【操作指南】

步骤一:先辨析是哪个环节出现信贷需要。

步骤二:若是备货前出现信贷需要,则可以使用打包贷款。

步骤三:若是装船后出现信贷需要,则可以使用贴现、押汇或保理,但要区分不同的结算方式。

【相关知识】

一、出口押汇

出口押汇(Outward Bills)是出口商将代表货权的单据及其他单据抵押给银行,从而得到银行扣除押汇利息及费用后的有追索权的垫付。出口押汇主要指买单、议付,包括信用证项下的出口押汇(Negotiation under Documentary Credit)和托收项下的出口押汇(Advance against Documentary Collection)。

(一)信用证项下的出口押汇

1. 出口信用证押汇的概念

卖方凭买方银行开来的信用证将货物发运后,按照信用证要求制作单据并提交其往来银行要求议付,即以出口单据为抵押,要求往来银行提供在途资金融通,这种资金融通方式就是出口信用证押汇。出口信用证押汇是以出口贸易为背景,以代表物权的单据作为质押的自偿性贷款。其特点是期限短,操作简便,安全系数较高。

银行办理信用证押汇通常不收押汇手续费,其利息计算公式为:

$$押汇利息 = 本金 \times 融资年利率 \times 押汇天数/360$$

押汇天数的计算通常是:办理押汇日到预计信用证的收汇日的天数加上5—7天。

例如,受益人在2013年11月24日要求办理押汇,装运日是11月21日,信用证的付款条件是提单后30天,预计信用证的收汇日为12月21日,则押汇天数为:从11月24日到12月21日的天数(27天)加上5—7天,即为32—34天。

2. 出口信用证押汇的业务流程(见图5-1)

(1)签订出口押汇合同,填写《出口押汇申请书》。有押汇需求的出口企业与议付行签订出口押汇合同,在提交单据时填写《出口押汇申请书》并加盖公章。通常申请押汇金额不超过提交单据的90%,押汇期限一般不超过180天。受益人办理业务时,应向出口地的押汇银行提交下列材料。

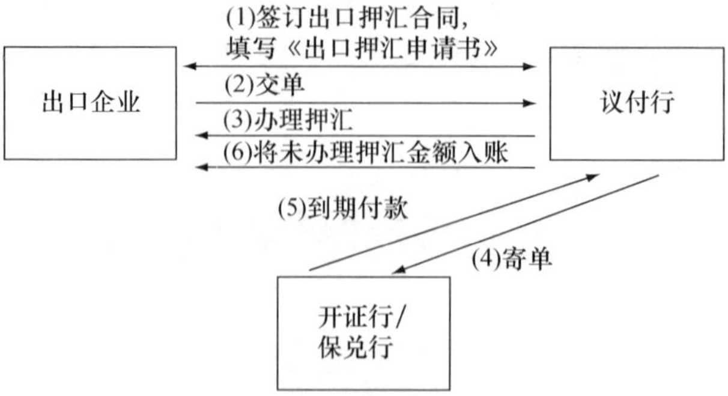

图 5-1　出口信用证押汇业务流程

① 若受益人第一次在出口地银行办理押汇、贴现业务时,必须提供基础资料:企业营业执照副本;税务登记证(国税或地税均可);企业组织机构代码证;进出口业务许可证;中国人民银行出具的企业的贷款卡。

② 信用证及根据该信用证制作的单据。

③ 出口押汇总协议书。

④《出口押汇申请书》。

(2) 交单。如果是正点交单,即企业提交的单据经过银行审核为正点,开证银行符合银行的要求,则议付行可直接为企业办理出口信用证押汇。如果是不符点交单,即受益人提交的单据与信用证条款要求不一致,则议付行先将单据寄给开证行或者保兑行,在收到开证行或者保兑行承兑电报后,才可为企业办理出口信用证押汇。

(3) 办理押汇。议付行扣除押汇利息和银行手续费,将押汇款项划入企业账户。企业可以选择押汇款直接原币入账或者按照当日外汇牌价结汇成人民币入账。

(4) 寄单。开证行或者保兑行收到议付银行寄来的单据后,审核无误即期付款或者远期信用证下承兑到期付款,等待到期日进行付款。

(5) 到期付款。议付行收到开证行或保兑行的付款后,将收汇款用于归还押汇款。

(6) 将未办理押汇金额入账。议付行对于收汇数额超过原押汇金额的部分,在符合外汇管理政策的前提下,可将超额部分给企业办理原币入账或者按照当日外汇牌价结汇成人民币入账。

3. 注意问题

(1) 信用证项下出口押汇主要依靠开证行的信誉,因此,申请押汇的企业应首先与银行确认开证行或者保兑行是否符合银行的押汇条件。出口押汇通常押汇期限在180天之内,申请押汇的金额一般不超过所提交单据的90%。如果已办理了打包贷款的信用证项下单据申请出口押汇,押汇资金必须优先用于归还相应的打包贷款。

(2) 由于押汇行凭受益人所交单据押汇,根据信用证的性质,押汇行将面临因开证行自身原因或对单据挑剔而拒付的风险。因此,押汇行只对符合以下条件的出口信用证给予押汇。

① 开证行所在国不存在外汇短缺或严重的政治、经济危机。

② 开证行资信良好。若开证行资信欠佳,清偿能力不足,押汇行一般不同意做押汇,以减少业务风险和不必要的麻烦。

③ 单证相符的单据。

④ 信用证条款中押汇行执行的是议付付款或承兑的信用证。只有这样,押汇行才可以拥有全套单据作为质押,凭此收回融通资金。

对于受理押汇的银行来说,这种融资风险较小,收汇比较有保障,但如果出口商未能做到单证严格相符,则会失去开证行的信用保障。

超级链接

2010 年 8 月初,宁波某出口公司 A 向美国进口公司出口价值 10 万美元的石材,双方约定采用远期信用证方式结算。付款期限为提单日后 60 天。提单日为 8 月 5 日。开证行为中国银行。由于此阶段中国的石材在国际市场具有很强的价格和质量优势,因此需求量迅速上升。出口公司希望能够迅速回收资金,用收回的资金去进行下一轮的生产,满足其他客户的购买需求。该客户提出希望办理信用证押汇。8 月 8 日,出口公司 A 向银行提交了信用证要求的全套单据,经过银行审单相符后寄往开证行中国银行。8 月 14 日,开证行发来承兑电报,承兑到期日为 2010 年 10 月 3 日。当天,客户提交了已与银行签订的出口押汇合同和出口押汇申请书。银行为交单金额的 90%,即 9 万元办理押汇。押汇利率按同业拆放利率(LIBOR)加基点(BP)的方式报价,一个基点是 0.1‰。若银行报价是 LIBOR 加上 150 个基点,则押汇利率为同期限 LIBOR 加上 150 除以 10 000。押汇期限为从押汇当天即 8 月 14 日,至到期日 10 月 3 日,总计 51 天,再加上宽限期 7 天,押汇期限为 58 天。经过查询,8 月 14 日当天的 LIBOR 利率为 0.277 5%,因此押汇利率为 0.277 5% + 150 ÷ 10 000 = 1.777 5%。

按照前面所提到的公式计算:

58 天远期押汇利息 = (90 000 × 1.777 5%) × 58 ÷ 360 = 257.74(美元)

押汇日为客户入账金额 = 90 000 − 257.74 − 其他银行手续费(美元)

以上入账金额客户可以选择美元直接入账或者按照当日牌价折合人民币入账。

9 月 3 日,开证行按照承诺的到期日付款,银行将 9 万美元出口收汇款归还出口押汇款项,同时,将剩余的 10% 押汇金额扣除手续费为客户入账。当然,客户可以选择美元直接入账也可按当日牌价折合人民币入账。

(二) 托收项下的出口押汇

1. 出口托收押汇的概念

出口商将代表货权的单据及其他单据提交给银行,要求托收行先预支部分或全部货款,出口商在托收款项收妥后归还银行的垫款,这种融资方式就是出口托收押汇。

2. 出口托收押汇的基本做法(见图5-2)

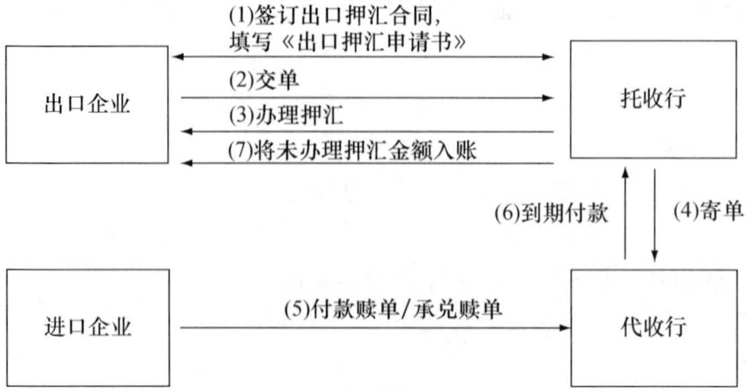

图5-2 出口托收押汇流程

从以上流程可见,出口商按合同规定,将货物装运后制作一整套符合合同规定的单据,开立以进口商为付款人的汇票到托收行交单,要求托收行做出口托收押汇。托收行同意后买入跟单汇票,按汇票金额扣除自付款日到预计收到票款日的利息和手续费,将约定的款项交给出口商。待收回票款后,出口商归还所借的款项。

在出口托收押汇中,托收行以汇票和货运单据作为质押,如果托收遭进口商拒付,托收行可向出口商索回贷款。若出口商无力还款,则银行有权处理货物。由于出口托收押汇属于商业信用,风险相对较大,所以银行通常需要核对相应的额度,只在额度内做出口托收押汇。

超级链接

2011年5月初,杭州某出口公司向新西兰进口公司出口价值20万美元的金属材料,双方约定采用远期托收(D/A 60 DAYS AFTER B/L DATE)方式结算。代收行为中国银行。此阶段中国的金属材料价格在国际市场具有很强的竞争优势,因此需求量迅速上升。出口公司希望能够迅速回收资金,用收回的资金去进行下一轮的生产,抓住市场机会扩大出口量。该客户提出希望办理出口托收押汇。5月8日,出口公司向本地工商银行提交了全套托收单据,提单日为5月4日,预计付款到期日为2011年7月3日。工商银行审核后寄往代收行中国银行。此时,出口公司已与工商银行签订出口押汇合同,并提交了出口押汇申请书。当日,出口公司在银行的授信余额充足。银行为交单金额的90%,即18万美元办理押汇。押汇利率为LIBOR+200BP。

押汇期限为从押汇当天即5月8日至预计付款到期日7月3日,总计56天,再加上宽限期7天,押汇期限为63天。经过查询,5月8日当天的美元LIBOR利率为93.75%,因此押汇利率为2.9375%。按照前面所提到的公式计算如下。

63天远期押汇利息 = (180 000 × 2.937 5%) × 63/360 = 925.31(美元)

押汇日为客户入账金额 = 180 000 − 925.31 − 其他银行手续费(美元)

以上入账金额客户可以选择美元直接入账或者按照当日牌价折合人民币入账。同时,银行扣减出口公司的授信额度18万美元。

7月3日,进口商到期日付款,工商银行将18万美元出口货款归还押汇款,同时,将剩余的10%未押汇金额扣除手续费为客户入账。同样,客户可以选择美元直接入账或者按照当日牌价折合为人民币入账。

3. 出口托收押汇与出口信用证押汇的区别

出口托收押汇与出口信用证押汇有很多相似之处,它们都是由银行来办理押汇业务,都是以单据作为质押,都是到期归还借款,但两者有着根本的区别。

(1) 信用风险不同。出口托收押汇是商业信用,进口商能否按时付款全凭进口商的经营作风和经营状况,风险较大;出口信用证押汇是银行信用,只要受益人制作的单据单单相符、单证相符,付款银行就能保证按约定付款,风险较小。

(2) 付款的性质不同。在出口托收押汇业务中,付款人的依据是商业信用。付款交单方式下,押汇行对货物和收款还有控制权;但在承兑交单方式下,代收行仅凭进口商对汇票的承兑即可放单,到期进口商不能付款,代收行也不负付款责任。在出口信用证押汇业务中,付款人的依据是银行信用。

(3) 银行押汇的额度、利率不同。由于出口托收押汇的风险大、安全收汇系数小,所以押汇期限要适当延长,押汇利率也稍高于出口信用证押汇的利率。银行押汇额度为50%—80%,出口信用证押汇额度最高为90%。

(三)《出口押汇申请书》的填写(见表5-1)

(1) 致:押汇银行名称,填写出口银行中文名称。

(2) 申请出口押汇日期。如2013-02-25。

(3) 信用证编号:信用证方式下,填写信用证编号;其他方式下可不填。

(4) 商业发票号码:D/P或D/A方式下,填写商业发票编号;其他方式下可不填。

(5) 押汇币种:填写合同币种。

(6) 押汇金额:填写合同金额。通常申请押汇金额不超过提交单据的90%。

(7) 押汇期限:必须填写。押汇期限一般不超过180天。

(8) 申请单位:填写出口商资料中的公司中文名称。

(9) 法人签名:填写出口商资料中的法人中文签名。

其他,如果要写发票金额,按合同金额填写。

表 5－1　出口押汇申请书

文本编码:CMBC-HT083(1)(贸易 2007)

银行业务编号:__________

致:××××××银行:

本公司已依法办妥一切必要的出口手续,兹向贵行按如下条件申请叙做出口押汇业务(请在□中划“√”):

<table>
<tr><td>押汇币种及金额:</td><td colspan="3">币种:　　　(大写):　　　　　　　(小写):</td></tr>
<tr><td>押汇期限:</td><td colspan="3"></td></tr>
<tr><td>押汇利率:</td><td colspan="3"></td></tr>
<tr><td>结息方式</td><td colspan="3"></td></tr>
<tr><td rowspan="6">申请押汇品种</td><td rowspan="3">□ 信用证项下出口押汇</td><td colspan="2">信用证号:</td></tr>
<tr><td colspan="2">业务编号:</td></tr>
<tr><td colspan="2">发票编号:</td></tr>
<tr><td rowspan="3">□ 跟单托收项下出口押汇</td><td colspan="2">□承兑交单(D/A) □付款交单(D/P)</td></tr>
<tr><td colspan="2">业务编号:</td></tr>
<tr><td colspan="2">发票编号:</td></tr>
</table>

本公司同意按照本申请书背面所列的条款和条件,将本申请书项下所有单据及其所代表的货物质押予贵行,作为贵行向本公司提供本申请书项下融资的担保。

□ 本项申请是根据本公司与贵行签订的编号为______________的《贸易融资主协议》而提出,本申请书项下的出口押汇业务在各方面均须遵守该主协议的条款和条件以及本申请书背面所列的条款和条件,并且:

□ 占用贵行授予本公司的贸易融资额度______________________。

□ 其他担保:______________________________。

□ 本项申请为信用证项下正点单据出口押汇,不占用贵行授予本公司的授信额度。

本公司承诺按本申请书背面所列的条款和条件履行有关义务,如押汇期间届满时本申请项下的押汇本息及相关费用未获全额清偿,贵行有权按照在本申请书约定的押汇利率的基础上加收________% 确定的逾期利率对逾期款项计收逾期利息和复利。

本公司确认已仔细阅读并完全理解和接受本申请书背面的各条款和条件。本公司申请叙做本申请书项下的出口押汇业务是自愿的,本公司在本申请书项下的全部意思表示真实。

(申请人公章)

有权人(签字或盖章):

公司联系人:　　　　　　　　联系电话:　　　　　　　　________年____月____日

以下由银行签章确认:

我行同意按上述条件为贵公司办理该笔押汇业务。　　　　　　　　日期:

注:本申请书一式两联,一联银行留存,一联申请人留存。

文本编码:CMBC-HT083(2)(贸易 2007)

超级链接

办理出口押汇业务的条款和条件(背面)

1. 本申请书所述出口押汇是指申请人作为出口商,按照相关出口信用证/跟单托收约定的条件发运货物后,将信用证或托收项下的全套单据(包括但不限于相关票据、装运或其他运输单据、提单、仓单、提货单及其他所有权文件或其他单据)提交本申请书正面载明的经办银行(以下简称"银行")进行寄单索汇,并将该等单据项下的索汇权及单据所代表的货物质押予银行,作为银行向申请人提供本申请书项下融资的担保。

2. 为设立、完善和维持上述第1条所述质押之目的,申请人应当按照银行的要求对相关汇票进行背书,或完成法律、法规要求的相关手续。申请人在此确认,银行有权持有相关单据作为偿付本申请书项下押汇款项的持续性担保。并且,如本出口押汇项下的款项因任何原因在押汇期限届满之日未能全额收妥,银行有权在法律允许的范围内以其认为适当的方式对上述单据及其所代表的货物进行处置。对于单据项下的货物,申请人保证按照银行的要求和指示代为运输、存仓和投保。

3. 信用证/托收项下收回的款项,应首先用于清偿或提前清偿出口押汇项下的款项。

4. 如本出口押汇项下的款项因任何原因在押汇期限届满之日未能全额收妥,申请人应按本申请书中约定的还款日期和利率归还押汇本息,对于上述款项,银行有权直接自申请人在银行或中国民生银行股份有限公司任何分支机构处开立的账户中扣划。若该等款项的币种与押汇币种不同,按照扣款当日银行公布的汇率牌价进行折算。

5. 如押汇期限届满时本申请书项下的押汇款项未获全额清偿,银行有权按照前述《贸易融资主协议》或本申请书中的相关约定对逾期未还款项按逾期利率计收逾期利息和复利。

6. 如信用证/跟单托收项下的款项在本申请书约定的押汇期限届满之前遭拒付或者拒绝承兑,银行有权宣布本申请项下押汇立即到期,申请人应于银行对于该等事项的书面通知中规定的还款日当日或之前,全额偿还全部的押汇本金、利息及相关费用。

7. 在押汇款项清偿完毕之前,申请人不得将上述单据所代表的货物质押/抵押给任何其他人。

8. 若本申请书约定申请人提供保证金质押担保的,申请人未付清出口押汇项下的到期款项前该保证金不得动用。在上述到期款项到期时或者银行认为出现可能危及其债权安全的情况时,申请人授权银行从上述保证金账户中直接扣收相应的款项。

9. 本申请书所述出口押汇项下对相关单据的所有记载、背书等情况以及银行对单据的占有、控制等行为不得视为申请人所欠银行的债务得到了任何形式的减免、豁免、抵偿或者其他形式的减少。申请人保证不因前述原因向银行主张任何赔偿、追索或其他权利。

10. 因本申请书发生的或与本申请书有关的任何争议,应首先由双方协商解决。协商不成的,任何一方有权向银行住所地人民法院提起诉讼。

本条款和条件与正面申请书的内容构成申请人办理本申请书项下出口押汇业务的不可分割的组成部分。

二、出口票据贴现

(一) 出口票据贴现的含义

出口票据贴现,是指银行保留追索权地买入已由银行承兑的但未到期的远期票据,为出口商提供短期资金融通的一项业务。也就是收款人或持票人将未到期的银行承兑汇票或商业承兑汇票向银行申请贴现,银行按票面金额扣除贴现利息后将余款支付收款人的一项银行授信业务。

票据贴现的基本条件是已承兑的未到期的远期汇票。银行办理票据贴现时要从票面金额中扣除自贴现日起至到期日止的利息。汇票是常用于贴现的远期票据,短期贸易融资项下的贴现业务通常限于信用证项下的已承兑汇票和跟单托收项下已加具保付签字的远期汇票。

(二) 票据贴现的基本做法

出口商要求做贴现时,向银行提出书面申请。贴现行审查同意后,按现行贴现率和融资期限扣除贴息,并将票款付给出口商。待汇票到期时,出口商用归还的货款偿还银行的垫款。如发生付款人迟付现象,贴现行有权加收迟付利息;如发生付款人拒付货款,贴现行有权向出口商索偿垫款和利息。

(三) 票据贴现的特点

(1) 票据贴现是一种交易行为:贴现是票据所载权益的转让,银行是受让人,申请贴现者为出口商,各自按票面规定履行职责。

(2) 流动性大:贴现后,票据所载权益属于银行。银行背书后可随时转让给其他银行或中央银行,要求再贴现。

(3) 票据贴现的无因性:在国际贸易中,各国均承认票据是无因的证券,票据一经开立就具有独立的权利、义务关系。远期票据一经承兑,双方当事人之间的权利、义务完全以票据上的文义为准,票据的受让人无须调查出票和转让的原因,只要票据记载合格,受让人就能取得票据所载的权益。

(4) 付款期限不得更改:票据上已载明兑现日期,债务人不能要求转期,否则票据所有关系人的作用将丧失。

(四)《银行承兑汇票贴现申请书》的填写(见表5-2)

贴现申请书的填写中主要包括三部分:被贴现票据的相关内容;贴现金额与要求;

贴现申请人及相关主体的基本信息。

表 5－2　银行承兑汇票贴现申请书

<table>
<tr><td colspan="6">申请人全称：</td><td colspan="4">申请人账号：</td></tr>
<tr><td colspan="4">收款人全称：</td><td colspan="2">账号：</td><td colspan="2">付款人全称：</td><td colspan="2">账号：</td></tr>
<tr><td rowspan="6">申请贴现汇票明细</td><td>汇票编号</td><td>汇票金额（大写）</td><td>贴现金额（大写）</td><td>汇票签发日</td><td>汇票到期日</td><td>汇票签发人全称</td><td>交易合同号</td><td>增值税发票号</td><td>汇票承兑银行</td></tr>
<tr><td></td><td></td><td></td><td></td><td></td><td></td><td></td><td></td><td></td></tr>
<tr><td></td><td></td><td></td><td></td><td></td><td></td><td></td><td></td><td></td></tr>
<tr><td></td><td></td><td></td><td></td><td></td><td></td><td></td><td></td><td></td></tr>
<tr><td></td><td></td><td></td><td></td><td></td><td></td><td></td><td></td><td></td></tr>
<tr><td colspan="2">贴现总金额（人民币大写）</td><td colspan="3"></td><td>贴现申请利率(大写)</td><td colspan="3"></td></tr>
<tr><td colspan="10">背书转让人及顺序：</td></tr>
<tr><td colspan="10">交易合同主要内容摘录：</td></tr>
<tr><td colspan="10">贴现贷款用途：</td></tr>
<tr><td colspan="10">汇票承兑行与付款人的业务关系：长期银企合作关系（ ），背书转让关系（ ），初次结算（ ），其他（ ）</td></tr>
<tr><td colspan="10">×××××银行：</td></tr>
<tr><td colspan="10">本次贴现依据本公司与贵行签署的《汇票贴现总协议》和《综合授信额度合同》，本公司保证：</td></tr>
<tr><td colspan="10">1. 本业务贸易背景及其资料真实、有效。</td></tr>
<tr><td colspan="10">2. 票据到期日，如付款单位不能按期承付，由本单位全额承付，或授权贵行在本单位账户上扣除。</td></tr>
<tr><td colspan="10">3. 上述保证具有法律效力，在诉讼时放弃抗辩权。</td></tr>
<tr><td colspan="10">4. 本申请书的未尽事宜以《汇票贴现总协议》（　　　　　　　　　　　　）和《综合授信额度合同》（　　　　　　　　　　　　）约定为准。</td></tr>
<tr><td colspan="10">请予审核
申请单位：
法定代表人或被授权人（签章）：
申请日期：　　年　月　日</td></tr>
</table>

1. 相关主体基本信息

相关主体基本信息包括贴现申请人全称与账号、收款人全称与账号、付款人全称及账号。

收款人全称：在中国，一般为出口商的开户银行。收款人账号为收款单位送交托收银行的本单位账号。

付款人全称：信用证下为开证行或指定的付款行，托收下为进口商。付款人账号可由银行查询填写。

2. 被贴现票据相关信息

（1）汇票签发人全称：一般为出口商全称。

（2）汇票承兑银行：实际承兑的银行。

(3) 交易合同号:按合同内容填写。

(4) 增值税发票号:按发票号码填写。

(5) 汇票编号:按汇票上编号填写。

(6) 汇票金额:大写金额必须与小写金额一致。除非信用证另有规定,汇票金额不得超过信用证金额,而且汇票金额应与发票金额一致,汇票币别必须与信用证规定和发票所使用的币别一致。

(7) 汇票签发日:汇票出具的日期。

(8) 汇票到期日:即为汇票付款日,是指汇票上记载的,付款人应当履行付款义务的日期。

(9) 背书转让顺序: 按汇票实际的转让顺序填写。

(10) 交易合同主要内容摘录:按合同上内容进行简要摘录。

(11) 承兑协议编号:按承兑申请人和承兑银行的协议编号填写。

3. 申请贴现的相关信息

(1) 贴现金额:为汇票票面金额扣除贴现利息后的金额。

(2) 贴现货款用途:视申请人具体要求而定,一般为短期资金融通。

(3)贴现利率:一般低于银行贷款利率。根据贴现利率可以计算贴现利息。贴现利息 = 贴现金额 × 日贴现率 × 贴现天数 = 贴现金额 ×(银行年贴现率 ÷ 360)× 贴现天数。贴现天数的计算通常是贴现天数 = 贴现日到票据到期日实际天数减一天。例如,出口方收款人在 2013 年 10 月 22 日发货至美国,同时要求办理贴现,付款条件是到货后 20 天付款,预计的收汇日为 12 月 12 日,则贴现天数为:从 10 月 22 日到 12 月 12 日的天数(51 天)减去 1 天,即为 50 天。

贴现利息在垫款前扣除。即承兑汇票持票人以未到期承兑汇票向银行申请贴现,银行同意给予现款,但银行要根据贴现率和承兑汇票的剩余天数,计算并从汇票金额中先行扣收一部分款项,这部分从承兑汇票金额中扣收的款项就是贴现利息。

(4) 贴现申请单位一般为出口商。

超级链接

根据银行相关规定,银行承兑汇票期限最长不得超过 6 个月。也就是说 2013 年 2 月 1 日开具的承兑汇票,必须在 2013 年 7 月 31 日前承兑支付。其中在承兑汇票到期日的前 10 天内,也就是 2013 年 7 月 21 日,银行会提示存款人进行承兑汇票操作。如果存款人未能于银行承兑汇票到期日正常承兑,存款人可出具延期证明,向承兑银行申请延期付款。但需要注意的是,延期时间不得超过 10 天。超过 10 天的,需同承兑银行商议,并且支付相关费用。

火眼金睛

押汇与贴现都是短期融资，是银行保留追索权的垫款，不论何种原因，如无法从国外收汇，客户应及时另筹资金归还垫款。

	贴　现	押　汇
金　额	扣除贴现利息全归出口商	预扣利息后，一般出口商得到80%
贸易背景	远期收汇	即期收汇
流　程	银行为主体的买入行为	先完成发货，是对在途资金进行融通的行为

三、打包贷款

（一）打包贷款的概念

打包贷款（Packing Loan），也称打包放款，是指出口银行为支持出口商按期履行合同、出运交货，向收到合格信用证的出口商提供的用于采购、生产和装运信用证项下货物的专项贷款。

打包贷款中，还款的来源在正常情况下为信用证项下的收汇款。在企业不能正常从国外收回货款的情况下，企业必须偿还打包贷款的本金及利息，或允许银行主动从其账户扣划打包贷款的本金及利息。

（二）打包贷款的基本做法

出口商收到国外开来的信用证后，以信用证作为抵押向银行申请打包贷款。银行同意后，出口商出具总质权书，填写打包贷款书，并规定贷款用途，银行给出口商单独开立户头，出口商分期支用。出口商在货物出口取得全套单据后，向贷款银行办理议付，将所得款项用于归还银行贷款。具体业务流程见图5－3。

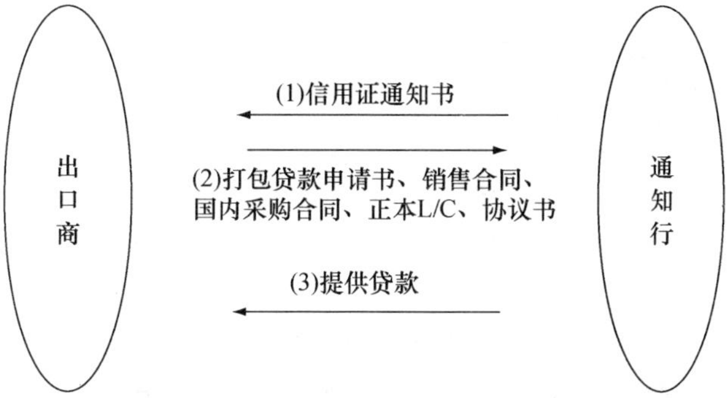

图5－3　打包贷款流程

（1）出口商与外商签订销售合同（外销合同），获取信用证通知书，由通知行传递给出口商。出口商同时与国内供应商签订购买合同（内贸合同）。

（2）出口商向银行申请打包贷款额度，落实相应的担保条件。银行审核同意后，出口商填写申请书，信用证方式下提交国外银行开来的信用证和外销合同，非信用证方式提交外销合同。

(3) 银行审核信用证和外销合同后,与出口商签订打包贷款合同,发放贷款。打包贷款币种可以是人民币或外币。

出口收汇后,银行扣除相应本金和利息后,余款按外管政策规定原币或结汇划入出口商的账户中。

(三) 注意问题

(1) 在非信用证方式下,融资银行要求其为唯一收汇行。企业应注意,在打包贷款期间,如果修改信用证或者外销合同,需要征得融资银行的同意,因为打包贷款是基于这笔贸易而发放的贷款,贸易信息的改动可能会影响贷款的安全性。

(2) 出口商将信用证正本交银行审核后办理打包贷款,出口商收到国外货款后归还打包贷款本金及其利息。

(3) 企业办理打包贷款业务时,应向打包贷款的银行提交下列材料。

① 如企业第一次在该银行办理打包贷款等授信业务,办理打包贷款业务时,必须提供基础资料:企业的营业执照副本;税务登记证(国税或地税均可);企业组织机构代码证;进出口业务许可证;中国人民银行出具的企业的贷款卡。

② 填写并提交银行提供的《打包贷款申请书》。

③ 签订贷款合同。

④ 其他银行所需要企业提供的材料。

(四)《打包贷款申请书》的填写

根据结算方式不同,一般分为信用证项下打包贷款和非信用证项下打包贷款。信用证项下打包贷款是指出口商收到境外银行开来的有效信用证后,将信用证正本交给融资银行申请短期贸易融资。非信用证项下打包贷款是指以托收、汇款结算时,银行依据出口商提交的有效外贸合同为贷款依据,向出口商提供短期融资。

表5-3为信用证项下打包贷款申请书,主要包括信用证基本信息和打包贷款申请的借款用途、金额、期限及担保方式等,并加盖有权人签字。

(1) 申请额度:最高为总金额的80%。

(2) 打包贷款币种:人民币或国际上主要可兑换货币。根据国家的有关政策,打包贷款可以使用人民币,也可以使用外汇作为贷款的币种。近年来,由于外汇贷款的利率远远低于人民币利率,加上根据外汇管理规定,允许打包贷款结汇成人民币使用,因此,许多企业为减轻利息负担,通常愿意使用银行的外汇打包贷款,在需要使用人民币时,再将来自于打包贷款的外汇资金结汇成人民币使用。

(3) 打包贷款利率:按中国人民银行公布的同币种利率执行,计息采取随利随本清的方式。如某企业需要使用等值100万美元的人民币资金用于购买生产所需的原材料,向银行申请打包贷款,在此时,该企业既可以要求银行给予其外汇打包贷款,也可以要求银行给予100万美元打包贷款。若要求外汇打包贷款,假定期限为90天,同期美元贷款利率为年息2.987 5%,当时美元的汇率为USD 100.00 = RMB 826.46,则企业需要付出的利息为:

$$100\text{万(美元)} \times 2.987\,5\% \times 90\text{天}/360 = 0.746\,8\text{万(美元)}$$

折合成人民币利息为:0.746 8 万(美元)×8.264 6 = 6.17 万(人民币)。

表 5-3　打包贷款申请书(样本)

第　　联　　　　　　　　　　　　　　　　编号:
申请日期________年____月____日

银行股份有限公司____________分行:
本单位现向贵行提交国内正本国内信用证及其修改正本(如有)以及有关通知书及电文,申请贵行的打包贷款融资,请贵行核实审查批准。

□本项申请是根据本单位与贵行签订的编号为______________的《国内信用证融资主协议》而提出。本申请书项下的国内信用证打包贷款业务在各方面均须遵守《国内信用证融资主协议》的条款和条件以及本申请书中承诺的条款和条件,并且:
□占用贵行授予本单位的国内信用证融资额度____________________;
□其他担保:____。
本单位申请贷款的金额为人民币(大写)____________________贷款期限____________。
1. 信用证编号:______________________________
2. 信用证(币种、金额)______________________________
3. 信用证的有效期:______________________________
4. 开证行:______________________________
5. 最迟装运期:______________________________
6. 基础交易合同号:______________________________
7. 基础交易货物及数量:______________________________
8. 担保人/抵、质押品:______________________________
9. 与买方合作时间:______________________________
本单位在此郑重保证:
1. 我单位保证将借款用于以上信用证项下备货,不挪作他用。
2. 在货物发运以后,立即将上述信用证项下全套正本单据交贵行。
3. 我单位保证对所交单据的货权拥有完整的、自主的所有权,没有将此单据的所有权以任何方式(质押、抵押)给其他债权人。
4. 若信用证要修改,必须事先征求贵行同意。如信用证减额,立即归还减额部分的打包贷款。
5. 不论单据因何种原因遭付款人拒付、迟付、少付和退货或付款人因倒闭或发生其他危及贵行资金安全的事由不能正常付款,我单位保证在规定的期限内,按以下方式予以偿还:
(1) 我单位授权贵行在任何时候,从本单位设在贵行的任何账户中扣除贷款本息。
(2) 其他信用证项下收妥之货款。
(3) 其他营业收入。
贷款金额和期限以及其他详细约定,以本申请对应的银行受理审批通知记载为准,我单位予以接受。
本申请书与国内信用证融资主协议的内容构成本单位办理本申请书项下国内信用证业务不可分割的组成部分。

申请人签章
有权人(签章)　　年　月　日

本申请书一式二联,第一联银行留存,第二联客户留存。

即企业使用 100 万美元(折合成人民币为 826.46 万元)的打包贷款,须支付 6.17 万元人民币的打包贷款利息。

若要求人民币打包贷款,其他条件不变,则企业需要付出的利息计算为:

100 万(美元)×8.264 6×4.65%×90 天/360 = 9.60 万(人民币)

即企业直接使用人民币为826.46万元的打包贷款,须支付9.60万元人民币的打包贷款利息。

(4)打包贷款期限:自放款之日起至有效期后一个月,原则上不超过6个月。信用证方式下贷款期限一般为信用证规定的付款日期后30天,非信用证方式下为外销合同收汇日后30天。一般打包贷款期限不得超过180天。

超级链接

外商通过网络找到一家企业,询问是否可以提供一种相关产品。该企业经过分析,认为只要稍微改动一点工艺流程,就可以满足外商的要求,但是需要寻找不同的原材料。经过与新的国内供应商询价,该企业计算成本后,决定接下该笔订单。寄送小样后,外商很满意产品质量和该企业的效率,决定批量购买,并同意以信用证方式付款。但是,国内供应商要求先付款后出货。该企业抱着试试看的心态,向银行申请打包贷款。银行先审核了该公司的经营情况,认为该公司小而精,管理规范,产品具有一定优势,同时该笔贸易以信用证结算,同意给予该企业发放打包贷款,用于向国内供应商采购原材料。该企业获得融资后,及时备货生产,按时交货出运。随着外商逐步扩大采购量,该企业同意以赊销方式结算,扩大了销售额,同时由于增大了国内供应商原材料采购量,国内供应商也逐渐接受了先货后款的赊销方式。该企业利用一笔打包贷款,形成了良性的贸易循环,扩大了市场份额,提高了对卖家的议价能力。

四、出口保理

(一)出口保理的概念

保理(Factoring),又称保付代理,由经营保理业务的保理商(Factor)向出口商提供调查进口商的资信、信用额度担保、资金融通和代办托收及账面管理等一系列的服务。出口保理(Export Factoring)是指出口商以商业信用形式出卖商品,在货物装船后立即将发票、汇票、提单等有关单据无追索权地卖断给保理商,收到全部或一部分货款,从而获得资金融通的一种短期对外贸易融资形式。

(二)出口保理的具体流程(见图5-4)

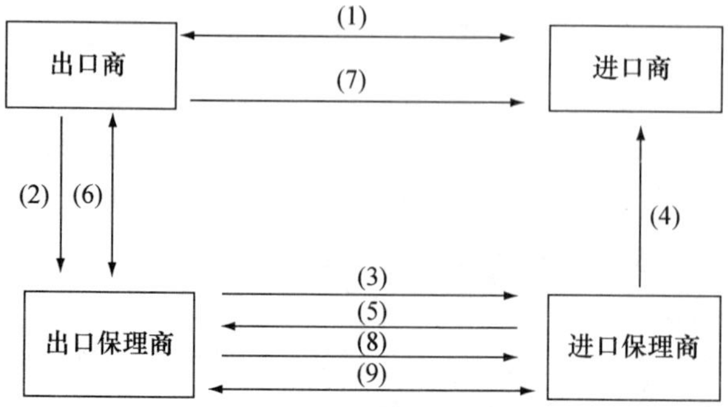

图5-4　国际保理业务流程

（1）贸易洽谈：出口商以赊销方式向进口商出卖商品。

（2）提出申请：出口商向出口保理商申请使用保理业务，申请内容应真实、具体，如果因隐瞒而发生问题，保理商不承担信用风险的担保责任，并可向出口商追索。

（3）申请传递，提出信用风险担保：出口保理商通过“EDIFACTORING. COM”向进口保理商发报文，建立出口商信息并初询进口商额度。向进口保理商传递申请，并要求进口保理商对出口商向进口商提供的信用风险进行担保。

（4）资信调查：出口保理商委托进口保理商调查进口商的资信状况。调查结果必须在14天内告知出口保理商。

（5）信息反馈，信用担保承诺：如进口商符合条件，进口保理商愿承担信用风险，则向出口保理商发出书面承诺或电告后书面确认。明确每笔交易最高赊销金额与全年累计赊销金额，在此金额内进口保理商承担信用风险。

（6）书面签约：出口商与出口保理商签订书面保理协议。

（7）货物出运，卖断单据：出口商出运货物后，出口商将发票副本交给出口保理商，声明将债权转让给出口保理商。出口保理商根据出口商的要求，按约定的信用额度为出口商办理无追索权的融资或提供不超过发票金额80%的预付款。

（8）单据传递，催收账款：出口保理商将发票及相关单据副本转寄进口保理商，由进口保理商进行财务管理和负责催收货款。

（9）账款划回，交易终结：在到期日，进口保理商与进口商办理单据的交接，并催收货款。进口保理商将货款划付给出口保理商。

（三）出口保理的具体适用情况

出口保理业务开展中，具体的适用情况有以下六种：

（1）当进口商不能或不愿开具信用证，致使出口交易不能达成，限制了出口量的提高时；

（2）当现有进口商因出口商不愿提供出口信用付款方式而欲转往其他供应商时；

（3）准备采用信用付款方式，但对进口商的财务信用存有疑虑时；

（4）为了拓展市场，决定在国外市场聘任销售代理而必须提供信用付款方式时；

（5）希望解除账务管理和应收账款追收的烦恼，避免坏账损失时；

（6）可直接进入进口地商店销售，且进出口双方对产品质量不容易产生分歧的商品，如服装、鞋帽、纺织品、皮革制品、家具、灯具、小五金、小家电、文体用品、玩具等，适合采用出口保理业务。

超级链接

一家出口五金制品的外贸企业，主要供应欧洲市场，订单持续稳定，客户在发票日后60天付款。客户资信良好，无不良交易记录。由于该厂的主要客户都集中在欧洲几个买家，应收账款余额较大，给企业带来较大的资金压力。为了提高资金使用效率，尽快将应收账款变现，该企业向银行申请无追索权的出口保理，银行审核了欧洲客户的交易记录并向进口保理商询价，进口保理商评估后，为每个买家核定了额度并报价。出口保理商核算了自己的成本,给申请企业一个最终报价,该企业计算了融资成本和便利,决定接受报价,做应收账款融资。通过几手交易,该企业感受到了通过出口保理盘活应收账款带来的便利。为扩大市场份额,提高竞争力,该企业希望对刚刚接手的新客户以赊账方式结算并通过出口保理办理应收账款融资。经过进口保理商评估后,认为新建立的客户目前资信状况在恶化,尽管原先信用良好,但进口保理商持谨慎态度,没有为此新客户评估额度,拒绝对此买家的应收账款做保理。该企业通过出口保理,及时了解了新客户的资信现状,果断地终止了一笔坏账的产生,由此,该企业更深切地认识到出口保理的实用和便利。

(四)出口保理业务申请书的填写

出口保理业务申请书根据不同的银行要求,在栏目方面也不同,主要包括出口商资料、买方相关资料和申请要求等几方面。

1. 出口商资料相关栏目的填写

(1) 公司名称:公司英文名称必须与贸易合同、形式发票/订单上名称完全相同。

(2) 公司地址:要求同上。

(3) 开户银行:若在招商银行开户,填写分支行名称及账号;他行开户的,则填写主账户。

(4) 行业分类:若有此栏,参考“中国出口商品交易会”商品行业分类。

(5) 出口产品或服务的中英文名称:填写商品统称多种商品。

(6) 付款期限:提单日期或发票日期之后 O/A 若干天;或者如实改为 D/A。如有 30 天、60 天、90 天的,则填写最长的,但一般不要超过 90 天。

(7) 通常的价格条款:公司与境外买家之间的贸易合同所规定的价格条件。(6)和(7)通常体现在“与进口商以往的业务往来情况”一栏中。

(8) 宽限期:系指在付款到期日后,公司额外给予买家的付款宽限天数。一般体现在“预计对进口国以赊销方式出口的年出口额(万美元)及年出单笔数(单)”情况一栏中,若未商定过,一般不填写。

(9)发票币种:若出现多种货币,如实填写货币代码。

(10)预计出口年销售额:预计数尽可能准确,不应与今后实际数相差过大。

(11)与申请额度的买方发生的年交易额:不可浮夸,以免实际转让发票额相差过大,让保理商有理由减责或追加费用。

2. 买方相关资料的填写

进口商相关资料的填写,要根据进出口贸易合同的实际情况如实填写,许多栏目是选择性填写。

3. 出口保理申请要求的填写

出口保理申请要求主要是对“循环额度”还是“单笔非循环额度”的选择。循环额度可供循环使用,单笔非循环额度供单笔订单使用,使用后不可恢复。

中国银行的《出口保理业务申请书》样式见表 5－4。

表 5－4　出口保理业务申请书

致：××××银行

因我公司拟采用国际保理方式向__________(国家/地区名)出口__________(商品的中英文名称)，请贵行代为向进口保理商提出初步信用额度评估申请，有关资料如下：

(一) 我公司(卖方)资料	
开户银行(英文)：	银行账户：
预计年国际及国内贸易总额(万美元)	
预计对进口国以赊销方式出口的年出口额(万美元)及年出单笔数(单)	
与进口商以往的业务往来情况(包括近期签约情况、付款条件及贸易关系)	
(二) 贸易背景资料	
进口商名称及详细地址(英文)：	联系电话： 联系人：
是否允许进口保理商与进口商直接联系？ YES(　　)　NO(　　)	
有否折扣宽限期/优惠期：YES(　　)　NO(　　)，如有，请列明方式：	
是否季节性销售商品：YES(　　)　NO(　　)，如是，请说明情况	
价格条款：FOB(　　)　CFR(　　)　CIF(　　)　其他 付款方式：O/A(　　)　D/A(　　)　DAYS	
进口商的开户银行(英文)：	银行账户：
出口商代理人/授权人的名称、详细地址、开户银行及其权限(如有)	
(三) 申请额度资料	
□循环额度　发票使用货币：　金额： □单笔非循环额度　发票使用货币：　金额：	
备注：	

出口商名称及详细地址(英文)：　　　　联系电话：

联系人：

签章：　　　　日期：

延伸阅读 5－1

中国保理业务的开展情况

1988 年，中国银行北京市分行开始试办保理业务，成为中国最早开始试办保理业务的银行。该行于 1992 年 3 月与国际保理商联合会(FCI)的成员公司美国国民保理公司和英国米兰子公司鹰狮保理公司分别签署了国际保理协议，正式以“出口保理公司”的身份直接从事保理业务，使这项业务的操作进一步规范化、国际化。中国银行于1993年2月作为首家中资银行正式加入国际保理商联合会。继中国银行之后,交通银行、光大银行及中信实业银行等先后开办保理业务,也先后加入了国际保理商联合会。据国际保理商联合会统计,2011年,中国国际及国内保理业务量达到2 749亿欧元,占全世界总量20 154亿欧元的13.64%,比2011年翻了约200余倍。从2008年1月开始,中国出口双保理业务量跃居世界第一并且一直保持至今。目前中国加入国际保理商联合会的会员已有25家。根据2012年前三季度数据,银行类中外资保理从业机构数增加到28家,办理国际保理业务总额为669.90亿美元。保理业务在中国呈现出良好的业务经营和发展局面,具体表现为如下几个方面。

(一)服务范围不断扩大

过去,中国保理商在服务范围方面只负责牵线搭桥、提供信息或负责处理销售账务,收取应收账款等财务工作,而现在保理商可以向进出口商提供资金融通的便利。这使中国保理业务有了实质性的发展,向进出口商提供资金便利是保理业务的主要特点。

(二)业务品种不断增加

刚试办时,中国保理商仅开展单式的出口保理,保理商只充当联系进出口公司的媒介,而不承担与保理业务有关的责任。而现在,随着业务品种的不断增加,保理商不仅做出口保理,也做进口保理;不仅做国际保理,也做国内保理。尤其是国内保理,与银行界对客户的统一授信相结合,近几年发展很快,有的商业银行中一家省级分行的业务量就达数亿元人民币,国内保理市场潜力非常大。

(三)保理业务大有可为

在当今经济社会中,竞争越来越激烈,买方市场业已形成。企业产品在相互交往中,除了在质量、价格方面取胜外,采用灵活多样的贸易支付方式及多种融资渠道就是一家企业竞争力增强的标志。当前国际上发达国家和地区的国际保理业务量都比中国内地高很多,日本在2009年的保理业务量是中国的13倍,作为一项受到买卖双方欢迎的贸易结算融资服务,该业务未来还有广阔的发展空间。

(四)业务发展得到国际认同

作为世界最大、最有权威的国际性保理组织——国际保理商联合会,中国已有数家开办保理业务的银行加入。自成为该组织的会员以来,中国保理商遵守《国际保理公约》的有关规章制度,维护统一的业务标准,在服务质量、业务数量、服务覆盖面等方面均有长足的发展。这些进步得到了国际保理商联合会中所有成员的一致肯定。在2009年的评比排位中,中国银行由2001年的第74位上升为第21位;2013年在希腊举行的国际保理商联合会第45届年会中,中国银行在全部266家会员中获评"2012年度最佳进出口保理商奖"第三名,是中国银行界加入国际保理商联合会以来的最好成绩。

【实训演练5－1】

1. 宁波海曙玉楚贸易有限公司有一张面值为100万美元的汇票，出票日期为2013年3月4日，5月4日到期。持票人于4月5日到银行贴现此汇票，年贴现率为4.2%。要求计算贴现利息和贴现净额。

2. 以贸易模拟团队为单位下企业进行调研，根据调研所得的实际案例分组讨论采用出口信贷的有效方法，并制作成出口信贷工作报告。

3. 各贸易模拟团队请根据本虚拟公司出口商的一笔出口收汇业务，分别采用出口贴现、押汇、打包贷款和保理办理出口短期信贷，要求写出具体操作步骤与过程。

【评价考核标准】

任　务	测评指标	考核标准	分　值	得　分
办理短期出口信贷	办理出口贴现业务	能正确填写出口贴现申请书	30	
	办理押汇业务	能正确填写押汇申请书	20	
	办理打包贷款业务	能正确填写打包贷款申请书	20	
	办理保理业务	能正确填写出口保理业务申请书	20	
	团队合作	合理分工，互相协作，团结高效	10	

任务5.2　办理中长期出口信贷

【操作指南】

步骤一：根据业务情况，确认长期出口信贷是否要将货权买断。

步骤二：若需要买断，则使用福费廷；否则，可以使用出口买方信贷或卖方信贷。

【相关知识】

一、办理长期出口信贷

出口信贷是指国家为支持和扩大本国大型设备的出口，以利息补贴和提供信贷担保的方法来鼓励本国银行对本国出口商或外国进口商（或其银行）提供利率较低的贷款，以解决本国出口商资金周转的困难，或满足进口商支付货款需要的一种融资方式。按照借款主体的不同，出口信贷业务可以分为出口卖方信贷和出口买方信贷，前者的借款主体是出口商，后者的借款主体是进口商。但从最终目的来讲，均是出口国政府为了扩大本国的出口，是国家垄断资本争夺销售市场的手段，故而又称为“官方支持的出口信贷”（Officially-Supported Export Credit，OSEC）。

(一) 出口卖方信贷

卖方信贷(Supplier's Credit)是指在大型机械设备与成套设备贸易中,为便于出口商以延期付款方式出卖设备,出口商所在地银行对出口商提供的信贷。在这种业务中,出口商是以延期付款方式向进口商出售资本货物的。卖方信贷的一般操作流程大致如下(见图5-5)。

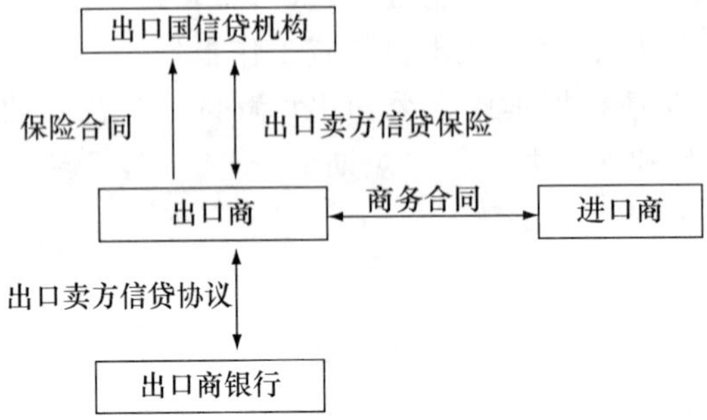

图5-5 出口卖方信贷业务流程

(1)签订商务合同。出口商以延期付款的方式与进口商签订贸易合同,合同一般要求进口商向出口商在合同生效以后支付10%—15%的定金,其余的款项在交货时由进口国银行签发或承兑若干张不同到期日的本票或汇票[由进口商或进口商的银行出具,需明确注明是可自由转让的,可分期偿还(依国际惯例,一般要求每6个月偿还一次等额本金加利息)]。

(2)办理出口卖方货款。出口商凭贸易合同向出口商所在地的银行申请卖方贷款,双方签订出口卖方信贷融资协议,由银行根据协议向出口商提供信贷。需要注意的是,进出口合同必须和出口卖方信贷融资协议在内容上协调一致,像进出口合同中规定的定金比例、延期付款的次数、每次延付的金额以及最长延付期,其实就是卖方信贷融资协议中的定金条款、付款方式和付款期限等。

(3)办理出口信贷保险。出口商与保险公司签订保险协议,主要是投保出口中长期延期付款收汇险。贷款银行一般会要求将该保险单的收益人转让给贷款银行,但此项转让必须事先征得保险公司的同意。

(4)办理出口信贷。出口商在根据进出口合同发货后,把出口装运单据以及商业发票提交给贷款银行,然后根据卖方信贷融资协议从银行贷款中提取贷款(一般是发票金额的85%左右)。接下来就是由进口商按照进出口合同的约定,分期偿还货款并支付利息给出口商,然后由收到进口商所付货款的出口商根据贷款协议偿还银行贷款。

出口卖方信贷在实践中更多的做法是由银行直接介入。即进口国银行会把其出具或承兑的本票、汇票直接交给出口商贷款银行,贷款银行一般则会要求出口商把进出口合同项下的债权凭证抵押在银行,用到期款项优先偿还贷款本息。

(二) 出口买方信贷

买方信贷(Buyer's Credit)是指在大型机械设备与成套设备贸易中,由出口商所在地银行贷款给外国进口商或进口商银行，以给予融资便利，扩大本国设备的出口。其业务流程有两种。一种是直接贷款给进口商的业务流程，基本上与出口卖方信贷的办理相似。

另一种是直接贷款给进口商银行的业务流程：

（1）进口商与出口商洽谈贸易，签订合同，进口商先支付货价15%的现汇定金（合同签订后60天或90天内支付）；

（2）在贸易合同签订后到预付定金前，进口商银行与出口商所在地银行签订贷款协议；

（3）进口商银行将借得的款项转贷给进口商，进口商以现汇方式向出口商支付货款；

（4）进口商银行根据贷款协议分期向出口商所在地银行偿还贷款；

（5）进口商与进口商银行之间的债务按双方商定的办法在国内清偿结算。

在贷款中，进口商或进口商银行需支付利息、保险费、承担费、管理费等，这就比卖方信贷更有利于进口商了解真实货价，核算进口设备成本。

目前，买方信贷比卖方信贷更为流行。对于进口商来说，采用买方信贷，在与出口商的贸易谈判中无须考虑信贷因素，避免了对价格构成缺乏了解的问题，货价相对透明，有利于进口商在不同的同类商品报价中进行比较，争取较优的成交条件。进口商或进口商银行直接承担贷款手续费，比卖方转嫁这笔费用更加合适。对于出口商来说，采用买方信贷，可以省去办理信贷的手续，可以集中力量组织生产和交货；同时进口商以现汇支付，可以消除卖方信贷对其资产负债表的影响，有利于维护出口商的资信状况。对于出口商所在地银行来说，买方信贷可以直接贷款给进口商银行，银行的资信一般高于企业的资信，这比卖方信贷中贷款给国内出口商更为保险。

二、福费廷

（一）福费廷业务的概念

福费廷又称包买票据，是指在延期付款的大型设备贸易中，出口商把经进口商承兑的、期限在半年以上到五六年的远期汇票，无追索权地出售给出口商所在地银行或金融公司，提前取得现款的一种资金融通形式。

（二）福费廷业务的特点

（1）融资期限较长：由于福费廷业务主要用于资本货物的融资，而资本货物交易的付款期限较长，一般为2—7年，因此，建立在此业务交易基础之上的融资期限也必然是中长期的。

（2）融资金额较大：福费廷业务的融资金额通常在100万美元以上。

（3）债权凭证必须由进口商银行担保：福费廷业务是建立在商业交易基础上的，交易标的物的金额较大，付款期限较长。银行买断债权凭证，风险较大，所以在买断票据之前，必须由进口商所在国的第一流银行提供担保。

（4）无追索权的融资：在福费廷业务中，只要出口商做到交易正当、票据合格和银行担保有效，即使到期不能从进口商或进口商银行收回票据，也不能向出口商行使追索权。

(5) 融资手续简便。出口商无须占用自身在银行的授信额度,就可从银行获得100%融资比率的资金融通。

(三) 福费廷的成本分析

1. 贴现率

福费廷利率的高低主要取决于进口国风险及开证行、承兑行、保兑行资信状况。在一般情况下,银行贴现率由两部分组成:一是基本利率。以伦敦同业银行拆放利率LIBOR为基础。二是风险率。根据进口国国家评级及开证行、保兑行的信用评估来确定。即贴现率 = LIBOR + 风险率。福费廷业务由于无追索权且融资期限较长,买断银行承担的风险比其他融资方式大,因此其贴现率通常也会高于其他融资方式。

2. 计息期

银行贴现日起至开证行保兑行承兑的到期日或保付行保付的票据到期日加宽限期。宽限期是指从债权到期日至银行实际收到款项的这段时间,宽限期视不同国家而定。一般不低于3天。

(四) 福费廷业务流程(见图5-6)

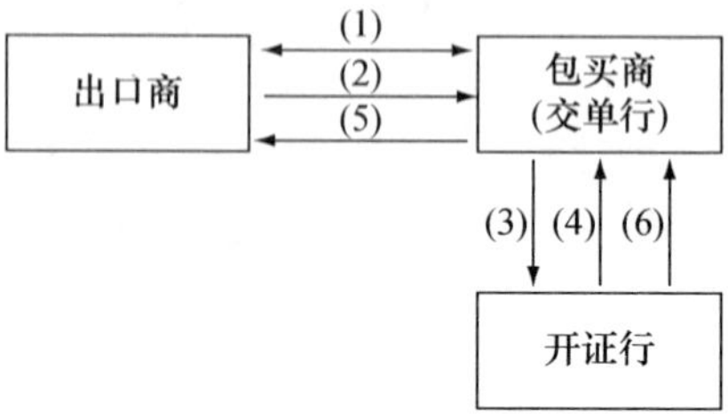

图5-6 福费廷业务流程

(1) 出口商与买断行洽谈融资意向并签订福费廷融资合同。

(2) 出口商向买断行出示全套出口单据。

(3) 经买断行向承兑银行提示出口单据,请承兑银行承兑出口商。

(4) 承兑银行向进口商提示出口票据,经进口商确认同意付款后,由承兑银行承兑。

(5) 承兑银行通过买断行将已承兑票据交出口商。买断行按与出口商事先签订的福费廷合同扣除贴现利息及相关费用后无追索权地买断已承兑的票据。

(6) 票据到期时买断行从承兑银行收回出口货款。

(五)《福费廷业务申请书》的填写

《福费廷业务申请书》的填写比较简单,不同的银行有不同的选择和填制要求,主要根据进出口贸易的结算方式不同,对有关交易情况如实说明即可。表5-5为中国银行的《福费廷业务申请书》。

表 5-5　福费廷业务申请书(中国银行)

致:中国银行____________分(支)行　　　　　　　　　　我公司参考号____________

根据我公司与贵行签订的__________年第______号《福费廷业务合同》,我公司特向贵行申请叙做福费廷业务。

有关交易情况如下:

□远期承兑信用证　　□延期付款信用证　　□远期议付信用证

1. 信用证号:
2. 开证行:
3. 指定承兑/承付银行(如有):
4. 进口商名称及地址:
5. 信用证金额:
6. 远期/延期期限:
7. 汇票/发票金额:
8. 货物名称:
9. 出运及交单日期:

□出口承兑交单托收(D/A)

1. 汇票/发票金额:
2. 承兑交单期限:
3. 进口商名称及地址:
4. 货物名称:
5. 保付银行:

如果贵行确认可以对上述信用证或托收业务叙做福费廷业务,请向我公司报价。本申请书构成我公司与贵行签订的________年第______号《福费廷业务合同》不可分割的一部分。在此,我公司重申遵守上述《福费廷业务合同》的有关承诺、陈述与保证。

我公司联系人____________________

电话____________________

传真____________________

公司名称:　　　　(加盖公章)

有权人签字:

日期:

火眼金睛

福费廷	贴　现
不能行使追索权	银行对出票人有追索权
需有第一流银行的担保	一般无须银行担保
手续严密,费用除按市场利率收取贴息外,还要收管理费、承担费等	手续简便,贴现费用仅相当于市场利率的贴息

(六) 福费廷与保理的区别

福费廷与保理除在流程、标的、业务主要功能和主要单据方面存在不同之外,还存在以下不同。

1. 业务期限

虽然两种业务都应用于国际贸易中延期付款条件下的交易,但国际保理商一般承揽短期应收账款(90—180 天),而福费廷业务则主要适用于中长期应收账款(180 天至7年)。福费廷公司大多数情况下承做一次性交易,但要求每次交易的金额较大(达到25万美元以上);保理商通过与出口商签订保理协议,由于信用额度限制,一般每次交易的金额较小,但规定出口商的有关符合协议的出口业务都可采用保理方式进行,保理商因此也能占有出口商出口业务的相当大比例。

国际保理业务主要适合于出口商以连续发货或季节性较强的消费品,如纺织品、服装、轻工业品、印刷品、塑料制品及机电产品等,而福费廷业务则主要适用金额大、时间长、风险大的大型成套设备等资本货物的出口。

2. 风险承担方面

在国际保理业务中,保理商在对进口商批出信贷额度后,其有效期一般为1年,除非进口商的信用情况发生明显的变化,否则信息额度一般不会被撤销或改变。出口商在额度有效期内一切符合保理协议条件的交易都可适用国际保理方式,要求保理商对应收账款进行100%坏账担保,但保理商只承担进口商的商业信用风险即进口商因清偿能力不足而引发的货款拒付风险,而与国际贸易中相关的政治风险、国家风险和资金转移风险则不承担。福费廷业务中出口商在贴现票据后,即把所有的风险都转移给福费廷机构。

在两种业务中,由于货物品质、数量、交货期等方面的纠纷以及由其引发的进口商拒付货款的风险,保理商和福费廷机构都不承担而由出口商负责。

保理商通过对进口商确定一个信用额度而把有关的风险确定在适合于自己承担的范围之内,福费廷机构则主要通过选定进口地一家银行对票据进行担保、邀请其他投资者参与业务融资等方式而把风险控制在适于自己承担的范围之内。

3. 经营机构

国际保理业务除在美国等少数几个国家由银行直接办理外,多数国家由专业的保险公司或财务公司办理。这些公司大多由大银行开设,是银行的附属机构。各国都有几大保理公司,且大多加入国际保理商联合会,它们之间相互交换进口商资信情况,掌握客户的付款能力,并有一套业务处理的制度和惯例,即国际保理商联合会的《国际保理通则》。

福费廷业务则是银行的"无追索权中长期出口信贷"业务,一般由银行信贷部门直接办理,在有些国家也设立专门的福费廷公司或由一些实力较强的财务公司承做。

4. 费用计收方面

国际保理业务中收取的费用一般包括:(1) 融资利息:即出口保理商预垫货款、给予出口商资金融通而收取的费用。保理商一般在垫款日征收利息(即利息预扣),这种利率一般稍高于通常的贷款利率。(2) 附加费用:主要包括三项,服务佣金——主要是保理商核算信贷、承担信用风险、进行应收账款管理等方面提供服务而收取的费用;资信调查评估费——保理商对进口商进行资信调查和评估而收取的费用,在有效期结束而使用同一信用额度则收取一定的保留费;银行转账费用——按银行实际收费计收。

福费廷业务的费用包括:(1) 选择费:债权买方对出口商发出实盘后至出口商接受报价以前的一段时期称为选择期。选择期较短(如在48小时以内)则不收费用,选择期较长(如1—3个月)则要收取一定的选择费。(2)承诺费:债权买方同意购买票据到出口商实际发货取得有关单据的一段时间称为承诺期。这一时期一般要持续6个月或更长时间,福费廷融资者要求出口商提供一定的承诺费以弥补在承诺期内占用资金的机会成本及筹集资金的费用。(3)贴现利息:融资者对出口商的远期票据进行贴现而收取的信息。(4)其他费用:包括债权买方的预期利润、其他手续费等。(5)国际保理业务的费用一般按保理商与出口商之间的保理协议确定的费率收取费用。福费廷业务则由福费廷融资者在分析进出口商交易的具体风险及有关期限后确定各项费用,加总并计算得出一个固定贴现率而报出实盘。国际保理项下的费率一般占货物发票金额的1%左右,福费廷业务的费率一般要高于国际保理费率。

延伸阅读5-2

表5-6为招商银行的福费廷业务确认书样式。

表5-6　福费廷业务确认书(招商银行)

编号:

致:

在下列条件满足的前提下,我行同意办理贵公司________年____月____日提交的《福费廷业务申请书》(贵公司参考号:________________)所述交易项下福费廷业务:

1. 买断债权的币种及金额:

币种为:__________________

金额为:(大写)____________________________________

(小写)____________________________________

2. 融资利率:________%

3. 融资期间:自我行向贵公司支付买断款项起,至有关债权到期日止,另加______个工作日宽限期。

4. 手续费:

本确认书一式两份,如贵公司接受本确认书所列报价条件,请由有权签字人签署确认并加盖公章,将其中一份在________年____月____日之前退回我行。如我行在上述日期之前没有收到贵公司的同意确认,则此确认书自动失效。

本确认书构成我行与贵公司签订的编号为__________________的《福费廷业务合同》不可分割的组成部分。

招商银行股份有限公司　　　　分/支行
有权签字人/经办人:____________
_________年____月____日

致:招商银行股份有限公司________________行

我公司同意接受贵行上述所列福费廷业务条件,并重申我公司将遵守与贵行签署的《福费廷业务合同》中的有关声明与承诺、义务。请贵行为我公司有关交易办理福费廷业务。

申请人:____________________
有权人签字/盖章:____________
________年____月____日

表5-7为招商银行的福费廷业务合同样式。

表5-7 福费廷业务合同(招商银行)

编号:______________________

甲方:招商银行股份有限公司__________________分/支行

地址: 主要负责人:

乙方:____________________________________

地址: 法定代表人:

鉴于乙方向甲方申请办理国内信用证福费廷业务。为明确甲、乙双方的责任及有关事项,经甲、乙双方协商,特签订本协议,双方共同遵守。

第一条 福费廷的含义及性质

本协议中的福费廷是指甲方按一定的价格和费率以贴现票据的形式买断乙方国内信用证项下未到期债权,一经付款,甲方即放弃对乙方的追索权,乙方放弃所出售债权下的一切权益。

第二条 买卖标的

指以有关单据形式表示的未到期债权及其他一切权利,包括但不限于:付款请求权、担保权益、对任何第三人的追索权等,但不包括:乙方对贸易合同项下相对人及/或任何相关第三人的责任、义务。

若乙方向甲方转让信用证项下的未到期债权,则乙方须提交如下有关单据:

1. 信用证及其修改书(如有)的原件;
2. 托收凭证(收款人账号先不填)、《信用证议付/委托收款申请书》;
3. 国内信用证项下单据;
4. 其他甲方要求的单据。

第三条 交易前提条件

在本合同项下叙做福费廷业务,须满足下列条件:

1. 本合同已生效;
2. 乙方每申请叙做一笔福费廷业务,须向甲方提交一份《福费廷业务申请书》;
3. 乙方签署同意接受甲方出具的《福费廷业务确认书》中的报价条件;
4. 乙方已按甲方要求填妥有关凭证并提交了乙方要求的有关文件资料;
5. 乙方提交符合甲方要求的有关债权工具、权利凭证、单据及相关合同文件;
6. 在协议期间具体叙做福费廷业务时,乙方应在有关的《福费廷业务申请书》和《福费廷业务交易确认书》上盖具乙方在甲方处预留的印鉴;甲方则应盖具其银行业务专用章。双方认可以上签章的有效性。

第四条 乙方承诺与保证

1. 在本协议项下办理每笔福费廷业务,乙方均须及时向甲方提交第二条所述单据。甲方对经审核不符合要求的单据有权拒绝接受办理福费廷业务;
2. 单据提交以甲方确定的种类和内容为准;
3. 根据本协议第二条所提交的所有单据真实、合法,贸易背景真实、合法,并且符合国家有关规定及甲方要求;
4. 乙方将单据所涉及的权利完全合法地转让予甲方;
5. 乙方所转让的权利不存在任何限制或瑕疵或其他任何阻碍甲方行使权利的不利因素;
6. 单据项下权利的转让并不导致甲方应承担贸易合同项下乙方的任何义务,乙方对贸易合同项下的各项义务仍负有全面履行之责。

第五条 包买价格

包买价格依融资利率、宽限期、业务手续费三部分确定。

1. 融资利率。
2. 宽限期:是从未到期债权到期日到实际收款日的估计延期天数,计入融资计数。
3. 业务手续费。

本协议项下具体交易的融资利率、宽限期及业务手续费以双方就具体交易所签署的《福费廷业务确认书》为准。

续表

第六条　融资及款项划转及债权转让 1. 福费廷项下款项划转前提：甲方收到本协议第二条规定的单据，并经审核认为可接受； 2. 款项划转：在满足上述条件下，甲方按《福费廷业务交易确认书》将约定包买款项通过银行转账方式划至乙方账户内。乙方对包买金额有异议的，应在甲方划账后的三个工作日内通知甲方，双方按本协议第五条确定的方式核对。乙方逾期未提出异议的，视为接受甲方划转的金额。 3. 债权转让：只要甲方将本条第 2 款所述款项付至乙方账户后，即为支付全部的转让定价，相应单据项下的未到期债权即正式转让至甲方。 **第七条　追索权的放弃及除外** 在甲方对乙方予以办理福费廷业务后，甲方取得相关单据项下的未到期债权（包括依照单据等法律文件向开证行/担保行要求付款的权利），同时放弃对乙方的追索权。但以下情形除外： 1. 单据涉及的贸易不真实或违反法律、法规、规章的； 2. 本协议项下转让的未到期债权所涉及的单据虚假； 3. 乙方违反本协议第四条任意一款的承诺与保证事项或其他条款中的约定义务的； 4. 本协议项下转让的应收账款所涉及单据的相应信用证遭法院止付的； 5. 因任何原因导致本协议效力出现瑕疵或阻碍甲方行使被让渡的所有权利事项； 6. 乙方投保甲方认可的保险公司的险种后，因乙方自身原因或发生保险合同约定的除外责任情形导致保险公司拒绝赔付的。 出现上述情况之一的，甲方对以上单据的买卖保留完全的追索权，即甲方有权要求乙方承担甲方因此而产生的全部经济损失。甲方有权以包买金额为基数，自融资到期之日起，按照中国人民银行关于逾期贷款利息的规定向乙方计收逾期支付违约金，乙方同时须赔偿甲方其他相关的损失及费用。 出现本条以上约定事项时，甲方有权从乙方存款账户或其他账户中直接扣收款项或以其他方式向乙方追偿。 **第八条　协议期间** 本协议自双方法定代表人/主要负责人或其授权代理人签字（或盖名章）并加盖单位公章/合同专用章后生效起生效，协议期间________年，期间届满前若双方没有异议，协议期间自动续期________年。 上款所称“协议期间”是指甲方向乙方提供福费廷业务的发生期间，在该期间内双方通过签署《福费廷业务确认书》办理的具体交易，即使所转让的应收账款是在该期间届满以后才到期的，仍然适用本协议的有关约定；本协议期间届满后，任一方在本协议项下的权利未得到实现或义务未履行完毕的，则本协议将到本协议项下所有权利得以实现及所有义务得到履行之日方才失效。 **第九条　法律适用及纠纷解决** 1. 本协议适用中华人民共和国法律。 2. 双方在本协议项下发生的纠纷，应先行协商解决。协商不成的，任一方可（以下三者择一）： （　）向甲方所在地人民法院提起诉讼； （　）向　　　　仲裁委员会申请仲裁； （　）提交中国国际经济贸易仲裁委员会　　　　分会按照金融争议仲裁规则进行仲裁。 **第十条　其他** 1. 本协议的未尽事宜，由甲、乙双方协商解决，并签订有关补充协议。 2. 乙方向甲方提交的所有单据和双方签署的《福费廷业务确认书》均作为本协议的附件，与本协议具有同等法律效力。 本协议一式两份，双方各持一份，具有同等效力。 甲方：招商银行股份有限公司　　　　乙方： （盖章）　　　　（盖章） 主要负责人或其授权代理人：　　　　法定代表人/主要负责人或授权代表人： 日期：　　　　日期：

延伸阅读 5-3

福费廷业务的起源

福费廷业务起源于20世纪50年代末的瑞士,并在此后获得迅速发展。当时正值第二次世界大战结束,西方和东欧国家间的贸易逐渐恢复,东欧各国为重建家园,需要从西方进口大量建设物资、日用品和粮食,但这些国家和地区因外汇资金短缺,常对所进口的货物提出延期付款的请求。多为6个月左右的赊账期,由此给以欧美为主的西方国家出口商带来了一定的资金周转困难。为解决出口商扩大出口的融资问题,当时处于中立国瑞士的苏黎世银行协会便以美国向东欧国家出售谷物为背景,率先开创了福费廷融资业务,当时福费廷业务的期限多为90—180天。在金融界负有盛名的瑞士信贷银行(Credit Suisse)专门成立世界上第一家专营福费廷业务的公司——苏黎世FINANZ AG,这标志着福费廷业务正式走上国际金融舞台。

虽然福费廷业务起源于消费性商品交易,延付期限也在180天以内,但是人们发现这种融资方式更适合于大宗资本性货物交易。如20世纪50年代后,世界经济结构发生了重大变化,国际上资本性货物逐步由卖方市场转为买方市场,进口商纷纷要求延长付款期限。与此同时,以美国为首的西方国家对东欧和第三世界国家出口资本性货物时,因融资金额大、期限长,传统的银行贷款难以满足出口商的需要。出口商为抢占市场、赢得订单,只能选择延期付款的结算方式,但延期付款又不可避免地会给出口商带来巨大的风险和资金压力,而许多进口国为缓解本国外汇短缺的矛盾和压力,对贸易方式和融资都有限制,因此作为能较好地为出口商解决规避风险和提供较长期限资金融通的福费廷业务正好可以派上用场。到了20世纪70年代,国际债务危机的加深使得许多进口国的买主因资金支付困难形成违约,导致保险单和保函项下的索赔案大量增加,一些官方出口信贷和出口信用保险机构数年积累的盈余因索赔的增加而消耗,迫使他们不得不设法缩小其承保险别和赔付范围,减少了自身业务,这也为福费廷业务的发展提供了市场空间。

此后福费廷业务蓬勃发展,在美国和西欧国家间非常盛行,许多欧美著名银行成立了专门的福费廷公司或福费廷业务部,如美国的花旗银行、曼哈顿银行,英国的巴克莱银行等。当前福费廷业务在世界范围内广泛开展,几乎所有的国际大银行都开办了此项业务,并形成了一个较活跃的全球性福费廷下级市场。同时因部分福费廷业务金额较大、期限更长,导致市场上参照银团贷款的模式,诞生了辛迪加福费廷业务。

1999年8月,在瑞士苏黎世成立了国际福费廷协会,致力于推动全球福费廷业务的开展并制定有关福费廷业务国际惯例。

【实训演练 5-2】

1. 2013年4月,宁波海曙玉楚贸易有限公司与美国一家超市达成出口合同,金额达50万美元。双方希望申请出口卖方信贷,请描述详细流程。

2. 以贸易模拟团队为单位，对企业进行调研，根据实际案例分组讨论采用出口长期信贷的有效方法，并形成长期出口信贷操作案例。

3. 案例辨析：

A银行于6月14日收到B银行开来的一份受益人为F公司，金额为6万美元的信用证，并在审查信用证的表面真实无误后通知了F公司。

8月30日，A银行应F公司申请，在审核其交来的单据无误后，同意为其做出口押汇。F公司向A银行作出书面承诺："……全套单据及货权均转让你行，你行有权根据情况自行处理单据和货物，并可向我公司补收不足之差额。如属于你行直接过失（单据中的差错未能审出），造成对方拒付、迟付、扣付者，应由你行承担责任……"

8月31日，按照F公司指示，A银行将押汇款扣除费用及利息后，结汇入F公司账户，押汇到期日为9月20日。同时，A银行向B银行寄单索汇。

9月8日，开证行以单证不符点（样品与质量确认书中申请人的签字不恰当）为由拒付，A银行就此通知F公司。12月18日，开证行将全套单据退回A银行，A银行即通知F公司还款赎单，但F公司未能返还押汇款。此时，F公司的出口货物已因滞期而被国外港口强制拍卖处理完毕。

9月21日，开证行通知A银行，开证申请人不接受不符点。10月14日，A银行诉至法院，要求F公司返还押汇款及利息。F公司辩称：A银行没有尽合理审慎地审核单据的义务，致使单证不符被拒付，应由其自行承担责任；此外，拒付发生后，A银行未能及时有效地处理货物，导致货物被强制拍卖，A银行也应承担处理不当的责任。你认为法院的判决是什么？对本案作一个简单的评述。

4. 各贸易模拟团队，请根据本虚拟公司的一笔长期出口收汇业务，采用出口买方短期信贷，要求写出具体操作步骤与过程。

【评价考核标准】

任　务	测评指标	考核标准	分　值	得　分
办理长期出口信贷	办理出口买方信贷业务	能简单制作出口买方信贷业务流程	30	
	办理出口卖方信贷业务	能简单制作出口卖方信贷业务流程	30	
	办理福费廷业务	能正确填写福费廷申请书	30	
	团队合作	合理分工，互相协作，团结高效	10	

任务5.3 国际金融机构信贷操作

【操作指南】

步骤一:查询国际金融机构信贷操作适用对象、期限、利率等,建立国际金融机构信贷操作信息资源库。

步骤二:调研本地企业或机构与国际金融机构信贷业务的案例。

步骤三:结合国际金融机构信贷操作资源库信息,分析相关案例。

【相关知识】

一、国际金融机构

国际金融机构又称国际金融组织,是指世界多数国家的政府之间通过签署国际条约或协定而建立的、从事国际金融业务、协调国际金融关系、维系国际货币和信用体系正常运作的超国家金融机构。

国际金融机构贷款主要分为两类:一类是全球性的国际金融机构,主要有国际货币基金组织、世界银行、国际开发协会、国际金融公司;另一类是区域性的国际金融机构,主要有亚洲开发银行、非洲开发银行、国际清算银行、欧洲投资银行等。

(一) 国际货币基金组织贷款

1. 国际货币基金组织

国际货币基金组织(International Monetary Fund, IMF) 根据1944年7月在美国布雷顿森林召开的联合国货币金融会议上通过的《国际货币基金协定》,成立于1945年12月27日,1947年3月1日开始营业运行,总部设在美国首都华盛顿,它是联合国的一个专门机构,在经营上有其独立性。

2. 国际货币基金组织的组织机构

(1) 理事会,是最高权力机构,各国一般委派财政部部长或央行行长担任,因此能代表各国政府行事。

(2) 执行董事会,是处理日常业务的常驻机构,有24名执行董事,其中8名由份额最多的国家委派,其余16名按地区选举产生。

(3) 总裁和办事机构。

(4) 临时委员会。就国际货币制度的管理和运作、国际货币基金组织协定的修改以及应付对国际货币制度造成威胁的动荡局势等问题向理事会提出建议。

(5) 发展委员会,是就发展问题向国际货币基金组织和世界银行的理事会提出报告和建议。

3. 国际货币基金组织的宗旨

(1) 建立一个永久性的国际货币机构,促进国际货币合作。

(2) 促进国际贸易的扩大与平衡发展。

(3) 促进汇率稳定。

(4) 协助会员国之间建立经常性交易的多边支付体系,取消妨碍国际贸易发展的外汇管制。

(5) 向会员国提供临时性的融通资金,以增强其信心,协助其改善国际收支状况。

(6) 缩短会员国国际收支失衡的时间,并减轻其程度。

4. 国际货币基金组织资金的来源

(1) 会员国缴纳的基金份额。会员国应缴份额的多少,是根据一国的国民收入、对外贸易额、黄金外汇储备的多少,由国际货币基金组织与会员国磋商决定的。

(2) 借款。国际货币基金组织有权以借款形式扩大其资金来源,它可以通过与会员国协商,以其他会员国国内银行或者贷款机构来筹借该会员国的货币,以作为提供资金融通来源。

(3) 信托基金。国际货币基金组织于 1976 年 1 月决定,将其持有黄金的 1/6 (2 500 万盎司)出售,以所获得的溢价利润和会员国捐款作为信托基金,向低收入的会员国提供优惠贷款。

5. 国际货币基金组织贷款业务

(1) 普通贷款。

普通贷款(Normal Credit)是国际货币基金组织最基本的贷款方式,也称基本信用设施,它是国际货币基金组织利用各会员国认缴的份额形成的基金来发放贷款,主要用于解决会员国一般性国际收支困难。贷款期限一般为 3—5 年。普通贷款分为储备部分贷款和信用部分贷款。储备部分贷款是指会员国申请的贷款额不超过份额的 25%。按照国际货币基金组织的最初规定,会员国份额的 25% 需用黄金缴付。会员国申请这部分贷款,实际上是提用原来认缴的黄金部分,所以这部分贷款也称为黄金档贷款,可以自由提用,不付利息。

信用部分贷款相当于成员国缴纳国际货币基金组织份额的 100%。其中又分为四个档次,每个档次占会员国份额的 25%。这一部分贷款是有条件的,不同档次的贷款条件和利息是不同的。会员国申请第一档信用部分贷款,即贷款额度为其份额的 25%—50%,条件较松,只需呈交克服国际收支困难的计划即可获得批准。其余三个信用档次称为高档信用部分贷款,即贷款额度为其份额的 50%—125%。会员国申请贷款的档次越高,其审批手续和要求也越严,使用高档信用贷款的国家,除提供完善的国际收支改善方案以外,还必须制订全面的财政稳定计划和采取适当的国内经济政策,如财政、货币、汇率和贸易政策等,并且在使用过程中不断接受国际货币基金组织的监督,必要的时候,国际货币基金组织会采取相应的措施来保证目标的实现。

(2) 中期贷款。

中期贷款(Extended Facility)是专门为了解决会员国较长期的结构性国际收支赤字,而且其资金需要量比普通贷款所能借取的贷款额度要大。中期贷款有补充贷款、信托基金贷款、石油贷款、结构调整贷款和体制转换贷款等。其贷款条件是:① 确认其改善国际收支困难需要更长的贷款期限。② 必须提供整个贷款期中有关货币和财政等经济政策的目标,以及在 12 个月内准备实施的说明。并且在以后 12 个月内都要向国际货币基金组织提出工作进展的说明,以及为实现目标将采取的措施。③ 贷款根据计划目标执行有关政策的实际情况分期发放。借款国不能达到国际货币基金组织的要求,可以停止发放。最高可达借款国份额的 140% 。

(3) 补偿与应急贷款。

补偿与应急贷款(Compensatorg & Contingencing Faciling,CCFF)主要用于解决会员国因出口物资国际市场价格下降,或因自然灾害使得出口物资减产而造成的经济困难,重点是解决初级产品出口国的困难。后来对进口粮食费用超支的国家也提供这种贷款。

(4) 缓冲库存贷款。

缓冲库存贷款(Buffen Stock Financing,BSFF)主要用于帮助会员国建立适当的进口商品库存,以缓和价格波动的冲击,从而清除影响外汇收入的因素。贷款的最高额为份额的 50% ,贷款期限为 3—5 年。

6. 国际货币基金组织贷款的限定条件

一是贷款对象只限会员国官方财政、金融当局,而不与任何私营企业进行业务往来。二是贷款仅限于弥补会员国国际收支逆差或用于经营项目的国际支付。三是贷款一般都是短期,期限为 1—5 年不等。四是贷款采用浮动利率再加上差额,除利息外每笔还加收手续费(费率 0.5%)。五是贷款额度与贷款国份额成正比。六是会员国向基金借款是以本币购买,还款时则以外汇购回本币,术语称“购回”。

7. 国际货币基金组织贷款的特点

第一,贷款方式特别,以采用会员国的本国货币“购买”外汇的形式出现。会员国还款时则以原来购入的外币购回本国货币。

第二,贷款对象仅限于会员国政府。它只与会员国的财政部、中央银行或其他类似财政金融机构往来。

第三,贷款用途仅限于解决会员国国际收支不平衡的短期资金需要。期限为 3—5 年,低于国际市场利率。

第四,贷款额度受会员国缴纳的份额限制,贷款数量与会员国向其缴纳的份额成正比。

第五,须制定符合国际货币基金组织要求的政策措施,以确保取得可维持的国际收支状况和持续的经济增长,使用资金是暂时性的。

8. 国际货币基金组织贷款的作用和问题

国际货币基金组织是一个旨在稳定国际汇价,消除妨碍世界贸易的外汇管制,并通过提供短期贷款解决会员国国际收支暂时不平衡问题的国际机构。

在目前的权力架构中,美国凭借 17% 的表决权对组织内的所有重大决策享有一票否决权。与此同时,美、英、法、日、德、意、加组成的七国集团,控制了约半数以上的投票权。

对贷款国规定甚严,必须要它们做到合乎西方,尤其是美国的经济游戏规则。因此,国际货币基金组织在一定程度上成了发达国家的代言人,逼迫借贷国和受援国接受苛刻的附加条件,改革国内体制、宏观经济政策和政治体制,为发达国家主导经济全球化服务。

超级链接

1980 年 4 月 17 日，中国正式恢复了在国际货币基金组织的合法席位。中国先后于 1981 年和 1986 年从国际货币基金组织借入 7.59 亿 SDR(8.8 亿美元)和 5.98 亿 SDR(7.3 亿美元)的贷款。此后，中国长期以来一直是国际货币基金组织的债权国，为国际货币基金组织各项贷款安排提供资金。从 2000 年开始，中国同意国际货币基金组织对外发布国际货币基金组织执行董事会讨论中国磋商报告的公共信息公告。

国际货币基金组织通过其技术援助为中国提供的咨询有：20 世纪 80 年代的中央银行体制改革，1994 年汇率并轨，1995 年《中华人民共和国中国人民银行法》的制定，1996 年的经常项目可兑换，90 年代以来相继实施的财税体制改革。同时，国际货币基金组织为中国政府机构的有关人员提供了大量的培训。

每年中国人民银行与财政部的部分官员组成代表团参加国际货币基金组织与世界银行的联合联会。中国是国际货币基金组织的单国选区，有权单独任命执行董事，在国际货币基金组织总部设有中国执行董事办公室，参与国际货币基金组织的各项重大决策。

（二）世界银行集团贷款

1. 世界银行

世界银行集团是目前世界上最具影响力的国际金融组织之一。它成立于 1945 年，当时的正式名称是国际复兴开发银行，简称世界银行。目前的世界银行是由国际复兴开发银行、国际金融公司、国际开发协会、多边投资担保机构和解决投资争端国际中心五个机构组成。

2. 世界银行的宗旨

世界银行的宗旨对用于生产目的的投资提供便利，以协助会员国的复兴与开发；鼓励较不发达国家生产与资源的开发；利用担保或参加私人贷款及其他私人投资的方式，促进会员国的外国私人投资；用鼓励国际投资以开发会员国生产资源的方法，促进国际贸易的长期平衡发展，并维持国际收支的平衡；在贷款、担保或组织其他渠道的资金中，保证重要项目或在时间上紧迫的项目，都能优先安排；在业务中适当照顾各会员国国内工商业，使其免受国际投资的影响。

3. 世界银行的资金来源

（1）会员国缴纳的股本。成立初期，法定股本为 100 亿美元。凡是会员国均要认购。一般来说，一国认购股份的多少根据该国的经济实力，同时参照该国在国际货币基金组织缴纳的份额大小而定。会员国缴纳认购股份时，先缴 20%。其中 2% 用于黄金或美元缴纳，18% 用于会员国本国的货币缴纳。其余 80% 的股份，当世界银行催交时，用黄金、美元或世界银行需要的货币缴付。

（2）借款。通过发行债券，从外国贷款的办法来筹集资本。曾在美、德、日等国发行债券，近年来还向石油输出国组织借款。约 2/3 强的世界银行贷款的资金来自于借款。

(3) 债权转让。为了扩大贷款能力,把贷出资本的债权转让给私人投资者,以收回一部分资金,扩大资金的周转能力。

4. 世界银行的贷款原则

(1) 限于会员国。

(2) 贷款额度根据贷款国经济发展、信用程度及投资的可行性等诸多因素而定。

(3) 申请的贷款必须用于有助于该国生产发展与经济增长的项目。

(4) 贷款必须专款专用,并接受世界银行的监督。

(5) 贷款最长可达 30 年,宽限期为 5—10 年。实行浮动利率,稍低于市场利率。

(6) 贷款一般用所属国的货币支付。

(7) 还款日期不得改变,汇率风险自负。

5. 世界银行的贷款特点

(1) 贷款条件比较优惠。低于市场利率,甚至免息,贷款期限和宽限期均较长。

(2) 贷款须与特定的工程项目相联系。

(3) 贷款期限较长。最长可达 30 年,平均约为 17 年,宽限期在 4 年左右。

(4) 利率参照资本市场利率,一般低于市场利率。只对签约及未使用的贷款额收取 0.75% 的承担费。

(5) 手续严密。从提出到取得贷款,需要 1.5 ~2 年。审定有利于贷款使用的经济效果和提高借款国的还款能力。

(6) 借款国承担汇率风险。

6. 世界银行的贷款方向

农业:改进耕作、提供技术促进农业发展。

能源:帮助进口石油的发展中国家发展包括可再生能源和不可再生能源的生产。

开发金融公司:对当地政府设立的开发金融公司也给予贷款,再由其将贷款发放给当地的生产性企业。

教育:(1) 提供最低限度的基本教育;(2) 提供进一步的教育和训练;(3) 包括正规教育和非正规教育在内;(4) 对较贫穷的国家资助基本教育,对发展水平较高的国家,资助中等教育和高等教育。

人口计划:制定人口项目贷款政策。资助会员国在执行计划生育方面需要建立的设施。

旅游:旅游贷款所占比重很小。

7. 世界银行的贷款种类

(1) 具体的投资贷款,即项目贷款。这类贷款占一半以上。通常用于发展中国家经济和社会发展的基础设施以及大型生产性投资。

(2) 部门贷款,又称行业贷款。一是部门投资贷款,如交通运输部门贷款、教育部门贷款、农业部门贷款等;二是金融中介贷款,贷款主要包括开发性金融公司和农业信贷机构的贷款,由借款国的金融机构用转贷的形式借给本国私营企业;三是部门调整贷款。当借款国总体经济不允许进行结构调整时,可选用部门调整贷款。

(3) 结构调整贷款。用于帮助借款国调整宏观经济、部门经济和体制改革。

（4）技术援助贷款。旨在支持借款国有关参与经济发展战略规划的机构，或为大型投资项目准备实施和管理的机构进行咨询服务、课题研究和人员培训。

（5）紧急复兴贷款。贷款用于灾后的重建工作，以恢复生产、安定人民生活。

（6）联合贷款。世界银行与其他贷款者（如有关国家政府）一起共同为借款国的项目融资：一是世界银行对同一项目提供两笔贷款，一笔由世界银行按其标准提供，另一笔由商业银行按市场条件提供，世界银行最多参资25%；二是借款国首先要偿还商业银行的贷款，对世界银行贷款集中在最后偿还。

超级链接

世界银行给中国企业带来的机会不少。世界银行在多个领域为经过精心选择和明确限定的项目提供贷款。这些项目通常要在国际市场上采购货物，还需要土建工程和其他服务，中国企业可以抓住这些机会，赢得这一市场。但世界银行通常只资助每个项目的外汇支出部分，因此上述数字仅代表项目总投资额的30%—40%，除了世界银行提供的贷款外，这些项目每年还需要50亿—60亿美元资金。这些项目是经过世界银行评估过的，应该是有投资前景的好项目。

中国已于1999年7月1日从向世界上最贫困的发展中国家提供无息贷款的国际开发协会毕业，至此该协会便停止了对中国的"软贷款"。

（三）国际金融公司的贷款

1. 国际金融公司

世界银行向私有企业贷款时，要求政府提供还款保障，这限制了其业务范围。国际金融公司是为了弥补这一不足而建立的。国际金融公司的组织结构与世界银行一样，也分为理事会、执行董事会、总经理和员工四级。

2. 国际金融公司的资金来源

资金来源是会员国的认股、借款和公司留存收益等。成立时法定资本为1亿美元，后经增资，到2013年年底为775.25亿美元。借款是指在市场上通过发行债券筹资，这是最大的资金来源。还以优惠条件从世界银行得到一定数量的贷款。

3. 国际金融公司贷款的条件

（1）贷款的对象。会员国的私人企业或私人同政府合资经营的企业。

（2）提供资金的方式是提供贷款或协助筹措国内外资金。提供贷款时，一般只承担其中的25%，贷款额最低为100万美元，最高为3000万美元。

（3）贷款偿还期限一般为3—13年。

（4）贷款利率在贷款期限内不变，一般高于世界银行贷款的利率。

（5）贷款一般为美元，或其他可兑换货币。

4. 国际金融公司贷款的特点

（1）限于会员生产性私人企业，而且这些企业不能以合理条件从其他渠道获得资本。

(2) 期限一般是7—15年,还款时需用原借入货币进行支付。

(3) 是能够获利的项目,不需政府担保。

(4) 略高于世界银行的贷款利率,年利率7%。

(5) 贷款分为A与B两种,A种是公司提供的贷款,B种是公司出面组织商业银行提供贷款。两种贷款均不需政府担保。国际金融公司还可以直接入股,参股投资一般不超过25%,但收益率要10%以上,对项目的选择较严格。

5. 国际金融公司贷款的优势和特殊作用

(1) 贷款无须政府或国家银行担保,其贷款也就不纳入国家外债计划。

(2) 国际金融公司与项目承办者及其他投资者共同承担风险。

(3) 国际金融公司突出的优势在于其很强的带动能力,包括联合投资、银团贷款、国内外资本市场债券及股票承销、提供担保等。

(4) 国际金融公司是项目的长期投资者,公司对其投入资金的用途和方法无限制。

(5) 国际金融公司的参加可增强项目各方的信心。

(6) 国际金融公司帮助企业组织项目结构,以使其更易得到资金支持。

火眼金睛

国际金融机构贷款一览表

名　称	贷款对象	期限(年)	年利率	贷款目的	备　注
IMF	成员国	3—5年	期限越长,利率越高	解决国际收支不平衡的短期资金需求	贷款期限短,条件严格
IBRD	会员国	20年左右,5年宽限期	定期调整,一般高于市场利率	促进会员国经济的发展	提供长期资金,条件严格
IDA	贫穷的发展中国家会员国	50年	无息	帮助贫穷的发展中国家发展经济	条件优惠,项目审查严格
IFC	会国私企	7—15年	略高于IBRD	扶持发展中国家私人企业	以原货币偿还,采用联合贷款

二、区域性国际金融机构

区域间的国际金融机构主要有亚洲开发银行(ADB)、非洲开发银行(AFDB)、泛美开发银行(IADB)、欧洲复兴开发银行(EBRD)、北欧投资银行(NIB)、加勒比海开发银行(CDB)、伊斯兰开发银行(IDB)等,它们的活动范围基本上涵盖了整个美洲、亚洲、欧洲、非洲,许多国家参与了这些银行的国际信贷活动。

(一) 亚洲开发银行

亚洲开发银行成立于1966年11月24日,同年12月开始营业活动,是亚洲和太平洋地区的区域性金融机构。它是联合国亚洲及太平洋经济社会委员会(联合国亚太经社会)赞助建立的机构,同联合国及其区域和专门机构有密切的联系。总部设在马尼拉。其宗旨是促进亚洲和太平洋地区的经济发展与合作,帮助发展中成员减少贫困,提高人民生活水平,以实现“没有贫困的亚太地区”这一终极目标。

亚洲开发银行的组织机构有理事会。它是亚洲开发银行的最高权力机构,由各成员国委派正、副理事各1名组成。董事会负责日常业务,由理事会选出的12名董事组成,其中8名为亚太区域的代表,4名为其他区域的代表。除日本、美国和中国董事外,其他董事均代表几个国家或地区。行长须是本区域成员国的国民,由理事会选举产生,任期5年,可连任。

亚洲开发银行的宗旨是以不营利提供援助为宗旨。具体任务是:促进公(私)营资本对本地区的投资,为本地区发展中国家提供资金;帮助成员国进行发展政策和规划的协调,以更好地利用自身资源,促进对外贸易的发展;为拟定、融资和执行发展项目及规划提供技术援助,包括编制具体的项目建议书;以亚洲开发银行认为适当的方式,同联合国及其附属机构,向本地区投资的国际公益组织,其他国际机构以及各国公(私)营实体合作。

亚洲开发银行的资金来源分为三部分:一是普通资金,用于“硬贷款”业务;二是亚洲开发基金,用于“软贷款”业务;三是技术援助特别基金,用于进行技术援助。亚洲开发银行于1988年建立了日本特别基金,用于赠款性质的技术援助业务。

贷款是亚洲开发银行最主要的业务活动,主要为成员国政府及所属机构、其境内的公(私)营企业和与开发本地区有关的国际性或地区性组织提供长期贷款。亚洲开发银行的业务范围涉及面很广,其中农业和农产品加工业、能源、交通运输业是亚洲开发银行发放贷款的重点部门。

一是普通贷款。主要提供给经济状况较好的成员国,贷款期为10—30年,宽限期为2—7年。浮动利率半年一次,是亚洲开发银行的平均借款成本加0.4%的手续费得出的。贷款主要用于农业、农村发展、能源、交通以及教育、卫生等基础设施。

二是特别基金贷款。仅提供给人均收入低于670美元且还款能力有限的成员国,期限长达40年,软硬混合贷款的期限为35年,含10年的宽限期。贷款免息,只收取1%的手续费。

(二) 非洲开发银行的贷款

非洲开发银行于1964年成立,总部设在科特迪瓦阿比让。成员包括非洲53个独立国家。中国、巴西、加拿大、美国等先后加入。非洲开发银行的组织机构由理事会、董事会和行长组成。

非洲开发银行的宗旨是通过提供投资和贷款,利用非洲大陆的人力和资源,促进成员国经济发展和进步,以逐步实现非洲经济一体化。任务是促进地区成员国个人和集体的社会进步和经济发展。

非洲开发银行的资金主要来源于成员国认缴的股本,还有国际金融市场的贷款,发达国家的捐款以及银行的经营利润。贷款的对象是非洲地区成员国,主要用于农业、运输和通信、供水、公共事业等。

(三) 其他区域性国际金融机构

泛美开发银行建立于1960年,总部设在华盛顿。从1976年开始,其接纳西半球以外的其他国家作为成员。目前,日本、德国、西班牙、法国、意大利和英国等都是它的成员国。

欧洲复兴开发银行建立于1991年,最大股份拥有者是美国,占10%,其次是法国、德国、意大利、日本和英国,各占8.5%,东欧国家总共拥有股份11.9%。

延伸阅读5-4

10国集团和24国集团

1962年,国际货币基金组织设立了"借款总安排"机制,目的在于获得基金组织份额之外的外部融资安排。10国的中央银行加入了这一安排,国际货币基金组织从这10国借款作为对成员国贷款之用。10国集团是主要工业化国家的政府间组织。由比利时、英国、加拿大、法国、德国、意大利、日本、荷兰、瑞典、瑞士和美国组成(瑞士于1964年加入,但该集团名称不变)。这些国家的央行行长每季度在巴塞尔举行例会,分析和评估世界经济形势并提出促进全球经济增长的建议。

24国集团的全称为"关于国际货币事务的24国政府间集团",成立于1971年11月,由77国集团中的24个成员国组成,是与10国集团相抗衡的发展中国家政府间组织,也是从发展中国家形成的77国集团中分立出来的组织。其宗旨是为发展中国家在国际金融与货币领域内协调立场和政策,制定发展中国家关于国际货币制度改革、债务问题与资金转移等重大问题的共同政策与方针。

24国集团具体包括:非洲的阿尔及利亚、科特迪瓦、埃及、埃塞俄比亚、加蓬、加纳、尼日利亚、南非、刚果;拉美的阿根廷、巴西、哥伦比亚、危地马拉、墨西哥、秘鲁、特立尼达、多巴哥和委内瑞拉;亚洲的印度、伊朗、黎巴嫩、巴基斯坦、菲律宾、斯里兰卡和叙利亚。

中国于1980年恢复在国际货币基金组织与世界银行的合法席位以后,即接受24国集团的邀请,以"特别受邀人"身份出席该组织的副手级和部长级会议。

【实训演练5-3】

1. 案例分析:

秦巴扶贫世界银行贷款项目是陕西第一个利用外资所进行大规模、综合性的直接以扶贫为主题的项目。项目计划投资总规模为11.952亿元人民币,其中世界银行贷款7 200万美元(约合5.976亿元人民币),国内配套5.976亿元人民币。项目执行期为6年,1997年8月开始,2003年7月结束。项目主要目标在四个方面:一是大幅度减低中国秦巴项目地区的绝对贫困程度;二是验证采用跨行业的农村发展项目作为扶贫方式的有效性;三是促进贫困地区向较富裕的农村和快速发展的城市地区的劳务输出的发展;四是提高国家和地方的贫困监测水平。项目计划通过6个子项目来实现上述目标:(1) 劳务输出。通过一种自愿的体制,鼓励山区贫困农户输出劳动力,并通过向企业支付培训费的做法向劳动力提供技能培训,建立一种对当地市场、工人安全和生活条件进行监测并及时报告虐待和不满为重点的报告系统。(2) 农村基础设施。包括劳动密集型的农村道路、供水系统、小型灌溉系统、农业排水工程、沼气池和农村供电系统建设。(3) 土地与农户开发。通过种植和养殖活动,提高山区农业生产力,扭转环境恶化趋势,其途径有:其一,推广农业及农户畜牧优化管理技术、扩大投入;其二,建立林果作物苗圃,提高供种苗、林木管理推广服务;其三,加强在现有为数不多的平地上扩大主要粮食作物的生产;其四,修梯田以及水土保持;其五,支持省和地区科研活动。(4) 乡镇企业开发。对乡镇企业的支持包括为劳动密集型、具有商业可行性、脱贫覆盖面广、符合国家环保标准的农产品加工、采矿、服务业和手工业企业提供信贷投资。(5) 小额信贷。通过合作社形式建立5人自愿组成的联保小组,向贫困农户提供贷款,以提高生产能力。(6) 机构建设与贫困监测。一是通过加强外资项目管理中心和各级项目办的项目设计与实施、采购、财务以及监测与评估能力;二是通过使用国家统计局先进的测量方法,对项目区的贫困状况提供的可靠的综合性的评价,对绝对贫困人口受益目标的精确度作出分析,衡量并评估本项目中各分项目的作用,从而加强项目区的贫困监测系统。

你是如何看待世界银行的?

2. 以贸易模拟团队为单位进行资料收集与案头调研,根据国际金融机构信贷的相关信息,形成一份国际金融机构向中国银行贷款的调研案例。

【评价考核标准】

任　务	测评指标	考核标准	分　值	得　分
国际金融机构信贷	国际金融机构信贷	能简单分析国际金融机构信贷与中国企业的相关案例	60	
	团队合作	合理分工,互相协作,团结高效	40	

项目六

结 汇 操 作

【应知目标】

了解电子口岸进入操作方式,理解出口结汇的含义与种类,掌握一般出口贸易、预收款和延期收款项下收款结汇流程与要求。

【应会目标】

- 能以企业端角色进入中国电子口岸,并进行进口结汇操作。
- 能填写《出口结汇申请说明》。
- 能办理出口结汇业务。

【素质目标】

- 培养仔细严谨的处事态度和团结协作精神。

【情景导入】

2013 年 4 月 20 日,小波接到银行通知,上次完成的一笔出口交易,美国进口商已通过银行将美元汇到宁波本地银行,可是该如何与银行进行结汇操作呢? 小波上网查阅了结汇操作需要准备的资料和相关流程。

【任务分析】

出口贸易中,出口商收到货款后往往要进行结汇操作。小波作为新手,是第一次进行结汇操作。师傅建议小波要首先辨析出口贸易下收汇类别,确定是一般贸易项下收款结汇操作还是其他项下收款结汇操作。然后审核确认所收款项是预收货款、正常收款还是对外债权的延期收款。最后根据实际情况选择正确的收汇类别进行结汇操作。在实际操作中出口交易方式不同,因此师傅要求小波必须掌握一般贸易项下收款结汇操作和其他项下收款结汇操作。

任务6.1 一般贸易项下收款结汇操作

【操作指南】

步骤一:确认为一般贸易项下的出口收汇后,登录中国电子口岸出口收汇子系统。

步骤二:填写出口收汇说明等相关事项。

步骤三:完成一般贸易项下的出口收款结汇操作。

【相关知识】

一、出口结汇

(一) 出口结汇的含义

出口结汇,是指外汇收款人将外汇卖给银行,银行按照外币的汇率支付给等值的人民币。凡未有规定或未经核准可以保留现汇的经常项目项下的外汇收入必须办理结汇,凡未规定或核准结汇的资本项目项下的外汇收入不得办理结汇。境内机构必须对其外汇收入区分经常项目与资本项目,银行按照外汇收入不同性质按规定分别办理结汇或入账手续。凡无法证明属于经常项目的外汇收入,均应按照资本项目外汇结汇的有关规定办理。

(二) 出口贸易收款结汇

出口贸易收款结汇是出口商在出口货物的真实背景下收取货款与银行进行结汇的行为。其方式有:收妥结汇、定期结汇和出口押汇三种。

1. 收妥结汇

收妥结汇又称先收后付,是指议付行收到出口商的出口单据后,经审查无误,将单据寄交国外付款行索取货款,待收到付款行将货款拨入议付行账户通知书时,即按当时外汇牌价,折成人民币拨给出口公司,目前,中国银行一般采用收妥结汇方式,尤其是对可以电报索汇的信用证业务,因为在电汇索汇时,收汇较快,一般都短于规定的押汇时间。

2. 定期结汇

定期结汇是指议付行根据向国外付款行索偿所需时间,预先确定一个固定的结汇期限(7~14天不等),到期后主动将票款金额折成人民币拨交出口商。

3. 出口押汇

如前所述,出口押汇是对出口商提供的一种资金融通方式,有利于出口商的资金周转。同时,出口押汇方式也是一种出口收汇的结汇方式。

二、贸易项下出口收款结汇流程

1. 确认资金用途

银行收到汇款,要求企业确认资金用途,是单一的用途,即只有货款或者佣金(手续费);还是多种用途,即既有货款也有手续费。如果是单一的用途,则在大客户服务平台上操作即可。若是多种用途,则需要写份货款用途说明,递交银行。

2. 银行入账

对多种用途的出口收款，货款部分入待核查账户，不能直接使用。对佣金部分，进入美元账户，可以直接使用。直接使用时，如果要结汇，用外币支票即可；如果要付海运费用等，递交外币支票、进账单、购汇发票即可。

超级链接

对于出口收汇待核查账户，这里的公司外汇账户是指企业货物贸易的出口收汇收入账户。按照《出口收结汇联网核查办法》，企业出口收汇应当先进入出口收汇待核查账户。出口企业在银行已开立经常项目外汇账户或资本金账户的，银行直接以该企业名义开立待核查账户。若出口企业未开立外汇账户，则企业需向开户地外汇局进行基本信息登记，有信息登记，即可开立此账户。开户后，应于次日将相关数据报送外汇局，并可通过外汇账户信息交互平台，查询企业是否已存在。未向开户地外汇局进行基本信息登记的，不得办理开户手续。

企业可以开立一个待核查账户，也可以按不同币种开立若干待核查账户，同一企业的待核查账户数量不限。待核查账户的设立意义是加强收结汇的真实性及与货物出口交易一致性的核查，规范货物贸易项下外汇资金有序流动，防止无贸易背景资金以货物贸易名义流入，防范金融风险。

待核查账户的适用主体为具有对外贸易经营权的个人出口收汇及具有对外贸易经营权的保税监管区域内企业经营非保税货物的出口收汇。

待核查账户收入范围限于企业出口收汇。

待核查账户支出须经银行联网核查后方可办理，其支出范围包括经银行联网核查后结汇、划入该企业经常项目外汇账户以及经外汇局批准的退汇等其他外汇支出。待核查账户之间不得划转。账户余额按活期存款计息。如果企业的一笔收汇中既有货物贸易的也有服务贸易的，企业可直接到银行审核相应合同、发票后直接结汇。

3. 分类别结汇

按出口收汇对应的货物出口日期分不同类别办理结汇或划出。若是预收货款，在任务6.2中叙述。若是一般贸易，则按正常程序收款结汇（见图6-1）。

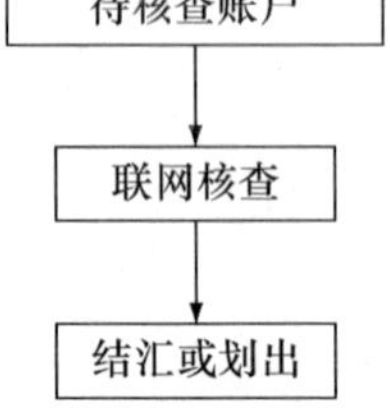

图6-1 贸易项下出口收款结汇

三、一般贸易项下出口收款结汇

（一）一般贸易项下出口收款结汇流程

首先，确认资金用途。企业接到银行通知有款汇入。企业外汇账户收到美元，银行出纳前往银行打印收汇报文，并将报文在内部流转后确认客户及报关合同编号，以及是否是预收货款。这时，企业财务就要根据出口登记明细表查询后确定是一般贸易项下收汇还是预收项下收汇。

其次，在电子口岸查询可结汇额度。在电子口岸系统—出口收汇—可收汇余额查询，看对应的可收汇余额项下是否有额度。因为企业自货物出口日之后 7 个工作日内海关信息到电子口岸。如果属于一般贸易结汇，应该有额度。

最后，向银行申请结汇。一般情况下，额度都会有。这时就可以携带电子口岸操作员卡、核销单号码以及《涉外收入申报单》《出口收汇核销专用联信息申报表》（境外收入），出口收汇说明，外汇业务委托书直接前往收汇银行办理结汇。

（二）向银行申请结汇流程

1. 向银行申请结汇的具体流程（见图 6－2）：

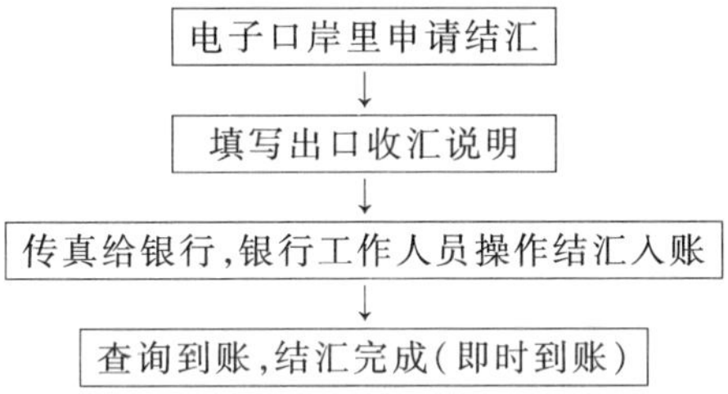

图 6－2　向银行申请结汇流程

同时，银行为企业办理待核查账户内资金结汇或划出手续，并且应当按规定在核查系统中企业相应贸易类别可收汇额范围内进行收汇核注。

2. 出口收汇说明的填制要求（见表 6－1）

（1）一般贸易：指海关监管贸易方式为“0110 一般贸易”。

（2）来料加工贸易：指海关监管贸易方式为“0214 来料加工”和“0255 来料深加工”。

（3）进料加工贸易：指海关监管贸易方式为“0615 进料对口”“0654 进料深加工”“0664 进料料件复出”“0700 进料料件退换”“0715 进料非对口”“0864 进料边角料复出”。

（4）其他贸易：指海关监管贸易方式为“0130 易货贸易”“0513 补偿贸易”“3010 货样广告品 A”“3422 对外承包出口”“3910 有权军事装备”“3939 无权军事装备”“4019 边境小额”“4039 对台小额”“4561 退运货物”“1110 对台贸易”“1215 保税工厂”“1427 出料加工”“1500 租赁不满一年”“1523 租赁贸易”“1616 寄售代销”。

（5）无货物报关：指未达到海关规定申报金额的邮寄出口。

（6）关联方：是指一方控制、共同控制另一方或对另一方施加重大影响，以及两方或两方以上同受一方控制、共同控制或重大影响的，构成关联方。控制是指有权决定一个企业的财务政策和经营政策，并能据此从该企业的经营活动中获取利益。共同控制，是指按照合同约定对某项经济活动所共有的控制，仅在与该项经济活动相关的重要财务和经营决策需要分享控制权的投资方一致同意时存在。重大影响，是指对一个企业的财务和经营政策有参与决策的权力，但不能够控制或者与其他方一起共同控制这些政策的制定。

表 6－1　出口收汇说明

<table>
<tr><td colspan="2">企业名称：</td><td>企业组织机构代码：</td></tr>
<tr><td colspan="3">我公司申请划出或结汇的外汇资金中包括</td></tr>
<tr><td colspan="2">□一般贸易项下：</td><td>（币种金额）</td></tr>
<tr><td colspan="2">□进料加工贸易项下：</td><td>（币种金额）</td></tr>
<tr><td colspan="2">□其他贸易项下：
其中 2008 年 7 月 13 日前出口但 7 月 14 日后收汇的金额：</td><td>（币种金额）</td></tr>
<tr><td colspan="2">□来料加工贸易项下：
其中实际收汇比例：</td><td>（币种金额）</td></tr>
<tr><td colspan="2">□预收货款项下：</td><td>（币种金额）</td></tr>
<tr><td colspan="2">□无货物报关项下：</td><td>（币种金额）</td></tr>
<tr><td>是否为关联方交易</td><td>□ 是</td><td>□ 否</td></tr>
<tr><td colspan="3">我公司承诺本次核查资金中延期收汇金额为________________。</td></tr>
<tr><td colspan="3">我公司申请并授权你行从我公司待核查账户（账号________________________）中
将（币种金额）________________划转至我公司外汇账号：________________________
开户银行____________________
将（币种金额）________________结汇至我公司人民币账号：______________________
开户银行____________________</td></tr>
<tr><td colspan="3">我公司申明：本表所填内容真实无误。如有虚假，视为违反外汇管理规定，将承担相应后果。</td></tr>
</table>

填报人：　　　　财务印鉴章：　　　　　　　　　　　　　　　　年　　月　　日

银行签注

核查币种金额：　　　　　　　　　　核查日期：　　　　　　　　银行业务清讫章：

（三）一般贸易项下出口收款结汇的类别

（1）出口项下境外收汇，如一般贸易、进料加工贸易或者边境小额、对外承包出口等其他贸易项下的出口收汇，来料加工的应收工缴费收汇等。

（2）预收货款，即出口买方信贷项下企业提前收汇，纳入该企业预收货款进行管理。

(3) 符合规定的境内收汇,如从保税区收取的出口收汇、进料深加工结转的出口收汇等。

(4) 按规定不需办理货物报关项下的出口收汇,如邮寄货物、旅游购物商品等。

(5) 代理出口业务项下代理方的境外出口收汇。

(6) 贸易融资项下收汇,出口买方信贷、出口押汇、无追索权的福费廷和出口保理等贸易融资项下的外汇和人民币放款。

(7) 有形软件进行出口货物报关的收汇。

(8) 从离岸账户划转的出口收汇。

(9) 出口项下外币现钞收入。

四、出口收汇在中国电子口岸子系统上的操作

(一) 前期准备

出口单位在注册地商务主管部门取得出口经营权后,应当到海关办理中国电子口岸入网手续,并到有关部门办理中国电子口岸企业法人 IC 卡和中国电子口岸企业操作员 IC 卡电子认证手续。

超级链接

若出口单位在外汇局备案登记的电子档案信息内容发生变更时,应当在办理工商、海关等部门的变更登记手续后一个月内,持有关部门变更通知,到外汇局办理变更登记手续,外汇局需在中国电子口岸变更该出口单位 IC 卡权限。出口单位因终止经营或被取消对外贸易经营资格的,应当在一个月内,持相关部门的有关文件到外汇局办理注销登记手续,外汇局需在中国电子口岸注销该出口单位 IC 卡权限。

(二) 中国电子口岸——出口收汇子系统业务流程

1. 流程介绍(见图 6－3)

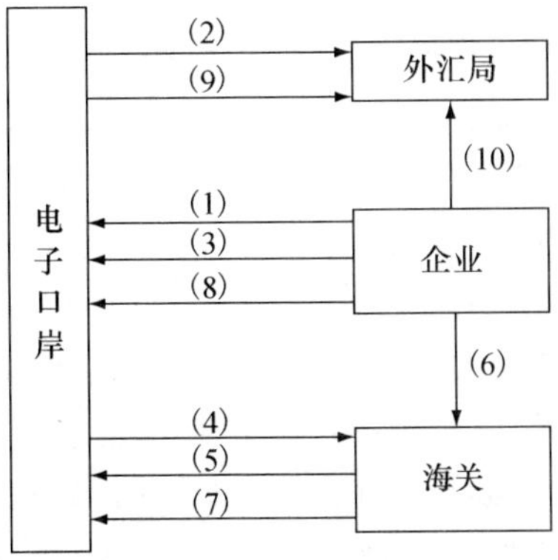

图 6－3　中国电子口岸——出口收汇子系统业务流程

（1）出口企业向中国电子口岸申请核销单。

（2）电子口岸向外汇管理局发放核销单。

（3）出口企业向中国电子口岸申请备案。

（4）电子口岸向海关传输核销单数据。

（5）海关将验核过的核销单数据传给电子口岸。

（6）企业向海关办理出口报关。

（7）海关向电子口岸传输结汇数据。

（8）企业向电子口岸交单。

（9）电子口岸向外汇管理局发送相关已有数据。

（10）企业持相关单据向外汇管理局办理出口核销。

2. 出口收汇系统简介

出口收汇系统是海关总署联合国家外汇管理局共同开发的出口收汇核销单和出口收汇报关单联网核查系统。系统为出口收汇核销单建立了电子底账数据，核销单的基本信息以及各部门对核销单的操作情况都将保存在电子口岸数据中心，供外汇管理局查询并进行核销单挂失等各项操作；同时系统将海关总署采集的各口岸海关《出口报关单核销联》电子数据经电子口岸数据中心传送至国家外汇管理局，方便国家外汇管理局核查报关单和核销单的真实性。

3. 企业申请使用电子口岸流程

进出口企业要使用中国电子口岸系统的子系统，首先需申请企业 IC 卡加入中国电子口岸系统，然后进行出口收汇操作权限备案。申请流程见图 6-4。

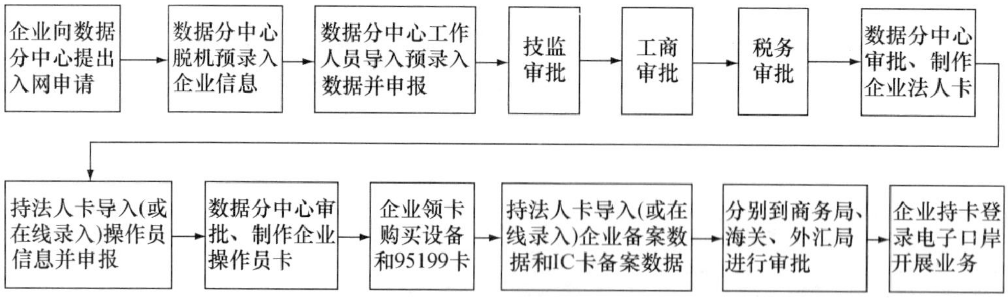

图 6-4 企业申请加入中国电子口岸申请流程

（1）企业向数据分中心提出入网申请。用户到数据分中心提出入网申请，并领取《中国电子口岸企业情况登记表》和《中国电子口岸企业 IC 卡登记表》。

（2）数据分中心脱机预录入企业信息。数据分中心收取用户《中华人民共和国组织机构代码证》《企业营业执照》《国税登记证》《中华人民共和国进出口企业资格证书》或《中华人民共和国外商投资企业批准证书》《报关单位登记注册证明》等复印件及已加盖公章的相关表格，在本地录入企业申报数据。共 10 个表，分别为《组织机构表》《工商注册表》《税务登记证》《外贸批准证》《投资关系表》《海关登记表》《管理人员表》《外汇登记表》《银行账号表》及《IC 卡登记表》，不同表分别按用户所交证件复印件录入或其他不同内容分别录入。

(3) 数据分中心工作人员导入预录入数据并申报。预录入完成后,数据分中心工作人员导入预录入数据并申报,打印《中国电子口岸企业入网资格审查记录表》交企业到技术监督局、工商局、税务局审批。

(4) 技监审批。企业持相关表格和《中华人民共和国组织机构代码证》等证件到技术监督局审批备案信息。

(5) 工商审批。企业持相关表格和《企业营业执照》等证件到工商局审批备案信息。

(6) 税务审批。企业持相关表格和《国税(地税)登记证》等证件到国税(地税)局审批备案信息。

(7) 数据分中心审批、制作企业法人卡。企业持经技监、工商、税务盖章审批的《中国电子口岸企业入网资格审查记录表》到数据分中心,数据分中心工作人员审批企业法人信息后,制作企业法人卡。

(8) 持法人卡导入(或在线录入)操作员信息并申报。持企业法人卡登录身份认证管理系统"制卡发卡"子系统导入(或在线录入)企业操作员信息并申报。

(9) 数据分中心审批、制作企业操作员卡。数据分中心工作人员审批操作员信息后,制作企业操作员卡。

(10) 企业领卡、购买设备和95199卡。企业领取IC卡和读卡器、安装盘等,并到当地电信售卡点,或登录中国电子口岸网站(www.chinaport.gov.cn)购买。

(11) 持法人卡导入(或在线录入)企业备案数据和IC卡备案数据。企业持企业法人卡登录身份认证管理系统"企业管理"子系统导入(或在线录入)向商务局、海关、外汇局备案的企业备案数据、企业权限数据、IC卡备案数据和IC卡权限数据并申报。为了使用出口收汇系统,须向外汇管理局申报出口收汇权限。

(12) 分别到商务局、海关、外汇局进行审批。企业持相关证件分别到商务局、海关、外汇局进行审批。

(13) 企业持卡登录电子口岸开展业务。企业安装软硬件后,注册95199卡,通过95199网络登录电子口岸,即可进行出口收汇业务。

延伸阅读 6-1

××电子口岸想方设法为企业解决问题

2014年7月4日,广东××有限公司的有关负责人(香港地区××联盟负责人)到电子口岸窗口,向窗口反映:该公司在应用"跨境快速通关系统"进行通关业务申报时出现数据异常,导致无法在系统正常申报单据,影响正常通关手续的办理,以致目前有24个货柜车辆滞留在口岸现场。电子口岸窗口接到这种问题反映,立即在电子口岸执法系统为企业查询了企业备案数据以及电子口岸IC卡的状态,系统显示企业的备案信息等情况均为正常。接着,窗口工作人员协助企业联系其主管海关查询备案数据是否正确,但收到数据正常的反馈。

在还是查找不出原因的情况下,电子口岸窗口工作人员并未放弃,也不气馁。一方面向企业解释说明进展情况，并承诺将想方设法尽快为企业解决问题，给慌乱的企业吃了一颗定心丸，一方面联系中国电子口岸数据中心、××海关技术处及本单位的技术部门和客服部门共同查找问题原因。经过多方努力，发现企业未及时在跨境快速通关系统数据库中，更新自身企业的车辆备案信息，导致在申报过程中相关系统的数据信息不一致，造成无法成功申报。

针对问题原因，电子口岸窗口手把手指引企业在系统企业端进行下载更新备案数据信息等相关的操作。问题在当日下午及时得到了解决，使企业成功办理通关手续，确保了滞留在口岸的24辆货运车辆顺利通关。

【实训演练6-1】

1. 请你为宁波海曙玉楚贸易有限公司小波制作一份一般贸易项下与银行进行结汇操作的流程图。

2. 各贸易模拟团队，请根据本模拟公司的一笔出口收汇业务，模拟登录中国电子口岸，准确填写出口收汇说明。

【评价考核标准】

任　务	测评指标	考核标准	分　值	得　分
一般贸易项下出口结汇操作	出口结汇操作	能正确填写出口结汇说明	30	
	电子口岸操作	能熟练准确地进入中国电子口岸相关网站，并进行模拟登录	40	
	团队合作	安全贸易和敬业精神	30	

任务6.2　其他项下收款结汇操作

【操作指南】

步骤一：确认为其他贸易项下的出口收汇后，登录中国电子口岸出口收汇子系统。

步骤二：填写出口收汇说明等相关事项。

步骤三：完成其他贸易项下的出口收款结汇操作。

【相关知识】

一、预收账款项下收款结汇

如果属于预收账款结汇会存在三种情况。

第一种是本次预收款金额小于预收项下可收汇余额，可直接办理结汇。

第二种是本次预收金额大于预收项下金额但小于前 12 个月累计收汇额的 30%，操作后第二天在系统内可自动审核通过，并在电子口岸系统中查询到预收项下额度的增加，具体操作步骤为：

第一步：先做预收货款合同登记，具体操作步骤如下。

登录国家外汇管理局网上服务平台—贸易信贷登记管理系统—预收货款登记管理—预收货款合同登记—新合同登记完成各要素的填写。

需注意事项：(1) 登记时注意保存后会生成一个序列号，在做提款登记时需要录入保存；(2) 预收货款做合同登记的，当天合同登记可修改，隔天除合同号以外其余内容可修改。

第二步：做预收货款提款登记，具体操作步骤如下。

登录国家外汇管理局网上服务平台—贸易信贷登记管理系统—预收货款登记管理—预收货款提款登记—新提款登记完成各要素的填写。

需注意事项：(1) 预计出口日期与实际出口日期相差前后不得超过 15 天，故填写时要参考合同中交货日期；(2) 当天提款登记可做修改，隔天不可修改，若登记错误，则须到外汇局办理无关单注销手续后重新登记，办理无关单注销时需提供《企业预收货款登记无关单注销确认申请表》、《资本项目外汇业务申请表》、无关单注销登记的情况说明、录入（修改）合同登记页面、录入（修改）提款登记页面、无关单注销申请登记页面、企业信息页面、可收汇余额页面、收汇水单、合同、电子口岸 IC 卡、授权委托书、外汇局要求的其他材料。以上资料需加盖公章。

第三种是本次收款额度大于前 12 个月累计收汇额的 30%，则需携带资料前往外汇局办理额度外人工审批手续，提供资料包括《国家外汇管理局中心支局资本项目外汇业务申请表》、关于核定出口货款临时预收汇额的申请书、临时预收收汇情况说明、企业基本信息页面、可收汇余额页面、银行收汇通知、合同登记和提款登记（登记流程同第二种）页面，报关合同（注意以上资料均加盖公章）。上述资料通过审核后，次日可在电子口岸系统中查询到预收项下可收汇余额的增加。

第三步：货物报关出口后注销登记流程，具体操作步骤如下。

结汇完成后，每天需登录电子口岸系统，在出口收汇—收汇情况查询—报关单信息查询输入出口报关单起止日期，点击提交可查到报关信息，根据查询到的报关信息判断是否做了预收款登记，对于做了预收款登记的业务，需做有关单注销。具体操作：在国家外汇管理局网上服务平台—贸易信贷登记管理系统—预收货款登记管理—有关单注销登记—找到对应的收汇水单申报号—点击注销—将出口报关单号、贸易方式（一般贸易）、实际出口日期、出口金额（报关单金额）、注销金额（提款登记金额）填正确后点击确定，即注销完成。

注意事项：(1) 有关单注销应在实际出口后 15 日内完成；(2) 需注意报关单上的合同编号与预收合同登记时的编号是否一致；(3) 报关单上是否有实际出口日期，若没有实际出口日期，则证明尚未出口；(4) 2 个提款登记、1 张报关单注销时，出口金额均按报关单金额填写。

二、出口延期收款项下的收款结汇

对于出口来说，出口延期收款是一笔对外债权，是指货物出口合同约定收汇日期晚于合同约定出口日期或实际收汇日期晚于实际出口报关日期 90 天以上（不含）的收汇。

企业延期收款实行登记管理。企业应登录国家外汇管理局网上服务平台上的贸易信贷登记管理系统或前往所在地外汇局，办理延期收款的逐笔登记和注销手续。出口单位应当在货物出口报关后 60 天内凭远期备案书面申请、远期收汇出口合同或协议等相关材料向外汇局办理远期收汇备案。

银行向企业提供人民币形式贸易融资（打包放款除外）的，应在提供融资服务前进行联网核查（即在核查系统中录入相应的放款金额，扣减对应可收汇额），联网核查后银行放款不进入待核查账户。此类业务项下企业实际从境外收回的出口货款直接偿还给银行，不进入待核查账户，不必接受联网核查。如偿还银行后还有余款，对应外汇应进入企业的待核查账户并由银行进行联网核查。

打包放款形式的贸易融资，放款时不必进行联网核查，对应外汇不进入待核查账户。打包放款项下企业实际从境外收回出口货款时方进入待核查账户，由银行进行联网核查。若企业实际从境外收汇时，由于出口可收汇额不足，无法使用待核查账户中外汇全额偿还银行的融资款，差额部分可由企业使用经常项目外汇账户中外汇或购汇支付。

延伸阅读 6－2

国际业务网上银行功能

国际业务网上银行作为各行网上银行模块之一，将银行的网上银行服务渠道与国际结算业务系统进行嫁接，为客户提供包括网上出口结算、网上进口结算、海外账户查询、申请类业务在线查询服务、在线支持五大主要服务功能。

1. 网上出口结算服务

出口通知/汇入汇款查询：通过国际业务网银即时获得出口信用证通知、出口托收单据通知，并浏览出口信用证报文，对汇入汇款款项业务明细进行查询和打印。

2. 网上进口结算服务

(1) 进口信用证申请服务。客户可在线提交开证、修改、撤证、付款、承兑、拒付申请，划转开证保证金，业务申请一般直接传递到银行国际业务操作系统中进行处理，客户可通过网银对业务进度进行查询。

(2) 汇出汇款业务服务。网上汇出汇款业务：通过网银系统向银行提交贸易、非贸易及资本项下汇出汇款申请，业务申请一般直接传递到银行国际业务操作系统中进行处理，以电子信息逐渐取代先前的纸质的汇款申请书。

3. 海外账户查询

(1)发送账单业务。银行根据客户指定的时间和指定的账户信息在银行国际金融电讯协会处理系统中以国际金融电讯协会方式发送给总部客户,能够满足客户进行自动电子对账的需求,减少客户财务人员的工作量,同时也保证了工作的准确性,客户可通过银行国际业务网银查询发送的国际金融电讯协会报文明细和状态。

(2)企业资金集中归集账户查询。这主要是针对大型公司而言的。国内总公司对其海外各子公司账户明细查询依托国际通用的国际金融电讯协会系统。海外成员公司可授权要求当地开户行通过国际金融电讯协会系统定时向银行发送账户对账单;账户将各子公司通过当地账户发来的国际金融电讯协会报文在银行国际金融电讯协会报文处理系统整合汇总成账户交易明细;传递至银行网上银行系统,从而实现总公司通过网上银行对境外子公司账户的查询功能。

4. 申请类业务在线查询服务

客户对于在银行办理的(一般包含网上银行渠道和传统柜台方式)进口信用证开立和修改、汇出汇款业务的处理状态进行查询和打印。

5. 在线支持

网银客户可以通过多种渠道与银行进行交流,并通过在线提问、客户留言等方式随时向银行提出问题,银行专业的服务团队会在最短时间内响应。当前各家银行的国际业务网上银行服务多集中于上述领域,通过银行网银提供的服务,企业在掌握客户信息、办理国际结算业务、把握国际贸易的商机方面更加便利。

【实训演练6-2】

1. 2013年11月,小波与美国一老客户再次达成一笔出口家电的交易,金额为4万元,对方希望3个月后付款。请你为小波制作一份延期付款出口结汇流程。

2. 以贸易模拟团队为单位下企业调研,根据实际案例分组讨论并形成其他贸易项下预收款和延期收款结汇流程图。

【评价考核标准】

任务	测评指标	考核标准	分值	得分
其他贸易项下出口结汇操作	出口结汇操作	能正确填写出口结汇说明	70	
	团队合作	安全贸易和敬业精神	30	

项目七

进口汇兑操作

【应知目标】

了解货物进口时付汇风险规避的主要方法；理解三种进口远期收付汇的风险防范原理；理解进口押汇（代付）、提货担保的含义、作用与流程；掌握进口受价计算原理，掌握三种外汇风险规避方法和进口押汇与提供担保（S/G）的流程。

【应会目标】

- 能进行远期汇率受价计算。
- 会简单运用远期合同法、BSI 法和 BSL 法规避远期付汇风险。
- 能办理进口押汇业务进口提货担保业务。

【素质目标】

- 培养安全贸易意识，敏锐的危机处理意识和敬业精神。

【企业典型案例导入】

随着国内进口贸易的发展；宁波海曙玉楚贸易有限公司因国内市场需要，准备进口一批货物。2013 年 2 月，小波接受主管的要求，开始着手准备进口相关工作。从准备进口询价到达成交易，再完成交货付款，持续时间达 6 个月。由于对进口汇兑操作流程不熟悉，对进口押汇和进口提货担保业务也知之不多，又担心汇率变化影响公司利益。小波为这事很操心，他上网查阅了大量的资料，他该如何操作呢？

【任务分析】

一笔完整的进口贸易，从市场调研、与国外客户建立业务关系，直至达成交易准备货物进口直至完成收货付款，汇兑操作过程相对于出口较为简单。首先，洽谈价格。经师傅指导，小波对于国外出口商的报价能进行合理的受价计算与权衡。其次，在确定付汇方式时，若即期付汇则按常规操作进行；若是远期付汇，则要进行远期付汇风险规避。并且在进口付汇中,对于出现的资金占用情况,能采用适当的进口信贷方法。最后,在进行进口付汇操作时能正确地办理付款售汇。

任务7.1　受价交易

【操作指南】

在远期汇率下对进口报价进行折算比较:

步骤一:先看对方报出的支付货币是软币还是硬币。

步骤二:若是软币,计算软币的远期汇率,折算出可接受加价的幅度。

步骤三:比较硬币与软币,确定可接受的进口报价。

【相关知识】

进口商主要是站在询盘问价的角度,或直接接受出口商报出的底价,或要求出口商进行改变。在进口商认可和接受报价后,只需按照双方约定的货币进行支付。如果约定的结算货币为本币,则直接用本币支付,一般不必涉及汇率折算问题。如果约定的结算货币为外汇,则用购买合同约定的外汇来支付货款。当进口商在为满足支付货款的需要而购买外汇时,是银行在卖出外汇,因而用卖出价。所以,尽管进口商也需要掌握汇率折算关系,但所遇到的问题相对于出口商所面对的问题而言比较简单。

进口业务中,能否接受国外出口商的报价,直接相关联的问题是支付方式。若是即期支付,进口商能接受报价即可与出口商进行交易。主要涉及远期支付情况下,进口商应考虑汇率的变动带来的利益变化。

一、即期支付下进口受价权衡技巧

在我方进口时,外国出口商以两种货币报价,我方确定接受哪种货币报价的经济依据与方法有两种。

第一种:将该商品的两种货币报价均按人民币汇价折算成人民币进行比较。

【例7-1】 2013年4月10日,宁波海曙玉楚贸易有限公司从瑞士进口小收音机,瑞士出口商报价为每件CHF100,美元报价的单价为USD66。该公司应接受哪种报价?

当日人民币对瑞士法郎和美元的即期汇率为

	买入价	卖出价
CHF	5.0317	5.0468
USD	8.2671	8.2919

解:

将瑞士出口商的上述报价折算成人民币,即可看出哪种货币报价较为低廉:

瑞士法郎折算为人民币:$5.0468 \times 100 = 504.68$(元)

美元报价折算为人民币:8.2919×66=547.27(元)

可见,瑞士法郎报价的人民币成本低于美元报价的人民币成本。因此,如不考虑其他因素,该公司应接受瑞士法郎的报价。

第二种:将同一商品不同货币的进口报价,按国际外汇市场的即期汇率统一折算进行比较。

如上述收音机的瑞士法郎和美元报价,以当天纽约市场的美元与瑞士法郎的比价进行折算,也可得出应接受何种货币报价的较为合理的结论。

此例中,同日纽约市场美元对瑞士法郎的汇价为:USD1=CHF1.6449,按此汇价,将瑞士法郎的报价折算为美元为:100÷1.6449=60.7940(美元),而美元的报价单价为66美元。显然,如不考虑其他因素,该公司应接受瑞士法郎的报价,而不应接受美元的报价。

二、远期支付下进口受价权衡技巧

进口业务中,远期支付下的报价技巧:进口业务中,如果从成交到支付需要几个月的时间,对于外商一软一硬两种货币的报价,可以根据远期汇率计算并确定是否接受对方的报价。其基本原则是:远期报价中以软币报价的加价幅度不能超过该软币与该硬币的远期汇率,否则我方可接受硬币报价。

【例7-2】 2013年5月,宁波海曙玉楚贸易有限公司从国外进口一批商品,国外客户若以美元报价为每单位210美元;若以欧元报价为每单位151欧元。当时,人民币兑美元和欧元的3个月远期汇率分别为:

1美元=6.7541—6.7552元人民币

1欧元=9.5302—9.5392元人民币

如果不考虑其他因素,请根据题意计算并回答该公司可以接受哪种货币的报价?

解题思路:进口商品时,当然是以价格低为好,所以,这里只需要判断哪个价格更低。

方法:将两种报价都折算为人民币,比较价格。

根据上述条件,可以将以上两种报价折成人民币报价,计算结果分别为:

美元报价折成人民币报价:210×6.7552=1418.59(元)

欧元报价折成人民币报价:151×9.5392=1440.42(元)

根据计算结果,可以看到:由于美元报价折成人民币报价1418.59元低于欧元报价折成人民币报价1440.42元,所以在不考虑其他因素的情况下,该公司接受210美元的报价比较合适。

当然也可以将两种报价折算成其中的一种货币,比较价格。

超级链接

进口贸易价格条款操作技巧:为了避免可能发生的经济损失,进出口双方当事人在签订进口合同时可以订立考虑汇率变动的附加条款。一般采用下列方法:(1)黄金条款。即买卖双方的货款支付按签订合同时的黄金的价值计算。在合同明确订约时该种货币的法定含金量或黄金平价,并约定在交货付款时,该法定含金量或黄金平价如有变化,合同价格也必须按比例相应调整。(2)汇率风险条款。即在合同订立时,明确计价货币与另一种货币的汇率,付款时,该汇率如有变动,则按比例调整合同价格。

三、远期汇率是进口企业接受延期付款的报价依据

对进口商来讲,进口用软币付汇时的加价幅度要以远期汇率为准。即以软币报价的加价幅度不能超过远期汇率。其目的是防止以软币计价的进口商品加价过度而带来进口成本增加的损失。

【例7-3】 2013年4月,宁波海曙玉楚贸易有限公司进口商品原以瑞士法郎报价,每个单价为CHF100,3个月后付款。与出口商协商后,可以改用美元支付货款。但由于3个月远期美元贴水,因而用美元支付必须加价,出口商提出每个单价为63美元的报价,问能否接受?

交易当天苏黎世外汇市场美元/瑞士法郎即期汇率USDl = CHF1.6130—1.6140,3个月远期贴水点数为:135—125。

解:

衡量进口商品的美元报价能否接受可分为三个步骤。

第一步:计算美元与瑞士法郎的远期汇率。

远期汇率为:

$$\text{USD }1 = \text{CHF}(1.6130 - 0.0135) — \text{CHF}(1.6140 - 0.0125)$$
$$= \text{CHF}1.5995 — \text{CHF}1.6015$$

第二步:折算报价。

苏黎世市场的远期报价,原报价为瑞士法郎,改报美元,即本币改报外币,用买入价,又因为这是直接标价法,所以1.5995为买入价。

折算为:$100 \div 1.5995 = 62.5195$(美元)

第三步:比较报价,计算幅度。

未加价前美元报价:$100 \div 1.6130 = 61.9963$(美元)

可加价幅度:$62.5195 - 61.9963 = 0.5232$(美元)

62.5195美元的进口报价比未加价前的报价61.9963美元多出0.5232美元。所以,该商品的进口报价最高限为62.5232美元;如果超过这一数额,则进口商宁肯用硬币报价。因此,进口商用软币付汇时的商品加价幅度不能超过其远期汇率。

延伸阅读 7-1

进口贸易相关手续的办理

进口贸易前,除进行市场调研、与国外客户建立业务关系外,开展进口贸易还须办理必要的手续和做好其他一些准备工作,如取得进出口经营权、办理海关注册登记手续、申请进口许可证、申请进口配额、申请外汇账户与领取进口付汇核销单、制订进口商品经营方案等。

一、取得进出口经营权或委托进口代理

中国于2004年全面放开外贸经营权。2004年7月1日起施行了新《中华人民共和国对外贸易法》在外贸经营者的范围上作了重大修改,规定自然人、法人和其他组织依法登记后,可以从事货物和技术的进出口贸易。未获得进出口经营权或无某项商品进出口经营权的企业,如需出口,必须委托有该商品进出口经营权的企业代理进出口。

(一)办理进出口经营资格登记和核准的程序

负责办理进出口经营资格登记并核发《中华人民共和国进出口企业资格证书》的机构为国家商务部授权的各省、自治区、直辖市、计划单列市的发证机关及其他机构。

企业申请进出口经营资格,要持申报材料到所在地发证机关办理。企业申请自营进出口权,发证机关收到申请后作出准予登记或不予登记的决定。对准予登记的,发给《中华人民共和国进出口企业资格证书》。

企业申请外贸流通经营权,由商务部核准。地方企业由发证机关报商务部核准;中央企业及其所属企业,由中央企业报商务部核准。商务部在收到发证机关或中央企业报告后作出准予核准或不予核准的答复。发证机关自收到商务部的核准文件后发放《中华人民共和国进出口企业资格证书》。

二、办理海关登记注册

中国规定,所有出入境运输工具、货物、物品都需要办理报关手续。进出口货物的报关又可分为自理报关和代理报关两类。进出口货物收、发货人自行办理报关手续的称为自理报关。根据中国海关目前的规定,自理报关单位必须具有对外贸易经营权和报关权。报关注册登记制度,又称海关注册登记制度,是指进口货物的收货人、出口货物的发货人或他们的代理人向海关提供规定的法律文书,申请报关资格,经海关审查核实,准予办理报关业务的管理制度。中国海关要求向海关办理报关纳税手续的收、发货人须依法办理报关注册登记。

三、申请进口配额和进口许可证

中国对限制进口的货物实行配额或者许可证管理。国家规定,有数量限制的限制进口货物实行配额管理,其他限制进口货物实行许可证管理;对限制进口的技术,实行许可证管理。实行配额或者许可证管理的货物、技术,必须依照国务院的规定,经商务部或者由其连同国务院有关部门许可,方可进口。商务部和国务院有关经济管理部门(统称进口配额管理部门),按照国务院规定的职责划分,对实行配额管理的限制进口货物进行管理。

四、制订进口经营方案

进口经营方案是指在对进口商品进行市场调研和成本核算的基础上为进口交易制订的经营方案和为实施这种方案而采取的各种措施。进口经营方案的主要内容包括进口交易对象的选择、进口商品的品质和数量、进口的时间、进口价格、支付方式及贸易方式的拿捏等。一般只对大宗商品的进口制订一个完整的进口经营方案，对少量商品的进口，可以不制订书面的经营方案或制订一个简单的方案即可。

【实训演练7－1】

1．2013年7月，宁波海曙玉楚贸易有限公司从瑞士进口时钟，以瑞士法郎报价为200CHF/个，以美元报价为80USD/个，当天中国外汇牌价为：

CHFl = CNY3.110 0—3.112 0

USDl = CNY7.890 0—7.892 0

问：哪一个报价可以接受？

2．某日，苏黎世外汇市场即期汇率为：

USD1 = CHF 1.700 0

3个月远期汇率为：

USD1 = CHF 1.650 0

中国某公司从瑞士进口机械零件，3个月后付款，瑞士出口商的报价为100瑞士法郎，如中方要求瑞士出口商以美元报价，则其报价水平为多少中方可以接受？

3．中国某公司向美国出口设备，如果即期付款每台报价2 000美元，现美国进口商要求中方以瑞士法郎报价，并在货物发运后3个月付款，问中方应报多少瑞士法郎？当日纽约外汇市场汇价表即期汇率为USD/CHF = 1.6030/40，3个月远期差价为140/135。

4．各贸易模拟团队，请根据本虚拟公司的一笔进口业务，设计完成受价计算。要求写出具体操作步骤与过程。

【评价考核标准】

任　务	测评指标	考核标准	分　值	得　分
远期汇率下进口报价	进口报价折算	正确计算远期汇率下可加价幅度	80	
	团队合作	精诚合作，为集体利益着想	20	

任务7.2 风险防范

【操作指南】

步骤一:首先要尽量将外汇风险防范考虑在事前,在进口贸易中争取使用软币。

步骤二:密切关注外汇汇率行情,重点是进口支付货币与本币的远期汇率的变化。

步骤三:当进口贸易的成交到结算的周期较长时,可以综合运用外汇和货币市场业务进行外汇风险防范。若本币在未来一定时期内要贬值,且进口付汇时间固定,则应与外汇银行进行一笔远期外汇交易。若本币贬值,且投资回报率高于贷款和卖汇成本,则建议实施 BSI 法进行风险规避。若折扣高于借款成本,且支付货币汇价有上升的趋势,建议实施 LSI 法进行风险规避。

【相关知识】

一、金融工具防范远期付汇风险

(一) 远期合同法

1. 远期合同法的含义

进口贸易中远期付汇下的远期合同法,是借助于远期合同,创造与将来外汇流出相对应外币流入来消除外汇风险的方法。也是远期外汇交易业务,即预约购买和预约出卖的外汇交易,也就是买卖双方先签订合同,规定买卖外汇的币种、数额、汇率和将来交割的时间,到期再按合同规定,卖方交汇买方付款的外汇交易。

利用远期合同法,通过合同的签订把时间结构从将来转移到现在,并在规定的时间内实现本币与外币的冲销,所以这种方法能够全部消除外汇风险,并能预先计算贸易成本和实际收益。

2. 远期合同法的应用

具体的进口业务中,远期合同法就是指由远期外汇支出的进口商与银行签订购买远期外汇合同一定时期后,按签约时规定的价格向银行购买规定数额的外汇,从而防止汇率上涨而增加的成本。

【例 7-4】 宁波海曙玉楚贸易有限公司从美国进口 100 000 美元的货物,支付条件为 90 天远期信用证。公司为防止 90 天后美元汇价上涨,遭受损失,可用远期合同法采取措施防范外汇汇率风险。

首先,公司在与美国公司签订进口贸易合同的同时,与意大利某银行签订购买远期外汇合同。金额、期限和货币都与贸易合同中涉及的相同。即购买金额为 100 000 美元,购买时间为 90 天,购买方向为买进美元,卖出意大利里拉。并在当时就约定远期汇率,以防止 3 个月后美元汇价上升,里拉汇价下跌。从而避免花更多的里拉才能购买相同美元的损失。

其次,3 个月到期时,将美元远期合同进行到期交割,将购买回来的美元用于支付货款。

如购买日的远期汇率为 USD1/ITL1412—1414，因为对银行来讲是买入意大利里拉，卖出美元，应用卖出价，且因为对意大利进口商来讲，当地汇率是实行间接标价法，即买入价在前，卖出价在后，故采用汇率是 USD1 = ITL1414。当 3 个月美元远期合同到期交割时，意公司付出 141 400 000 马克买进 100 000 美元，用以向美国公司支付因货物进口而需支付的货款。

可见，由于公司 90 天后付出美元，就意味着有一笔美元流出，通过远期合同的签订使 90 天后有一笔美元流入，从而抵消了外汇风险。

当然，在进口商选择采用远期合同法防范外汇风险时，是通过这种方法将进口付汇成本进行了锁定。这是一种将汇率风险前移化解，这种方法也要充分估计因为汇率相反方向变化而遭受的风险与损失。

（二）BSI 法

1. BSI 法的概念

BSI 法是 Borrow - Spot - Invest 的简称，即借款-即期外汇交易-投资法。进口企业在有应付账款的情况下，为防止应付账款的汇率波动，借入与应付外汇金额相当的本币，然后与银行签订即期外汇购买合同，用借入的本币购买外币，从而使外汇风险的时间结构转变到现在的办汇日，消除汇率波动的风险；然后将买入的外币投放于货币市场，获得一定的投资收入，抵冲一部分采取防范措施的费用支出。等应付账款到期时收回投放于货币市场的外汇支付外币货款。

2. BSI 法在进口付汇中的应用

具体来讲，进口业务中，具有应付账款的企业，为了防止汇率变动，先借入与应收外汇等值的本币，以此消除时间风险，同时，通过即期外汇交易把本币兑换成外币，以此消除价值风险，然后，将外币进行投资，以投资收益来贴补借款利息和其他费用。应付款到期时，就收回投资的外汇进行支付货款。

【例 7－5】 2013 年 5 月 10 日，宁波海曙玉楚贸易有限公司业务员小波要向美国公司进口总价 100 万美元的货物，经商定，中方 6 个月后以美元付款。

步骤一：宁波海曙玉楚贸易有限公司从中国银行借入一笔金额为 1 000 000 美元的本币贷款，期限为 120 天，这样，时间风险就从 120 天后转移到了办汇日，为此该进口商要支付利息费用。

步骤二：该进口商将借入的本币通过即期合同法卖给银行换成美元，从而消除了汇兑风险。按照此时的汇率水平折算，外币兑换本币而向银行支付一定的买汇成本。

步骤三：该进口商及时将换来的美元进行投资，期限为 120 天。这样，该进口商可获得相应收益。

步骤四：假设 120 天后应付款到期时，该进口商将美元投资收回以支付应付款。而此时美元对人民币汇率变动将不受影响。

若不作风险防范，存在着美元升值要多支付的损失。

可以看出，通过 BSI 法使货币的流出流入完全抵消，消除了全部外汇风险，最后只剩下一笔本币的支出。在采用 BSI 法防止应付账款风险时，如进口公司流动资金充裕,不一定先从银行借款,它可利用本身的流动资金来购买外汇。这样可能比银行贷款的成本低。

火眼金睛

应收账款和应付账款汇率风险的操作程序,虽然都是借款、即期外汇交易、投资三部曲,使收入和支出的外币完全抵消。但币种操作顺序不同。前者借款是借外币,投资用本币;后者借款是借本币,投资用外币。

BSI 法与借款法的主要区别在于操作中 BSI 多出一道投资程序,从而既能提前利用资金,也可用投资收益完全或部分抵补承担借款利息的代价。

(三)BSL 法

1. BSL 法的概念

BSL 法是 Borrow - Spot - Lead 的简称,即借款-即期外汇交易-提前支付法。具有应付账款的企业,先从银行借入本币,按即期汇率兑换成应付外汇,紧接着提前付账款,从债权人那里获得一定的折扣。其所获得的折扣可完全或部分抵补借款利息的损失。

由于提前支付可以获得折扣,相当于进口商在延期付款项下对所持货款的投资收入,所以国际上习惯称其为 LSI 法,而不习惯叫 BSL 法。

2. BSL 法的应用

宁波海曙玉楚贸易有限公司在与美国的进口交易中,为防止外汇风险,也同样要以采用 BSL 来规避风险。

【例 7-6】 2013 年 5 月 10 日,宁波海曙玉楚贸易有限公司业务员小波要向美国公司进口总价 1 000 000 美元的货物,经商定,中方 6 个月后以美元付款。

步骤一:宁波海曙玉楚贸易有限公司从中国银行借入一笔金额为 1 000 000 美元的本币贷款,期限为 120 天,这样,时间风险就从 120 天后转移到了办汇日,为此该进口商要支付利息费用。

步骤二:该进口商将借入的本币通过即期合同法卖给银行换成美元,从而消除了汇兑风险。按照此时的汇率水平折算,此时外币兑换本币应向银行支付一定的买汇成本。

步骤三:该进口商及时将换来的美元进行提前还款,期限为 120 天。这样,该进口商可获得相应折扣。(此处若考虑提前还款的折扣,可适当少些借款。)

步骤四:到期日,进口商支付本币借款。

可见,BSL 法是通过借本币,以本币换外币,再以外币提前偿付,全部风险消除,将来只有一笔本币流出,借款到期时用本币偿还借款。可以看出 BSL 法与 BSI 法在消除应付账款的外汇的风险的机制作用是相同的。只不过 BSI 法是请付款方提前支付货款,将外币换本币,其最后一步是投资,获得利息;而 BSL 法是借本币,将本币换外币,提前支付账款,最后一步是提前还款,从卖方获得一定的折扣。

（四）其他金融工具防范方法

1. 择期外汇交易法

在进口贸易中，常常会发生支付条件是单据到进口商时及时付汇，但具体单据什么时候到达却难以准确估算，只能估计某一个特定日期的前后10天左右。这种情况下，远期合同法无法实现因外汇汇率变动的风险规避，因为远期合同法要求交割日期固定。所以，如何避免远期外汇合同法交割日期固定的约束，又能在按时支付远期货款的前提下防范外汇汇率风险，择期外汇交易法成为一种选择。

（1）择期外汇交易的概念。

择期外汇交易是指远期外汇的购买者在合约有效期内的任何一天，有权要求银行实行交割的一种外汇业务。

在具体的进口业务中，择期合同法就是指有远期外汇支出的进口商与银行签订购买远期外汇合同，双方约定一个有效期，在有效期内，进口商可以按签约时规定的价格随时向银行购买约定数额的外汇，从而防止汇率变动而增加的成本。

（2）择期外汇交易的应用。

在择期外汇交易中，进口商在考虑如何规避外汇风险的同时，还要充分考虑远期汇率的选择。因为交割时间的灵活，导致银行成本的增加，所以在确定择期远期外汇汇率的时候，银行往往会从更有利于自身的角度确定远期汇率。如远期外汇升水时，银行会采用最接近择期期限结束时的远期汇率来计算外汇金额；若远期外汇贴水时，银行就会采用最接近择期期限开始时的汇率来计算外汇金额。这就意味着进口商虽然取得了择期的便利，同时也要承担因为升水或贴水而多付出的损失。

【例7-7】 某进口商在签订购买商品合同后，一时还不能确定将来付款的确切日期，大致只能定在8月左右。为了固定进口付汇成本，它就可以同银行做一笔择期外汇交易，把交割日期定在8月1—31日。一旦择期交易合约成交，进口商就可以按照约定的远期汇率选择8月1—31日之间的任何一天，根据进口付款的要求，随时通知银行在两个工作日后交割。

2. 掉期外汇交易法

（1）掉期外汇交易的概念。

掉期外汇交易是指在某一日期即期卖出A货币，买进B货币的同时进行相反操作，反方向地买进A货币，卖出B货币的交易。也就是把原来手中持有的A货币和B货币进了一次掉换方向的买卖。

（2）掉期外汇交易的应用。

掉期外汇交易的保值原理是转换货币种类，规避外汇风险。

【例7-8】 中国某公司已筹集200万美元，以支付3个到期的货款。某日外汇市场汇率如下：

即期 USDl = JPY114　　3个月远期 USD1 = JPY110

问：如按掉期外汇交易法防范外汇风险，应如何进行？

解：

按照掉期外汇交易法的要求，一个企业应在签订买进或卖出即期合同的同时，再签订卖出或买进远期合同来防止外汇汇率变动对企业造成损失。

在本例中,即期 USDl = JPY114,3 个月远期 USD1 = JPY110

其做法如下:

在现汇市场签订即期合同,用 200 万美元购买 1.14 亿日元;与此同时,在期汇市场上签订远期合同,用 1.10 亿日元购买 200 万美元。掉期合同的签订保证了 3 个月美元付款按期完成,且不会遭到外汇风险损失。同时又能盈利 400 万日元(1.14 亿 - 1.10 亿 =0.04 亿日元,即 400 万日元)和对应的利息。

二、事前方法防范进口远期付汇风险

进口企业如何避免在经济交易中产生外汇风险是一个很重要的问题。进口企业必须从自己的利益出发,通过选择适当的方法来避免或减少外汇风险。主要分成两类:一类是通过外汇交易来规避,如远期合同法、择期外汇交易、掉期外汇交易等,这一类主要是通过金融工具来减少外汇风险,上面已作介绍;另一类主要采用事前方法来防范进口远期付汇风险,主要有以下几种。

(一) 选择适当的结算方式

为使进口企业加速资金周转,不断增强进口贸易,选择和灵活运用国际贸易中惯用的外汇结算方式是非常必要的。

在决定结算方式之前,需要注意以下几点:

(1) 调查了解贸易伙伴的资信状况和经营作风,掌握市场上商品的供求状况和价格行情的变化趋势。如果国际市场上商品需求和价格行市看好,在进口该类商品时,可采用信用证方式支付,也可采用付款交单或承兑交单的托收方式支付,以保证付款后取得货运单据。

(2) 调查了解贸易伙伴国家的商业惯例、贸易和外汇管理制度,以免双方在决定支付方式时不易达成一致意见,或造成收汇过程中不应有的损失。

(3) 调查了解外汇市场的行情及发展趋势。如果外汇市场利率看涨,进口时应争取采用即期信用证方式或承兑交单方式,以尽早付款提货或尽早承兑、提货、转售、支付货款,而不应采用远期付款交单或远期信用证的支付方式。因为采用远期付款交单或远期信用证的支付方式都是在未来的到期日付款后才能获得货运单据,进口时尽量支付软币。

在中国的进口贸易中,多数采用信用证的支付方式,对于一些小额的交易也采用托收和汇付的方式。有时还可根据具体情况,采取信用证和托收支付方式结合、信用证和汇付支付方式结合、汇付与银行保函支付方式结合的方法。例如,在进口成套设备和进口船舶、飞机等需要分期付款的交易中,常常使用汇付与银行保函结合的付款方式。它的做法是:在贸易合同中规定,买方在卖方开始生产和生产告一阶段时预先交付一部分定金,或根据卖方提供的证明文件,用汇付方式交付一部分货款,最后的一部分货款在货物装船后卖方提供货运单据时付清。这种情况通常是卖方通过银行给买方出具一份银行保证函,保证卖方最后不能履约时,银行将退回已交的货款和利息。

(二) 货币保值法

出口贸易中采用货币保值法已有述说,这种方法进口贸易中也可应用。

如进口支付时超过“商定汇率”一定幅度，则对原货价进行调整。此方法适用于交往有素的客户之间，以推进与发展双方长期往来的经济合作关系。软币与硬币汇率变动幅度较小时，则不调整货价，以示给予对方的折让与照顾。只有软币与硬币汇率变动超过规定的波动幅度时，才对原货价进行调整。

1. 以硬币保值法为例

【例7－9】 宁波海曙玉楚贸易有限公司有一笔货款为10 000 000日元的进口合同。合同中规定以日元支付，以美元保值，并规定美元与日元波动幅度达到5%时要对货款进行调整。

假设合同签订时汇率为1美元＝100日元，支付货款时的汇率为1美元＝110日元，美元升值10%，波动幅度已经超过5%。所以，货款应进行调整，调整后的货款应为11 000 000日元。

假设支付货款时的汇率为1美元＝103日元，美元升值只有3%，波动幅度没有超过5%，则货款不作调整，仍为10 000 000日元。

2. 以一揽子货币保值法为例

【例7－10】 宁波海曙玉楚贸易有限公司进口货款为500万美元的货物，贸易合同中规定用美元、日元、英镑组成一揽子货币来对货款进行保值。其中，美元占30%，日元占30%，英镑占40%。

假设签订合同时的汇率为1美元＝120日元，1美元＝0.6667英镑。

则500万美元折成保值货币就应该为：

500万(美元)×30%＝150万(美元)

500万(美元)×30%×120日元/美元＝18 000万(日元)

500万(美元)×40%×0.666 7英镑/美元＝133.34万(英镑)

若货款支付日的汇率变为1美元＝130日元，1美元＝0.700 0英镑。

则各保值货币折算成美元应为：

150万美元

18 000万(日元)÷130美元/日元＝138.461 5万(美元)

133.34万(英镑)÷0.700 0美元/英镑＝190.485 7万(美元)

合计：150＋138.461 5＋190.485 7＝478.947 2万(美元)。

所以，到货款支付日时，进口商应向出口商支付478.947 2万美元的货款。

由于一揽子货币当中，各种货币的汇率有升有降，汇率风险得到了分散，并把最大的风险限制在规定的幅度内，这样就避免了外汇风险。在目前的国际支付中，特别是对一些金额较大、期限较长的合同，使用这种方法比较普遍，它起到了分散外汇风险的作用。

(三) 货币选择法

出口贸易中采用货币选择法，进口贸易中的应用也较多。

进口商在以软币作为计价货币时，由于软币不断贬值，将来当进口商支付货款时就可以用较少的本币兑换到这笔货款。此方法的实质在于把汇率变动所带来的好处留给自己，损失推给对方。采用此方法，一方面要受到贸易双方交易习惯的制约，另一方面由于各种货币的硬或软并不是绝对的，有时会出现逆转，所以此方法并不能够保证进口商避免外汇风险。

在实际业务中，进口商都以自己的利益作为出发点，选择对自己有利的货币。但任何交易都是由买卖双方洽谈商定的，不能由单方决定，所以这个基本原则必须结合贸易条件、商品价格和市场行情等综合考虑，统筹决策。

在进口贸易中，出口商坚持收硬币，而出口的商品又是进口商必须进口的，这时进口商就不能再坚持“付软币”的原则，可以在市场条件许可的范围内争取降低价格，减少因汇率波动而造成的损失。

延伸阅读 7－2

浅谈人民币升值及风险规避

人民币升值也叫“人民币增值”，是指中国的人民币相对于其他国家来说价值增加或上升，也就是说相对于其他货币来说，人民币的购买力增强。人民币升值或贬值是由汇率直观反映出来的。人民币升值的原因由中国经济体系的内外因素共同作用造成。国际收支、外汇储备状况、通货膨胀状况和物价水平、利率水平和经济增长状况等内部因素皆影响人民币汇率波动。人民币升值会对中国的宏观经济和微观经济造成直接影响。

人民币汇率变动对企业的影响表现为对汇兑损益的影响，对企业的生产成本和销售收入的影响等。一些出口企业为应对汇率的不稳定性所带来的风险，已经采取了各种积极应对措施。

方法一　合同条款避险

企业在与外商签订合同时，根据对于目前人民币的预期，首先选择对自身有利的收汇或付汇期限。如预期人民币存在升值，出口收汇企业签订短时间的合约有利，收汇时间越早越好；而进口付汇企业应签订时间较长的合约。同时在合同中会规定一个互相都能接受的风险比例作为合同的附加条款。通常双方各自承担50%的风险。其次，选择合理的合同货币。在远期收付汇中，付汇用软币，收汇用硬币。若涉及金额数目较大，可采用多种货币对合同计价货币保值，以减少汇率波动幅度。

方法二　贸易融资避险

贸易融资可以较好地解决外贸企业资金周转问题。利用贸易融资工具包括票据押汇、出口保理、福费廷等，有利于加快出口变现，减少应收外汇账款占用。

方法三　金融衍生工具避险

中国外汇市场在汇改后发展进程加快，人民币远期交易的主体和范围不断完善和扩大，推出了远期、期权和掉期等金融衍生产品。在外汇管理方面也采取了一系列配套措施，为企业汇率避险拓宽了金融渠道。

目前，企业可供使用的主要金融衍生产品有：(1) 使用远期结售汇工具。远期结售汇业务范围和交易主体随着汇改逐步扩大，推出银行间人民币汇率远期交易，商业银行对企业汇率避险也逐步扩大服务，这都较大程度地方便了企业远期结售汇交易，满足了企业对避险的进一步需求。调查显示，在金融衍生工具中远期结售汇工具的使用占比达到91%。（2）使用外汇期权。企业使用期权交易避险比较灵活，但企业需要向银行支付一定的期权费用，因此使用外汇期权企业需要沉淀一定的操作成本。（3）使用人民币外汇掉期交易和境外人民币无本金交割远期外汇（NDF）工具。

自汇改推出外汇掉期业务以来，尽管目前业务量所占份额不高，但越来越多的企业开始使用这种工具，发展趋势良好。境外人民币无本金交割远期外汇工具也被一些外资企业和在国外有分支机构或合作伙伴的中资企业使用来进行汇率避险。

【实训演练7－2】

1．某澳大利亚进口商从日本进口一批商品，日本厂商要求澳方在3个月内支付10亿日元的货款。当时外汇市场的行情是：

即期汇率：1澳元＝100.00—100.12日元

3月期远期汇水数：2.00—1.90

故3月期远期汇率为：1澳元＝98.00—98.22日元

如果该澳大利亚进口商在签订进口合同时预测3个月后日元对澳元的即期汇率将会升值到1澳元＝80.00—80.10日元：

（1）若澳大利亚进口商不采取避免汇率风险的保值措施，现在就支付10亿日元，则需要多少澳元？

（2）若现在不采取保值措施，而是延迟到3个月后支付10亿日元，则到时需要支付多少澳元？

（3）若该澳大利亚进口商现在采取套期保值措施，应该如何进行？3个月后应实际支付多少澳元？

2．某年10月中旬外汇市场行情：即期汇率为USD/JPY＝116.40/50，3个月远期掉期率为17/15。一美国进口商从日本进口价值10亿日元的货物，在3个月后支付。请用进口付汇的远期合同法规避外汇风险。

3．各贸易模拟团队，请根据本虚拟公司的一笔进口付汇业务，采用远期合同法、BSI法和LSI法进行远期付汇风险防范。要求写出具体操作步骤与过程。

【评价考核标准】

任　务	测评指标	考核标准	分　值	得　分
进口付汇风险防范	远期合同法规避付汇风险	能使用远期合同法完成进口远期付汇中外汇风险的规避	30	
	BSI 法规避付汇风险	能使用 BSI 法完成进口远期付汇中外汇风险的规避	30	
	LSI 法规避付汇风险	能使用 LSI 法完成进口远期付汇中外汇风险的规避	30	
	团队合作	安全贸易和敏锐的危机处理意识	10	

任务7.3　进口信贷

【操作指南】

步骤一:确认进口货物时,资金周转困难出现在单据到达还是未到达。

步骤二:若是单据已到达,则使用进口押汇。

步骤三:若是单据晚于货物到达,则使用提货担保。

在国际贸易中,经常会出现买方信贷和卖方信贷。

买方信贷是指进口商通过向所在地银行申请信用额度,当进口商的账户有了这笔钱,出口商就会发货,凭发货单据提示进口商,如果货物符合要求,进口商就会指示开户行把货款划拨到出口商的开户银行。如果进口货物是国家政策鼓励发展行业所需要的,那么贷款会比较容易申请到,买方信贷有国家的信用作保障。

卖方信贷是指出口国为了鼓励本国商品出口,扩大外汇,卖方政府通过贷款给出口企业,让其用来准备出口货物的装船及其他费用,还可担保:如果进口商不能付清货款,国家会先把货款付上,然后国家再去追款。

进口贸易结算的方式有信用证、托收等。进口信贷的主要方式有进口押汇和提货担保。

一、进口押汇

进口押汇主要适用于信用证下和托收下的结算方式。

(一) 进口信用证押汇

进口信用证押汇(Inward Bill Receivables),是指开证行收到议付行或交单行寄送的单据后,为开证申请人垫付货款的一种贸易融资。

在具体的进口业务中,开证行收到单据后,如单证相符,或虽有不符点但客户及开证行双方均同意接受,开证行应立即偿付议付行或交单行,但开证申请人因资金周转关系,发生了资金周转困难导致无法在开证行付款前付款赎单提货,因此以该信用证项下代表货权的单据为质押,并同时提供必要的抵押/质押或其他担保,由银行先行代为对外付款，使进口商取得短期的资金融通。

进口押汇的融资比例为国外来单金额的100%。收取利息的方法不是通常押汇采用的“预收利息法”，而是普通贷款常用的“后收利息法”，即在押汇到期后，从企业账户扣收押汇本金及其利息。还款的来源完全依赖于企业经营的利润。进口押汇一般使用原币（即信用证及单据使用的货币）直接对外付款，不可兑换（结汇）成人民币使用。

进口开证行办理进口押汇通常不收押汇手续费，其利息计算公式为：

$$押汇利息 = 本金 \times 融资年利率 \times 押汇天数/360$$

进口押汇天数通常不需要进行复杂的计算，一般是根据开证申请人的资金周转需要而定。如开证申请人需要30天才能筹措信用证项下的付汇资金，则进口押汇天数可以为30天，如需要60天才能筹措付汇资金，则进口押汇天数可以为60天，但一般最长不能超过90天。

进口押汇的主要作用是信用证项下的开证申请人在进口开证后，以代表货权的单据为质押，可获得银行的短期融资，用于进口付汇，加速资金周转。与普通贷款比，具有手续简便、融资速度快捷的特点。

（二）信用证项下进口押汇业务流程

单据到达开证行后，开证申请人向开证行提出进口押汇申请并签订有关协议。开证行办理进口押汇并对外付款。开证申请人取得进口单据，押汇到期后由开证申请人归还押汇款并支付押汇利息。

1. 具体流程见图7－1

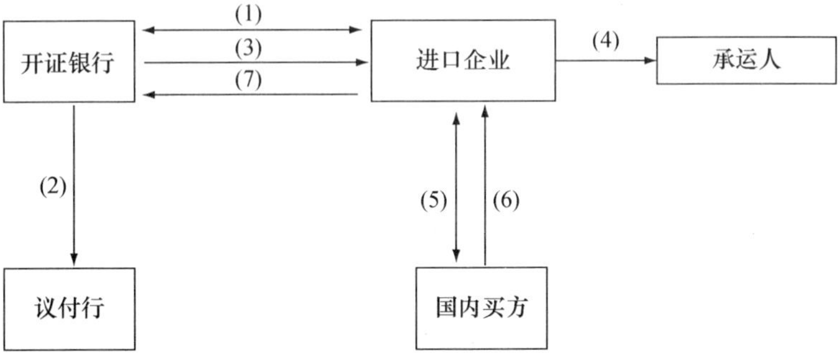

图7－1 进口信用证押汇流程

（1）进口商向开证银行提出押汇申请，并签署押汇合同和信托收据。

出口单据到达后，开证申请人提出办理进口押汇的要求，并填写《进口押汇申请书》；开证申请人向银行提供近期财务报表、进口合同、开证申请书等材料；开证申请人向银行出具信托收据，并在必要时提供保证金等担保措施。上述手续办妥后，银行向开证申请人发放进口押汇款。

开证申请人办理进口押汇业务时，应向开证行提交下列材料：填写开证行印制的《进口押汇申请书》；与开证行签订信托收据，作为开证申请人将自己的货物所有权转让给银行的确认书；签订经签章确认的进口押汇合同，合同须列明申请人名称、信用证编号、押汇金额、押汇期限、押汇利率、还款日期、还款责任及违约处理等。如：银行应进口商A公司的申请开立了金额为500万美元的即期信用证。信用证项下单据到达后,A公司向银行提出进口押汇申请。经审查,所到单据为信用证项下全套物权单据,且完全符合信用证的要求。A公司系银行贸易融资重点客户,银行为其核有1 000万美元的进口押汇客户授信额度,按银行规定可直接办理此笔业务,无须进行信贷审查。在此情况下,A公司向银行出具了信托收据,并与银行签订了进口押汇协议。办妥上述手续后,银行放单给A公司,并先行对外付款。

(2) 开证/押汇银行向议付行支付货款。

(3) 开证/押汇银行凭信托收据将单据发给进口商。

(4) 进口商凭单据提货。

(5) 进口商销售货物。

(6) 进口商回笼货款。

(7) 进口商向开证/押汇银行归还押汇本金及利息,结清进口押汇。

2. 注意问题

如进口押汇单据中存在不符点,进口商在办理押汇前须向银行出具接受不符点单据的书面证明。银行接受办理押汇的进口货物通常为市场适销的商品。押汇期限通常与进口货物销售回款周期相匹配。银行对进口信用证押汇通常按照贷款方式进行管理,押汇款只能用于相应的信用证项下对外付款。

(三)《进口押汇申请书》的填写

《进口押汇申请书》见表7-1,要据实填写以下栏目:申请单位名称;法定代表人;L/C NO.;即期;开证金额;来单金额;货物描述;开证保证金;申请押汇金额;期限;收款人名称;账号和申请理由及还款计划。

对申请单位名称、法定代表人按企业注册时营业执照上的如实填写。

对L/C NO.、即期、开证金额的填写要与信用证的填写内容一致。

对申请押汇金额,一般为国外来单金额的100%。

进口押汇的期限一般为30天,也可以为60天,但一般最长不能超过90天。

最后要加盖公章及有权签字人签字后提交银行。

表7-1 进口押汇申请书

授信/贸易融资协议编号: 业务编号:

<table>
<tr><td colspan="2">申请单位名称:</td><td>法定代表人:</td></tr>
<tr><td>L/C NO.:</td><td colspan="2">即期:</td></tr>
<tr><td>开证金额:</td><td colspan="2">来单金额:</td></tr>
<tr><td colspan="3">货物描述:(货名、数量、规格、标记、运输工具、起运地、起运日期、合同号等)</td></tr>
<tr><td>开证保证金:</td><td colspan="2">申请押汇金额:
期限:</td></tr>
<tr><td>收款人名称:</td><td colspan="2">账号:</td></tr>
<tr><td colspan="3">申请理由及还款计划:</td></tr>
</table>

续表

____________银行____________________：

我公司在此保证：

1. 遵守已与贵行签订的《授信协议》/《国际贸易融资协议》(如有)。

2. 一旦贵行履行信用证开证行的职责，根据本申请书对外支付(或由贵行委托的第三方支付)信用证项下相关款项，该款项即构成贵行对本公司的押汇款项，本公司有义务按照本申请书确定的期限和利率向贵行承担按期足额清偿有关押汇本息的责任。

3. 遵守已签署给贵行《开立信用证承诺书》。

4. 销售货款从贵行指定的账户回笼，贵行有权随时扣还押汇款，若不能按期归还全部押汇本息，贵行除有权按规定加收逾期利息外，并可主动从我公司的任何账户内扣收押汇本息及逾期利息、复息及采取其他贵行认为必要的追偿措施；贵行因采取追偿措施而支付的律师费、诉讼费、差旅费等所有费用，均由我公司承担，贵行可主动从我公司的任何账户内扣除。

5. 随时向贵行提供上述信用证项下货物的销售情况及我公司的经营、财务状况及贵行所需要的其他材料，并配合贵行的调查、审查和监督。发生影响我公司偿债能力的重大事项时，立即书面通知贵行，并积极配合贵行落实本申请书项下有关押汇本息及其他一切费用安全偿还的保障措施。在此情况下，贵行有权采取从我公司账户扣款、处分担保物及其他措施收回(含提前收回)有关押汇本息和费用。

6. 我公司承诺按照下述规定向贵行提供本申请书项下押汇本息、逾期利息及其他费用偿还的担保（以下根据实际情况在( )中打"√"选择)：

(　)6.1　向我公司在贵行开立的保证金账户中存入　　　币　　　　元的保证金，该资金自进入该账户之日起视为特定化和移交贵行占有，未经贵行许可我公司不得动用；及/或

(　)6.2　以我公司拥有合法所有权或处分权的　　　　　　作为质物，按照贵行要求办妥质押手续；及/或　　　　　　　　。

(　)6.3　由贵行认可的银行提供保函/备用信用证。

在上述担保手续未办妥的前提下，我公司确认贵行有权拒绝向我公司发放押汇款。

(注：本申请书代主合同时，应选择适用本条并在本条前的"( )"中打"√"选择；本申请书非代主合同适用时，该条不适用，相应担保适用《授信协议》/《国际贸易融资协议》项下担保。)

7. 我公司同意本申请书项下押汇利率按下列标准执行：　　　　。

8. 押汇一旦逾期，贵行有权就逾期金额以押汇利率上浮50%的标准向我公司计收逾期利息。

9. 因本申请书项下业务发生纠纷，在已与贵行签订《授信协议》/《国际贸易融资协议》的情况下，按该协议约定处理；如未签订《授信协议》/《国际贸易融资协议》，我公司应先与贵行协商解决，协商不成的，可通过以下途径解决(以下三者仅选其一在"( )"中打"√"选择)：

(　)9.1　向贵行所在地法院起诉。

(　)9.2　向仲裁委员会申请仲裁。

(　)9.3　提交(如选择本项，请在以下二者中择一，在"( )"中打"√"选择)。

(　)9.3.1　中国国际经济贸易仲裁委员会。

(　)9.3.2　中国国际经济贸易仲裁委员会　　　　分会。

按照金融争议仲裁规则予以仲裁解决。

(注：本申请书代主合同时，应选择适用本条并在( )中打"√"选择；本申请书非代主合同适用时，本条不适用。)

申请单位：　　　　　　　　　　　　　　　　银行确认：
(盖章)　　　　　　　　　　　　　　　　　　(盖章)

法定代表人或授权代理人：　　　　　　　　　主要负责人或授权代理人：
(签字/盖名章)　　　　　　　　　　　　　　(签字/盖名章)

(注：本申请书代主合同时，银行确认栏应签章，本申请书不代主合同时，无须在银行确认栏签章。)

日期：

超级链接

进口押汇合同

编号:(　　)进口押汇字第　　号

甲方(申请人):________________________
住所:________________________法定代表人:________________职务:____________
授权代表:______________;联系电话:____________________;传真:____________________
乙方(押汇行):佛山市南海区农村信用合作联社
住所:________________________法定代表人:________________职务:____________
授权代表:______________;联系电话:____________________;传真:____________________

依据有关法律法规的规定,双方经协商一致,签订本合同,以资共同遵守。

第一条　本合同所称进口押汇是指银行根据开证申请人的要求,在单证一致的情况下,以进口货物做抵押,在付款到期日为其垫付资金的短期融资。

第二条　进口押汇前提条件。

乙方为甲方做进口押汇,甲方须满足以下条件:

1. 向乙方预留与签署本合同有关的公司文件、单据、印鉴、相关人员名单和签字样本,并填妥有关凭证;

2. 开立乙方要求的为完成本合同下业务所必需的账户;

3. 办妥做业务所必备的法律和行政审批手续,按乙方要求提交相应审批文件的副本或与原件相符的复印件;

4. 甲方同意作出本合同第九条约定的声明与承诺;

5. 甲方已取得乙方的授信额度或单笔授信(如需要);

6. 乙方认为甲方应予满足的其他条件。

第三条　押汇币种和金额。

押汇币种为:____________。

押汇金额为:(小写)____________________。

(大写)______________________________。

第四条　押汇期限。

押汇期限为________月/天,自乙方将押汇款项(即信用证金额与信用证保证金之间的差额)以贷款方式支付给甲方之日起连续计算。

押汇到期日为前述期限的截止日或本合同第十条约定的立即到期日。

押汇的最终期限以乙方确认的为准。

甲方应在押汇款项到期日按期足额归还押汇款项本金及利息。

第五条　利率和付息。

1. 双方同意以年利率________%核算乙方为甲方提供的进口押汇款项的利息。

2. 逾期进口押汇的利率和付息。

如截止于押汇到期日,乙方支付给甲方的押汇款项未获清偿,则该笔押汇款项的本金、利息构成甲方对乙方的逾期债务,乙方可按本条第一款确定的利率加20%的水平核算利息,并有权向甲方追偿包括但不限于公告费、送达费、鉴定费、律师费、诉讼费、差旅费、评估费、拍卖费、财产保全费、强制执行费等实现债权的费用。

第六条　甲方声明与承诺。

甲方声明如下:

1. 甲方是依法设立和存续的企业法人,已经并将按期办理工商登记手续,具备所有必要的权利并能以自己名义履行本合同义务;

2. 甲方已经充分知悉、理解本合同的全部条款内容,签署和履行本合同系基于甲方的真

续表

实意思表示，且已经按照公司章程或者企业的其他内部管理文件的要求取得股东会/股东大会或董事会的合法、有效的授权（如需授权），且不违反对甲方有约束力的任何协议、合同和其他法律文件；

3. 甲方在本合同项下向乙方提供的全部文件、凭证等资料是真实、完整、准确和有效的；

4. 甲方申请向乙方叙做的进口押汇交易背景真实、合法，未用于洗钱等非法的目的，甲方按乙方要求向乙方提供任何文件不得解释为乙方对于甲方从事交易的真实、合法性负有审查义务和责任；

5. 甲方未向乙方隐瞒可能影响其和担保人财务状况和履约能力的事件；

6. 甲方在变更住所、通信地址、联系电话、营业范围、法定代表人等事项时，保证在变更后10个工作日内书面通知乙方。

第七条　违约事件。

下列事项之一即构成甲方在本合同项下违约：

1. 未按本合同的约定履行对乙方的支付和清偿义务；

2. 甲方在本合同中所作的声明不真实或违反其在本合同中所作的承诺；

3. 违反本合同中关于当事人权利义务的其他约定；

4. 甲方在与乙方之间的其他合同项下发生违约事件；

5. 因单据存在不符点或任何其他原因导致甲方要求拒付或迟付；

6. 收款人所在地发生动荡、爆发战争、发生金融危机、收款人倒闭、发生不可抗力事件等可能导致甲方要求拒付或迟付；

7. 因单据在邮寄中遗失或者延误、电讯失误等导致甲方拒付或迟付。

出现本条第一款约定的违约事件时，乙方有权分别或同时采取下列措施：

1. 宣布本合同下的融资款项立即全部到期；

2. 无须向甲方提前发出任何通知，直接从甲方开立在乙方和佛山市南海区农村信用合作联社的辖属机构的账户中扣收甲方应予偿还的债务本金、利息、罚息及汇差损失及实现债权的费用，账户中的未到期款项视为提前到期。账户币种与乙方业务计价货币不同的，按扣款当天乙方确定的汇率折算，账户中的未到期款项视为提前到期。账户币种与乙方业务计价货币不同的，按扣款当天乙方确定的汇率折算；

3. 处分担保财产，以所得价款优先受偿或者向保证人追索；

4. 乙方认为必要和可能的任何其他措施。

第八条　权利保留。

乙方如未行使本合同项下部分权利，或未要求甲方履行部分义务，并不构成乙方对该项权利的放弃或对甲方该项义务的豁免，亦不构成乙方对本合同中其他权利的放弃或对甲方在本合同中其他义务的豁免。

乙方对甲方的任何宽容、展期或者延缓行使本合同项下的权利，均不影响乙方根据本合同及法律法规而享有的任何权利，亦不得视为乙方对上述权利的放弃。

第九条　本合同是________________的子合同。

第十条　合同的变更、解除和解释。

本合同经双方书面同意可以修改、补充或解除。本合同的任何修改和补充均构成本合同不可分割的一部分。

本合同任何条款的无效均不影响其他条款的效力。

第十一条　法律适用、争议解决及司法管辖。

本合同适用中华人民共和国法律。

在合同履行期间，因履行本合同所发生的或与本合同有关的争议纠纷，双方可协商解决。协商不成的，任何一方可以采取如下第____种方式加以解决：

1. 依法向乙方住所地的人民法院起诉；

续表

2. 向佛山仲裁委员会申请仲裁。 第十二条　甲、乙双方约定的其他事项________________________。 第十三条　生效条件。 本合同一式________份，甲、乙双方各执________份，自甲方法定代表人、乙方授权签字人签字并加盖甲、乙双方公章之日生效。 甲方：　　　　　　　　　　　　乙方： 法定代表人：　　　　　　　　　授权签字人： 年　月　日　　　　　　　　　　年　月　日

二、提货担保

（一）提货担保的概念

提货担保（Delivery against Bank Guarantee）是指进口信用证项下货物早于运输单据抵达港口时，开证申请人向开证行提出申请，凭开证行加签的提货担保书向船公司办理提货手续的业务。由于申请人在未付款之前就取得了代表货物所有权的单据，因此它的实质也是开证行对其的一种融资。在正常的情况下，收货人应凭正本提单向船公司办理提货手续，但由于近海航行航程过短，货物常常先于单据到达，如收货人急于提货，可采用提货担保方式，即请开证行出具书面担保，请船公司凭此先行放货，保证日后及时补交正本提单，并负责交付船公司的各项费用及补偿由此而可能遭受的损失。

提货担保的主要作用是货物到港后，收货人可及时提货，而不必等待运输单据到达后提货，省去了货物到港后，收货人没有及时提货而可能产生的滞港费等额外费用和避免了可能产生的损失。

（二）提货担保的业务流程

办理提货担保的业务流程较为简单（见图7－2）。

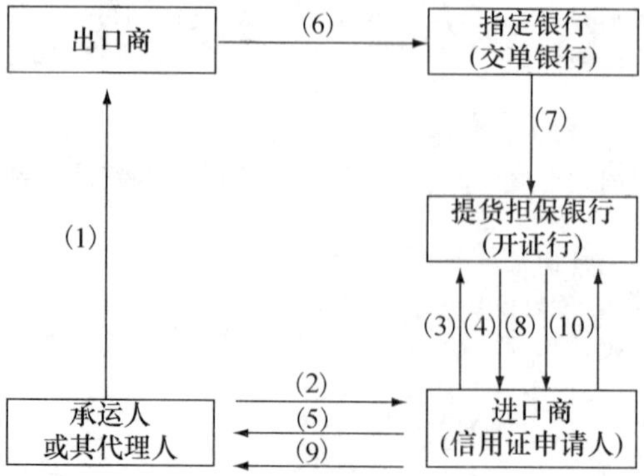

图7－2　提货担保流程

(1) 受益人(出口商)从承运人或其代理人处取得提单。

(2) 承运人或其代理通知信用证申请人(进口商)货物到港。

(3) 申请人收到信用证项下到货通知书,向开证行提交提货担保申请、到货通知书、发票及提单副本。在申请书上应正确填写货物名称、合同号、单据金额、提单号、信用证号及发货人等内容,声明放弃该笔单据的拒付权利,保证在收到正本单据10天内负责向外运/外代/船方换回银行出具的提货担保函,并及时退回银行。

(4) 开证行签发提货担保函并按笔收取手续费,交给申请人办理提货手续。(对于需要提供担保的申请人,银行要求其出具足额的担保或保证金等。)

(5) 申请人凭提货担保函提货。

(6) 受益人按信用证要求缮制并取得单据,将全套单据交至议付行/交单行。

(7) 议付行/交单行审单后将全套单据递交到开证行。

(8) 申请人付款,开证行将含提单的全套单据交与申请人。

(9) 申请人凭正本提单换回提货担保函。如果提货担保书签发后20天内仍未收到正本提单,国际业务部门应视具体情况发电催询。

(10) 开证申请人将提货担保函交回开证行归档。

(三) 注意点

(1) 一般在近洋运输时申请出具。

(2) 属于银行(开证行)担保的一种,对于船公司因未凭正本提单先行放货而可能遭受的损失,由银行负责赔偿,是开证行给予申请人的一种融通,使进口商可以先行提货,加快了货物销售的进程。开证行收到正本提单后,开证申请人须将提货担保函换回并交回开证银行。

(3) 开出提货担保函后,进口商便可以在尚未收到单据时提取货物。信用证到单后,无论单据是否存在不符点,均不得拒付。

(4) 提货担保业务的手续费一般为来单金额的一定比例。

(5) 进口商向银行申请办理提货担保函提货,则丧失了拒付的权利。因此除非完全确定接受全部货物并无条件付款,进口商最好不要轻易办理银行提货担保。货物既已先到,进口商可尽量先到码头查看货物大致情况,确有需要时,再去办理银行提货担保。

(四)《提货担保申请书》的填写(见表7-2)

在提货担保申请书中,由进口商填写的主要项目有信用证号、发票金额、开证日期、船名、提单号、货名、数量、发票号码/唛头,对于这些栏目的填写务必与正本提单的记载相符。主要几个栏目要求如下:

(1) 船名(Name of Vessel),应填列货物所装的船名及航次。

(2) 提单号码(B/L NO.),发货人向收货人发送装船通知(Shipment Advice)时,也要列明船名和提单号码。

(3) 货名(Discription of Goods),在信用证项下货名必须与信用证上规定的一致。

(4) 唛头(Shipping Marks),唛头即为了装卸、运输及存储过程中便于识别而刷在外包装上的装运标记,是一项重要内容。信用证有规定的,必须按规定填列,否则可按发票上的唛头填列并与其他单据以及实际货物保持一致，否则会给提货和结算带来困难。

① 如信用证上有具体规定，唛头应以信用证规定的唛头为准。如果信用证上没有具体规定，则以合同为准。如果合同上也没有规定，可按买卖双方私下商订的方案或受益人自定。

② 唛头内的每一个字母、数字、图形、排列位置等应与信用证规定完全一致，保持原形状，不得随便错位、增减等。

③ 散装货物没有唛头，可以表示"No Mark" 或"N/M"。裸装货物能常以不同的颜色区别，例如钢材、钢条等刷上红色标志，提单上可以"Red Stripe" 表示。

【例 7－11】

信用证号：XUT17456 ___________

发票金额____ USD470 000.00 _________

开证日期：2013 年 10 月 20 日

船名：CCNI ARICA V.723E

提单号：TE06107E

货名：彩色喷墨打印机（COLOR INKJET PRINTERS）

数量：RO123　1 000 套（1 000SETS）、RO122　1 000 套（1 000SETS）、RO145　1 000 套（1 000SETS）、RO168　1 000 套（1 000SETS）

发票号码/唛头：TIEX071030/N/M

表 7－2　提货担保申请书

××××银行________________：　　　　　　　　　　　　No. __________

经因贵行第________________________号信用证项下提单尚未收到，请贵行向承运公司签署提货担保书，以便我公司先行提取下列货物。

唛　头	货　名	船名、航次	发货人	货运地点 提单日期	提单编号 合同号码
总件数（大写）：					
货物价值（大写）：					

我公司谨此承诺和同意下列事项：

一、我公司在收到有关单据时，无论其余有关信用证/合同是否完全相符，我公司保证立即承付或承兑，绝不因任何理由提出拒付/拒绝承兑，贵行向我公司发出单到通知后，如我公司在合理工作日内未承付或承兑，贵行有权从我公司账户中扣款，按期对外付款。

二、我公司保证在收到有关提单后 15 天内向承运公司换回上述提货担保书，退换贵行注销。如在规定时间内未将此担保书退还，我公司愿意承担贵行加收的手续费。

三、倘因出具此提货担保书使贵行遭受任何损失，我公司承担全部赔偿责任。

四、本申请书项下提供担保业务的主合同编号________________《________________》及其今后相关的补充协议。

五、本申请书项下开立提货担保金比例为提货担保金额的____________,已存入申请人保证金账户____________________。

申请人(公章):
法定代表人
或授权代理人签字:
日期:　　年　月　日

三、进口代付

(一) 进口代付的概念

进口代付是指在进口信用证、进口代收和 T/T 货到付款项下,银行应进口商要求,根据其资信状况,授权另外一家银行(即代付行)即期代理付款给进口信用证项下的议付行或受益人或其指定人,或进口代收项下的托收行或出口商,或 T/T 货到付款项下的收款人,进口商银行在确定的到期日向代付行支付其所垫款项的本金、利息及相关费用,进口商同时按约定费率偿还其银行所支付的相应本息及费用。外币进口代付的实质是银行以自身资信为担保利用代付行资金为进口商提供的一种短期贸易融资。

(二) 进口代付的适用对象

(1) 企业货款尚未回笼,没有足够的资金用于信用证、代收或 T/T 项下的付款。

(2) 企业有足够的资金,但出于提高资金使用效率的目的,需要借助银行融资用于信用证、代收或 T/T 项下付款,而这时进口企业银行的资金成本高于其代理行的资金成本,企业可向其银行申请进口代付。

(3) 对 D/A 项下代收银行不予办理进口代付。因为进口代付业务必须具有真实的贸易背景,进口货物应为市场适销的商品。其期限通常与进口商的销售周期相匹配。

(三) 进口代付的业务流程(见图 7-3)

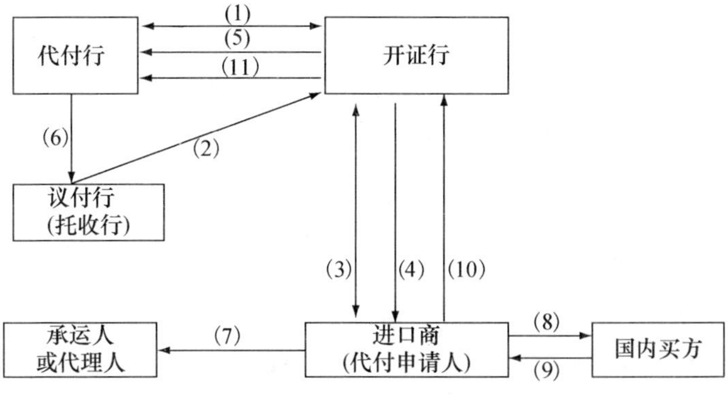

图 7-3　进口代付的业务流程

(1) 开证行和代付银行签订代付融资协议。

(2) 出口商通过开证行将单据寄给议付行索汇。

(3) 开证行同进口商签订进口代付协议。

(4) 开证行凭同进口商签订的信托收据放单给进口商。

(5) 开证行向代付行发出代付指示。

(6) 代付行执行代付指示付款给出口商银行。

(7) 进口商凭单据提货。

(8) 进口商销售货物。

(9) 进口商货款回笼完成。

(10) 进口商归还银行代付本金、利息及其他费用。

(11) 开证行向代付行归还代付本金、利息及其他费用。

(四) 其他进口代付行为

1. 跨境人民币进口代付

当前,随着跨境人民币结算业务的快速发展,以人民币为结算币种的进出口贸易越来越普遍。该业务模式是指境内金融机构利用境外金融机构或其他代理行的低成本人民币资金,解决企业在跨境贸易人民币结算中的融资需求。

具体业务流程为:

(1) 境内外买卖双方签订贸易合同,约定以人民币为结算币种。

(2) 在对外付款前,买方客户向境内银行提出代付申请。

(3) 境内银行根据买方申请,匹配一笔境外银行提供的人民币资金。

(4) 境内银行与买方客户确认后,向境外银行发送付款指令,内容包括金额、期限、收款账户等。

(5) 境外银行根据境内银行指示,将相应款项发至指定收款账户。

(6) 买方在代付到期日前将本息合计金额归还至境内银行。

(7) 境内银行按照约定,归还代付行相应的本息。

2. 国内信用证代付

国内信用证代付,是指国内信用证开证银行(以下简称开证行)接受国内信用证开证申请人(以下简称申请人)的委托,指示另外一家银行(以下简称代付行)对申请人以国内信用证为结算方式的贸易应付款项在国内信用证约定的付款日,代为先行清偿,开证行与申请人签订相关贸易融资合同,约定双方债权债务关系,在约定的代付到期日,申请人将代付本息归还开证行,开证行归还代付行的短期人民币贸易融资业务。

具体流程为:

(1) 国内贸易双方签订贸易合同,约定以国内信用证结算方式。

(2) 买方通过开证行(买方银行)向卖方开出国内信用证。

(3) 卖方收到国内信用证后,向买方发货并通过卖方银行向开证行交单。

(4) 对于即期国内信用证,买方向开证行提出代付申请;对于延期付款信用证,买方先承兑,并于承兑到期日向开证行提出代付申请。

(5) 开证行向代付银行发出代付指示。

（6）代付行代付国内信用证款项。

（7）代付到期日，买方归还开证行本息，开证行归还代付行本息。

延伸阅读 7－3

中国进出口银行进口信贷业务简介

1994年中国进出口银行成立，其总部设在北京。这是一家直属国务院领导的、政府全资拥有的国家银行。它的国际信用评级与国家主权评级一致。截至2011年，中国进出口银行在国内设有21家营业性分支机构；在境外设有巴黎代表处、圣彼得堡代表处和东南非代表处；与1 250家银行的总分支机构建立了代理关系。

扩大中国机电产品、成套设备和高新技术产品进出口，促进对外关系发展和国际经贸合作，提供金融服务，推动比较有优势的企业开展对外承包工程和境外投资等，是中国进出口银行的主要职责。

目前，标准普尔公司、穆迪投资者服务公司和惠誉信用评级有限公司对中国进出口银行的评级分别是AA、Aa3、A＋，与中国国家主权信用评级一致。

进口信贷流动资金贷款和进口信贷固定资产贷款是中国进出口银行进口信贷的主要业务。

一、进口信贷流动资金贷款

进口信贷流动资金贷款是指中国进出口银行为中国企业从境外进口资源、原材料、能源及日常生产经营活动所需的备品备件、半成品和成品所需资金提供本、外币贷款。

贷款申请条件：贷款需符合进出口银行要求的外贸公司代理进口非自用的资源、能源和原材料等产品所需资金，或用于满足借款人日常生产经营过程中从境外进口商品所产生的中短期资金需求。

二、进口信贷固定资产贷款

进口信贷固定资产贷款是指中国进出口银行为中国企业从境外进口资本性货物及相关配套建设所需资金提供的本、外币贷款。

贷款申请条件：贷款需用于满足借款人在实施开发、改造、新建、扩建、购置等固定资产投资项目时进口资本性货物及进行相关配套建设所产生的中长期资金需求。

贷款对象：凡在中国工商行政管理部门或主管机关核准登记，具有独立法人资格的企业及具备贷款资格的事业法人，均可向中国进出口银行申请进口信贷固定资产贷款。

【实训演练 7－3】

1. 以贸易模拟团队为单位下企业进行调研，根据实际案例分组讨论采用进口信贷的有效方法，形成一个有效的进口信贷操作案例。

2. 案例分析：

3月7日，W银行应A公司申请，开出金额为200万港币不可撤销即期跟单信用证。

3月10日，N银行向W银行寄单索偿。

3月16日，W银行向A公司发出进口付款通知书。

3月17日，A公司向W银行表示同意付款。

3月18日，W银行支付信用证项下的款项，同时将信用证项下单据交A公司提货。

3月30日，A公司向W银行申请对该笔信用证叙做金额180港币、期限3个月的进口押汇。

4月8日，B公司向W银行出具进口押汇额度担保承诺书，承诺对W银行为A公司垫付的进口信用证项下押汇款项，承担连带担保责任。同日，W银行和A公司、B公司签订进口押汇协议书，约定W银行同意为A公司提供1年期的进口押汇额度180万港币，B公司对A公司的还款承担连带保证责任，保证期间为押汇期限届满之日起2年。W银行对进口押汇信用证项下货物享有质押权，如A公司到期不能偿还W银行债务，W银行有权处分该批货物。

合同签订后，W银行即于当天向A公司出具一份借款借据，借据载明借款人为A公司，金额为180万港币。此后，A公司将信用证项下进口货物加工生产并出口销售。W银行在此过程中，未对该货物实行有效监管。还款期届满后，A公司未偿还W银行的借款。

9月9日，W银行向A公司、B公司发出催收函，要求其尽快还款。

9月12日，A公司向W银行偿还部分押汇款59万港币。

11月12日，W银行将A公司尚欠的121万港币转入逾期贷款科目。此后，W银行多次追讨欠款未果，遂诉至法院。

法院的审判结果是什么？造成B公司保证失效的原因是什么？

4. 各贸易模拟团队，请根据本虚拟公司的一笔进口付汇业务，分别采用进口押汇和提货担保进行进口信贷，要求写出具体操作步骤与过程。

【评价考核标准】

任　务	测评指标	考核标准	分　值	得　分
出口信贷	进口押汇	能准确填写《进口押汇申请书》	40	
	分提货担保	能准确填写《提货担保申请书》	40	
	分团队合作	仔细严谨准确，能为集体利益服务	20	

任务7.4　进口付汇

【操作指南】

步骤一：明确支付方式。

步骤二：明确不同支付方式下的进口付汇的操作要领。

【相关知识】

一、进口付汇的含义

进口付汇是指货物进口后，进口企业（或代理单位）凭盖有海关“放行章”或“验讫章”的该批货物的进口报关单，连同“核销单”通过向银行购买外汇或从现汇账户支付的方式，向境外支付有关进口货物的货款、预付款、尾款等款项的过程。可见，进口付汇是为了配合国家的外汇管制政策，通过“电子底账+联网核查”的方式，防止不法企业伪造报关单或者利用报关单进行重复付汇。进口付汇主要有三种类型，即预付货款、货到付款和延期付款。

进口付汇的主体是企业，相对于银行而言是进口售汇行为。

进口售汇是指外汇指定银行将外汇卖给外汇使用者，并根据交易行为发生之日的人民币汇率收取等值人民币的行为。售汇使用的汇率为汇卖价。

二、进口付汇

（一）申请列入《对外付汇进口单位名录》

进口单位应当凭以下材料到所在地外汇局办理列入《对外付汇进口单位名录》手续：

（1）对外经贸部（委、厅）的进出口经营权的批件。

（2）工商管理部门颁发的营业执照。

（3）技术监督部门颁发的企业代码证书。

（4）外汇登记证（外商投资企业）。

对于已经外汇局核准开立经常项目外汇账户的企业，在申请办理“名录”时，无须再次提供《进出口经营权备案登记表》、工商营业执照及技术监督局代码证书等资料，可直接凭《经常项目外汇业务核准件》企业留存联（第三联）和进口单位名录登记申请书办理。不在名录上的进口单位不得直接到外汇指定银行办理进口付汇。

若是异地付汇，进口付汇进行备案办理。企业办理异地开证、付汇时，凭加盖企业公章的备案申请函、进口合同、代理协议（委托代理项下须提供）以及不同结算方式项下外汇局规定的相关单证，到企业所在地外汇局办理类别为“异地付汇”的进口付汇备案手续。企业付汇所在地银行凭《进口付汇备案表》、贸易进口付汇核销单以及售付汇管理有关规定要求的单证办理异地付汇业务。

（二）企业进口付汇业务具体操作

1. 具体操作流程见图 7－4 所示

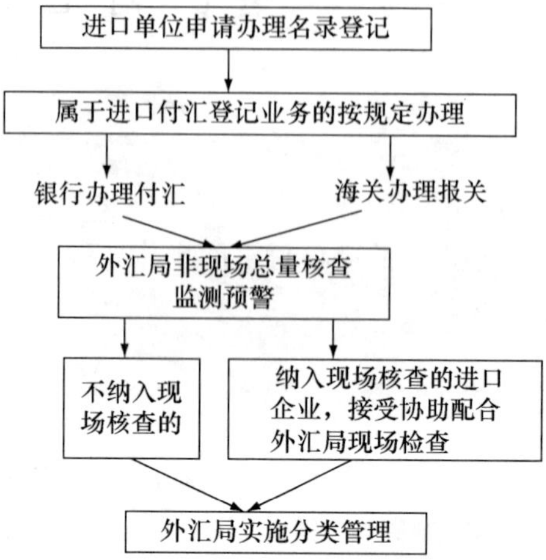

图 7－4　企业进口付汇流程

2. 不同结算方式下付汇流程

企业进口付汇主要结算方式为汇款、信用证和托收。

（1）汇出汇款。

① 含义。

汇出汇款是指国内汇出行应国内汇款人的要求，通过其国外账户行或中间行将汇款资金从汇款人一方汇出至国外收款人一方的一种结算方式。汇出汇款业务速度快，一般 1—2 天就能收到，一般是在双方比较信任的前提下采用，且价格便宜，只需汇出汇款手续费，流程简单，只需要填写《境外汇款申请书》。

② 操作流程。

汇出汇款主要分为预付款和货到付款两种，主要操作流程见图 7－5、图 7－6。

A. 预付款下汇款流程

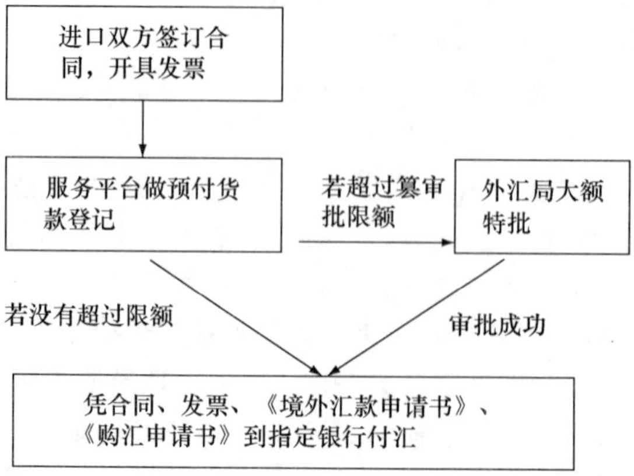

图 7－5　预付款下汇款流程

B. 货到付款下汇款流程

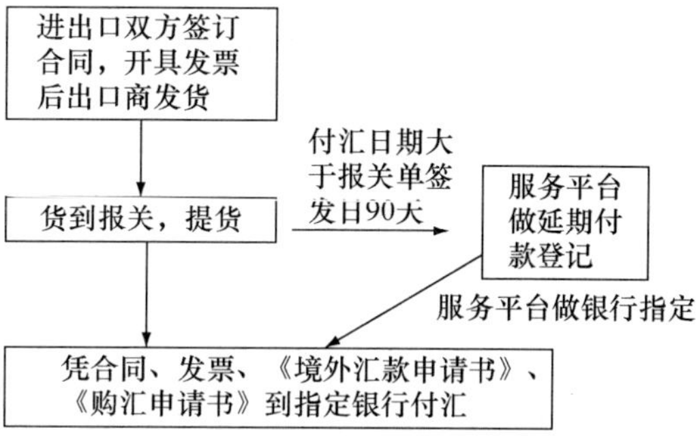

图 7－6　货到付款下汇款流程

(2) 进口信用证结算下付汇。

① 含义。

进口信用证是指银行根据开证申请人的要求和指示,向受益人开立的,有一定金额的,在一定期限内,凭相符交单予以付款的确定承诺。进口信用证交易中比较安全,由银行审核单据相符后付款,但流程较复杂,时间较长。一般需要 3 个工作日左右。需要一定保证金或担保和开证手续费等。

② 操作流程见图 7－7 所示。

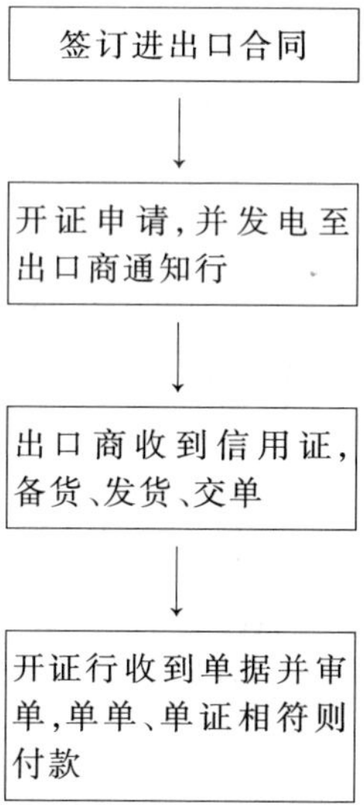

图 7－7　进口信用证结算下付汇

(3) 进口代收付汇。

① 含义。

进口代收是指我行收到托收行寄来的托收单据(和汇票)后,根据托收行的指示通知付款人,凭付款人的付款或承兑交单并予以付汇的业务。进口代收下单据由银行传递,付汇后即可得到货权证明。比汇出汇款复杂,但比信用证简单,无须保证金与担保, 但时间较长,需对方先提交单据等, 需要进口代收手续费等。

② 操作流程见图 7－8 所示。

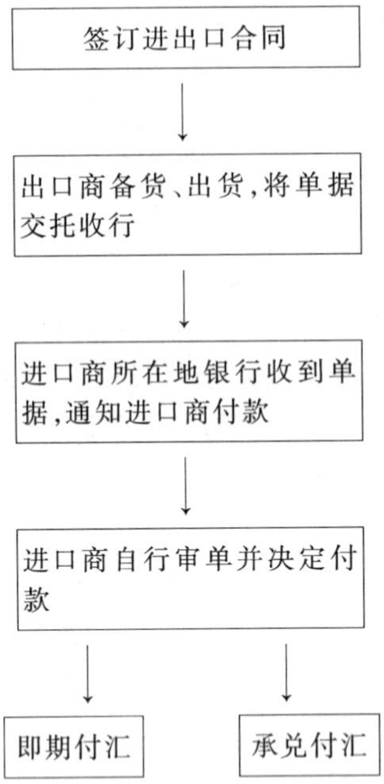

图 7－8　进口代收付汇流程

（三）进口付汇交单要求

进出口企业进口需付汇时，需持与支付方式相应的有效商业单据和所列有效凭证外汇指定银行直接办理，从其外汇账户中支付或者到外汇指定银行兑付。

1. 不同付款要求下交单要求

（1）信用证方式下。

进口单位凭进口合同、《信用证开证申请书》、信用证结算方式要求的有效商业单证、《进口付汇备案表》（或有）、进口许可证或登记表、进口证明（或有）以及委托代理协议（或有）到银行直接办理付汇手续。

（2）跟单托收方式下。

进口单位凭进口合同、付款通知单（D/A、D/P）、跟单托收结算方式要求的有效商业单据、许可证、登记表及进口证明（或有）、《进口付汇备案表》（或有）以及委托代理协议（或有）到银行直接办理付汇手续。

超级链接

信用证、托收项下进口售汇由付汇银行直接办理。银行审核以下资料：《购汇申请书》、《对外/境内付款/承兑通知书》、《进口付汇登记表》（需外汇局事先登记的）、进口合同和其他有效商业单据。

（3）预付货款项下。

预付货款是指进口商先将货款用汇付的方式交给出口商，出口商立即或在一定时间内发运货物。进口单位办理预付货款项下购付汇时，凭进口合同、进口付汇核销单及形式发票等相关单证直接到外汇指定银行办理。

经办行为企业办理预付货款购汇前，应登记贸易信贷登记管理系统，确认该笔预付货款已做债权登记且已经外汇局确认且信息一致后，方可为企业办理预付货款对外付汇的购付汇手续。审核资料包括《购汇申请书》、《境外/境内汇款申请书》、《进口付汇登记表》（需外汇局事先登记的）、进口合同和形式发票。

（4）货到付款方式下。

进口单位凭进口合同、发票、正本进口报关单、提单、《进口付汇核销单》、许可证、登记表及进口证明（或有）、各种不同贸易方式及运输方式对应的凭证单据、《进口付汇备案表》（或有）以及委托代理协议（或有）到银行直接办理。

（5）进口延期付汇、远期付汇下。

《国家外汇管理局关于加强进口延期付汇、远期付汇管理有关问题的通知》（汇发〔2005〕8 号文）规定，对于货到汇款项下凭进口日期为 2005 年 3 月 1 日以后的进口货物报关单付汇的，进口单位应按合同约定的日期办理购付汇手续。但对单笔报关单未付汇金额在等值 50 万美元以上（含 50 万）且预计付汇日期超过报关单进口日期 90 天（含 90 天）的进口货物报关单，进口单位应当在报关后 60 天内，持《延期付汇说明函》和《进口货物报关单》、合同等有效商业单证，到外汇局办理延期付汇登记手续。银行须凭《进口货物报关单》等符合有关结汇、售汇与付汇管理规定的凭证和商业单据，以及外汇局加盖贸易进口付汇核销监管业务章的《贸易进口延期付汇登记表》（以下简称《登记表》）为进口单位办理购付汇手续。对于应办理延期付汇登记手续而未办理，或超过《登记表》上注明的付汇日期的货到汇款项下付汇业务，银行不得为进口单位直接办理付汇手续。若确实因贸易纠纷等特殊原因不能在《登记表》上注明的期限内对外付汇的，进口单位须持情况说明函、相关证明材料及原《登记表》到外汇局办理二次延期手续，外汇局审核后，在原《登记表》备注栏内加注二次延期付款期限，再次加盖核销监管业务章。进口单位最多可办理两次延期付汇登记，两次延期后仍不能在《登记表》上标明的期限内付汇的，进口单位不得再凭该进口货物报关单办理对外购付汇手续。信用证、进口代收项下已到单，进口单位要求延长付款期限的，银行应当审核有效货运单据、信用证修改函等相关商业单证，并于每月初 5 个工作日前，将上个月发生的信用证及进口代收项下延长付款期限超过 90 天和 90 天以上远期付汇情况汇总，向当地外汇局报送《××银行贸易进口延/远期付汇统计月报表》。

（6）保税区贸易进口。

保税区进口单位进口货物，向境外支付货款凭《贸易进口延期付汇登记表》、《贸易进口付汇核销单》（代申报单）、正本《进口货物报关单》或《海关货物进境备案清单》以及结汇、售汇及收付汇管理规定的相应有效凭证和商业单据办理付汇手续。

(7) 先支后收转口贸易付汇办理。

进口单位凭有关经贸主管部门的核准业务书面批件、购货合同、售货合同、形式发票、买方开具的信用证或经国内银行核对密押的外方银行开具的付款保函、《开证申请书》以及《贸易进口付汇核销单》(付汇时)到银行直接办理付汇手续。

超级链接

进口付汇也在中国电子口岸进口付汇操作系统进行。银行对企业经过质量技术监督、工商、税务、商务、外管、海关等六部门对企业纸质证件的审查后,企业成为用户,然后由各部门在网上对企业的电子数据进行审批、授权,成为入网用户。企业购买95199卡后,在子系统进行注册,在浏览器中输入电子口岸地址:http://www.chinaport.gov.cn,即可打开电子口岸系统。之后插入企业操作员卡并输入口令,通过认证后获得使用进口付汇系统的权限,进入和使用进口付汇子系统。

2. 主要单据填写(见表7-3)

从表7-3可见,在境外汇款申请书填写中还要注意日期必须为当日,购汇金额为本次对外支付的外币金额,收款人与收款人账号都为实际国外的收款人信息,合同号、发票号和报关单号都要按实填写,需每联加盖相关的公章与印鉴章。

(1) 凡采用电汇、票汇或信汇方式对境外付款的机构或个人(统称汇款人),须逐笔填写《境外汇款申请书》。

(2) 日期:指汇款人填写此申请书的日期。

(3) 申报号码:此栏由银行填写。

(4) 银行业务编码:此栏由银行填写。

(5) 收电行/付款行:此栏由银行填写。

(6) 汇款币种及金额:指汇款人申请汇出的实际付款币种和金额。

(7) 现汇金额:指汇款人申请汇出的实际付款金额中,直接从外汇账户(包括外汇保证金账户)中支付的金额或汇款人将从银行购买的外汇存入外汇账户后对境外支付的金额。

(8) 购汇金额:指汇款人需要购买的外汇金额。

(9) 其他金额:指汇款人除购汇和现汇以外对境外支付的金额,包括跨境人民币交易,以及记账贸易下交易等金额。

(10) 账号:指银行对境外付款及扣款的账号,包括人民币账号、现汇账号、现钞账号、保证金账号、银行账号等。如从多个同类账户扣款,填写金额大的扣款账号。

(11) 汇款人名称及地址:指汇款人预留银行印鉴或国家质量监督检验检疫总局颁发的组织机构代码证或国家外汇管理局及其分支局签发的特殊机构代码编码通知书上的名称及地址。

(12) 对公组织机构代码:按国家质量监督检验检疫总局颁发的组织机构代码或外汇局签发的特殊机构代码通知书上的单位组织机构代码或特殊机构代码。

中信银行
CHAIN CITIC BANK

表 7－3 境外汇款申请书

APPLICATION FOR FUNDS TRANSFERS (OVERSEAS)

致:中信银行 TO: CHINA CITIC BANK	□ 电汇 T/T □ 票汇 D/D □ 信汇 M/T		发报等级 Priority □普通 Normal 加急 Urgent
申报号码 BOP Reporting No.	□□□□□□ □□□□ □□ □□□□□□ □□□□		
银行业务编号 Bank Transac. Ref. No.		收电行/付款行 Receiver/Drawn on	
汇款币种及金额 Currency& Interbank Amount		金额大写 Amount in Words	
现汇金额 Amount in FX		账号 Account No./Credit Card No.	
购汇金额 Amount of Purchase		账号 Account No./Credit Card No.	
其他金额 Amount of Others		账号 Account No./Credit Card No.	
汇款人名称及地址 Remitter's Name&Address			
□对公组织机构代码 Unit Code □□□□□□□□－□	□对私	个人身份证件号码 Individual ID NO. □ 中国居民个人 Resident Individual □ 中国非居民个人 Non-Resident Individual	
收款银行之代理行名称及地址 Correspondent of Beneficiary's Bank Name &Address			
收款人开户银行名称及地址 Beneficiary's Bank Name &Address	收款人开户银行在其代理行账号 Bene's Bank A/C No.		
收款人名称及地址 Beneficiary's Name &Address	收款人账号 Bene's A/C No.		
汇款附言 Remittance Information	只限 140 个字符 Not Exceeding 140 Characters		国内外费用承担 All Bank's Charges If Any Are To Be Borne By □汇款人 OUR □收款人 BEN □共同 SHA

续表

<table>
<tr><td colspan="6">收款人常驻国家(地区)名称及代码 Resident Country/Region Name & Code</td></tr>
<tr><td colspan="6">请选择:□预付货款 Advance Payment □货到付款 Payment Against Delivery □退款 Refund □其他 Others</td></tr>
<tr><td rowspan="2">交易编码
BOP Transac. Code</td><td>□□□□□□</td><td rowspan="2">相应币种及金额
Currency & Amount</td><td></td><td rowspan="2">交易附言
Transac. Remark</td><td></td></tr>
<tr><td>□□□□□□</td><td></td><td></td></tr>
<tr><td colspan="2">本笔款项是否为保税货物项下付款</td><td>□是 □ 否</td><td>合同号</td><td>发票号</td><td></td></tr>
<tr><td colspan="2">外汇局批件号/备案表号/业务编号</td><td colspan="4"></td></tr>
<tr><td colspan="2">银行专用栏
For Bank Use Only</td><td colspan="2">申 请 人 签 章
Applicant's Signature</td><td colspan="2">银行签章
Bank's Signature</td></tr>
<tr><td>购汇汇率 @ Rate</td><td></td><td colspan="2" rowspan="5">请按照贵行背页所列条款代办以上汇款并进行申报
Please Effect The Upwards Remittance, Subject To The Conditions Overleaf</td><td colspan="2" rowspan="6">核准人签字
Authorized Person
日期
Date</td></tr>
<tr><td>等值人民币
RMB Equivalent</td><td></td></tr>
<tr><td>手续费 Commission</td><td></td></tr>
<tr><td>电报费 Cable Charges</td><td></td></tr>
<tr><td>合计 Total Charges</td><td></td></tr>
<tr><td>支付费用方式
In Payment of
the Remittance</td><td>□现 by Cash
□支 by Check
□账户 from Account</td><td colspan="2">申请人姓名 Name of Applicant
电话 Phone No.</td></tr>
<tr><td>核印 SigVer</td><td></td><td colspan="2">经办 Maker</td><td colspan="2">复核 Checker</td></tr>
</table>

（13）个人身份证号码：此栏针对因私业务，因公业务不填。

（14）中国居民个人/中国非居民个人：此栏针对因私业务，因公业务不填。

（15）收款银行之代理行名称及地址：为中转银行的名称，所在国家、城市及其在清算系统中的识别代码。这项信息一般由收款人提供，如若没有，可以不填。

（16）收款人开户银行名称及地址：为收款人开户银行名称，所在国家、城市及其在清算系统中的识别代码。

（17）收款人开户银行在其代理行账号：一般由收款人提供，如若没有，也可以不填。

（18）收款人名称及地址：指收款人全称及其所在国家、城市，另外还需要填写收款人账号。

（19）汇款附言：由汇款人填写所汇款项的必要说明，可用英文填写且不超过140个字符。

（20）国内外费用承担：指由汇款人确定办理境外汇款时发生的国内外费用由何方承担，并在所选项前的□中打"√"。OUR 指汇款行的费用和其他银行的费用都由汇款人承担。该项一般在境内汇款中不应该使用。BEN 指汇款行的费用和其他银行的费用都由收款人承担。SHA 指汇款行的费用应由汇款人承担，但除此以外的其他银行的费用都由收款人承担。

（21）收款人常驻国家（地区）名称及代码：指该笔境外汇款的实际收款人常驻的国家或地区。名称应用中文填写，代码根据"国家（地区）"名称代码表填写。

（22）交易编码：应根据本笔对境外付款交易性质对应的《国际收支交易编码表（支出）》填写。如果本笔付款为多种交易性质，则在第一行填写最大金额交易的国际收支交易编码，第二行填写次大金额交易的国际收支交易编码；如果本笔付款涉及进口付汇核销项下交易，则核销项下交易视同最大金额交易处理；如果本笔付款为退款，则应填写本笔付款对应原涉及收入的国际收支交易编码。

（23）相应币种及金额：应根据填报的交易编码填写，如本笔对境外付款为多种交易性质，则在第一行填写最大金额交易的相应的币种和金额，第二行填写其余币种及金额。两栏合计数应等于汇款币种及金额，如本笔付款涉及进口付款核销项下交易，则核销项下交易视同最大金额交易处理。

（24）交易附言：应对本笔对境外付款交易性质进行详细描述。如果本笔付款为多种交易性质，则应对相应的对境外付款交易性质分别进行详细描述；如果本笔付款为退款，则应填写本笔付款对应原涉外收入的申报号码。

（25）外汇局批件，备案表号：指国家外汇管理局签发的，银行凭以对外付款的各种批件或进口付汇备案表号。

（26）购汇汇率（银行专用栏）：指对境外汇款金额中，以人民币购汇部分的汇率。

（27）等值人民币：按照汇率计算得到的人民币金额。

（28）手续费：银行卖出外汇需由购汇人支付的手续费。

（29）电报费：银行使用电报需由购汇人支付的费用。

（30）支付费用方式：现金、支票或者是从账户支付，任选其一。

按照以上填写要求，具体见表7－4。

表 7－4　中信银行　　境外汇款申请书

CHINA CITIC BANK　　APPLICATION FOR FUNDS TRANSFERS (OVERSEAS)

致：中信银行 TO：CHINA CITIC BANK	□ 电汇 T/T　□ 票汇 D/D　□ 信汇 M/T		发报等级 □ 普通 Normal 加急 Urgent Priority
申报号码 BOP Reporting No.	□□□□□□□　□□□□　□□　□□□□□□□　□□□□		
银行业务编号 Bank Transac. Ref. No.		收电行/付款行 Receiver/Drawn on	
汇款币种及金额 Currency& Interbank Amount	USD 2 000.00	金额大写 Amount in Words	美元贰仟元整
现汇金额 Amount in FX		账号 Account No./Credit Card No.	
购汇金额 Amount of Purchase	USD 2000.00	账号 Account No./Credit Card No.	7336010110100000001
其他金额 Amount of Others		账号 Account No./Credit Card No.	
汇款人名称及地址 Remitter's Name&Address	王×× WANG XIAO YAN	3F. NO.36 ZHEN MING RD, NING BO, CHINA 315400	
□对公组织机构代码 Unit Code □□□□□□□□□－□		□对私	□ 个人身份证件号码 Individual ID NO.330××××××××××××××× □ 中国居民个人 Resident Individual　□中国非居民个人 Non-Resident Individual
收款银行之代理行名称及地址 Correspondent of Beneficiary's Bank Name &Address			
收款人开户银行名称及地址 Beneficiary's Bank Name &Address	收款人开户银行在其代理行账号 Bene's Bank A/C No.（SWIFT CODE：CHASUS33XXX） JPMORGAN CHASE BANK, LONDON WOOLGATE HOUSE COLEMAN STREET. PO. BOX 440 LONDON. UNITEDK INGDOM		
收款人名称及地址 Beneficiary's Name &Address	收款人账号 Bene's A/C No. 5157579 FX SOLUTIONS LLC ONE ROUTE 17 SOUTH. SUITE260. SADDLE RIVER. NJ07458 UNITED STATES		
汇款附言 Remittance Information	只限 140 个字符 Not Exceeding 140 Characters NAME：XIAO YAN WANG　PAID：××××××××× 2012 FALL TUITION		国内外费用承担 All Bank's Charges If Any Are To Be Borne By □汇款人 OUR　□收款人 BEN　□共同 SHA

续表

<table>
<tr><td colspan="6">收款人常驻国家(地区)名称及代码 Resident Country/Region Name & Code　　美国　　840</td></tr>
<tr><td colspan="6">请选择：□预付货款 Advance Payment　□货到付款 Payment Against Delivery　□退款 Refund　□其他 Others</td></tr>
<tr><td rowspan="2">交易编码
BOP Transac. Code</td><td>□□□□□□</td><td rowspan="2">相应币种及金额
Currency & Amount</td><td>USD 2 000.00</td><td rowspan="2">交易附言
Transac. Remark</td><td>××××××支出</td></tr>
<tr><td>□□□□□□</td><td></td><td></td></tr>
<tr><td colspan="2">本笔款项是否为保税货物项下付款</td><td colspan="4">□是　□否　｜合同号｜　｜发票号｜</td></tr>
<tr><td colspan="2">外汇局批件号/备案表号/业务编号</td><td colspan="4"></td></tr>
<tr><td colspan="2">银行专用栏
For Bank Use Only</td><td colspan="2">申 请 人 签 章
Applicant's Signature</td><td colspan="2">银行签章
Bank's Signature</td></tr>
<tr><td>购汇汇率 @ Rate</td><td>购汇此处需填汇率</td><td colspan="2" rowspan="6">请按照贵行背页所列条款代办以上汇款并进行申报
Please Effect The Upwards Remittance, Subject To The Conditions Overleaf

申请人姓名 Name of Applicant
电话 Phone No. 8387××××</td><td colspan="2" rowspan="6">核准人签字
Authorized Person
日期
Date</td></tr>
<tr><td>等值人民币
RMB Equivalent</td><td></td></tr>
<tr><td>手续费 Commission</td><td></td></tr>
<tr><td>电报费 Cable Charges</td><td></td></tr>
<tr><td>合计 Total Charges</td><td></td></tr>
<tr><td>支付费用方式
In Payment of
the Remittance</td><td>□现 by Cash
□支 by Check
□账户 from Account</td></tr>
<tr><td>核印 SigVer</td><td>经办人员盖章</td><td colspan="2">经办 Maker</td><td colspan="2">复核 Checker</td></tr>
</table>

延伸阅读 7－4

购汇/用汇申请书（其他样式）

××××××银行

本公司为执行第__________号合同项下对外付款，需向贵行购入外汇，现按国际外汇管理规定向贵行提供有关文件，请审核并办理售汇。

1. 购汇币种金额：______________________________

2. 用途：

□进口商品　□ 从属费用　□索退赔款　□其他

3. 支付方式：

□信用证　□代收　□汇款（ □ 货到付款　□ 预付货款）

4. 提供文件：

□合同　□发票　□正本运单　□正本报关单

□许可证　□佣金合同　□进口证明　□索赔书

□其他文件______________________________

本单位保证以上情况及所附文件正确无误，所需人民币资金请从我公司账户中支取，

账号：__________________________联系人：__________联系电话：______________

购汇单位公章

年　月　日

银行意见：

审批人员意见： 上述内容与所附文件/凭证描述相符，拟按申请书要求办理售汇。 业务参考号：__________________________ 结售汇参考号：________________________ 待销账号：____________________________ 经办人 ：　　　　　　　　　　　　复核人： 审核人　　　　　　　　　　　　上海浦东发展银行哈尔滨分行 （科级以上）　　　　　　　　　　（结售汇专用章） 年　月　日

第一联：结售汇业务留存

延伸阅读7－5

非贸易项下售汇

根据《结汇、售汇及付汇管理规定》《个人外汇管理办法》及中国人民银行和国家外汇管理局公布的其他有关结汇、售汇及付汇的管理规定，外汇银行售汇依交易性质可区分为经常项目与资本项目，经常项目又包含贸易（货物贸易）和非贸易（服务贸易、收益与经常转移）。

一、贸易出口项下佣金

对出口项下单笔不超过合同总金额10%或者虽超过上述比例，但未超过等值10万美元的佣金售汇，由经办行审核客户提交佣金协议或出口合同、结汇水单或收账通知以及外汇局要求的其他材料进行办理。超过上述比例和金额的佣金售汇，经办行凭所在地外汇局的核准件办理。

二、对外支付国际空运和陆运项下运费及相关费用

对境外机构支付等值5万美元以下（含5万美元），对境外个人支付等值5千美元以下（含5千美元）国际空运和陆运项下运费及相关费用时，可持合同（协议）或发票（支付通知书）直接到外汇指定银行办理购汇手续；超过上述限额的，需持空运或陆运单清单（传真件）、发票（支付通知书）直接到外汇指定银行办理购汇手续。

三、国际赔偿

购汇主体一般为国际赔偿项下的赔偿方。如由律师事务所代办购汇的，应出具赔偿方授权委托书。法院强制执行后收回人民币的，可以由法院购汇并直接汇往受益方。

经办行根据客户申请，审核客户提交的法院判决书或仲裁机构出具的仲裁书或有权调解机构出具的调解书、税务证明。对于国际进出口贸易项下的赔偿和法院判决或仲裁项下的国际赔偿均不需提交税务证明。

四、外商投资企业相关费用

(1) 利润、股息、红利的售汇，经办行要审核客户提交的《外商投资企业外汇登记证》、董事会利润分配决议书、注册会计师事务所出具的验资报告以及相关年度利润或股息、红利情况的审计报告、税务证明。

(2) 外商投资企业外方人民币利润再投资退税款售汇，经办行应审核客户提交的会计师事务所出具的相关年度利润或股息、红利情况的专项审计报告、会计师事务所出具的企业验资报告、外商投资企业利润、红利已缴税的税票、税务局出具退税款的批件、商务主管部门出具的再投资批复、经外汇局批准的再投资的批复文件、税务证明。

(3) 对于创投企业中属于外国投资者的利润等收益汇出境外的售汇，经办行应审核客户提交的管理委员会或董事会的分配决议、由会计师事务所出具的审计报告、外方投资者投资资金流入证明和验资报告、税务证明。

上述三种情况下外商投资企业相关费用的售付汇业务，事后均需经办行柜员登录FDI系统，办理利润购付汇登记备案。

五、跨国公司非贸易项下

跨国公司及其境内关联公司办理非贸易项下的售汇手续，应持外汇局出具的核准文件以及相关证明材料向经办行申请，经真实性审核后，由经办行为其办理售汇手续。

(1) 向境外关联公司支付代垫工资及福利津贴的售付汇，经办行应审核客户提交的境外支付通知；外籍员工的护照等身份证明；雇佣证明（包括社会保障主管部门颁发的就业证明或外事主管部门颁发的专家证，以及雇佣合同等，下同）；人民币收入清单；税务证明；外汇局出具的资格核准件。

(2) 向境外关联公司支付代垫外籍员工境外的商业保险费的售付汇，除提供的人民币收清单换为境外保险单（或境外保险公司出具的注明外籍员工姓名的支付通知）外，其余资料同上。

(3) 向境外关联公司支付代垫的本公司员工的海外差旅费、境外培训费的售付汇，经办行应审核客户提交的境外支付通知、雇佣证明、相关费用单据、员工赴境外差旅或参加培训的证明材料、外汇局出具的资格核准件、税务证明（差旅费不必提供）。

六、现行法规中没有明确规定的非贸易项目售汇

现行法规中没有明确规定的金额在等值5万（含5万）美元以下的非贸易项目售付汇，境内机构可凭相关单证到银行办理，银行应审核境内机构提供的书面申请、合同（协议）、发票（支付通知）以及税务凭证。对现行法规中没有明确规定、金额在等值5万美元以上企业应向国家外汇管理局申请。

银行在对法规规定不明确的非贸易售付汇项目进行真实性审核时，应审核相关证明材料原件，并在原件上注明售付汇日期、金额，加盖业务公章，留存复印件3年备查。

银行应将所办理的现行外汇管理法规中没有明确规定的非贸易项目售付汇业务逐笔进行登记，填报《特殊非贸易项目售付汇登记表》，在每季度初的5个工作日内报送所在地外汇局。

【实训演练7－4】

1. 以贸易模拟团队为单位下企业调研，根据实际案例分组讨论并正确填写购汇申请书一份。

2. 各贸易模拟团队，请根据本虚拟公司的一笔进口付款购汇业务，模拟登录中国电子口岸，准确填写购汇申请书。

【评价考核标准】

任　务	测评指标	考核标准	分　值	得　分
一般贸易项下出口结汇操作	进口售汇操作	能正确填写购汇申请书	30	
	电子口岸操作	能熟练准确地进入中国电子口岸相关网站，并进行模拟登录	40	
	团队合作	安全贸易、敏锐的危机处理意识和敬业精神	30	

附录1

中华人民共和国外汇管理条例

（1996年1月29日中华人民共和国国务院令第193号发布　根据1997年1月14日《国务院关于修改〈中华人民共和国外汇管理条例〉的决定》修订　2008年8月1日国务院第20次常务会议修订通过）

第一章　总　　则

第一条　为了加强外汇管理，促进国际收支平衡，促进国民经济健康发展，制定本条例。

第二条　国务院外汇管理部门及其分支机构（以下统称外汇管理机关）依法履行外汇管理职责，负责本条例的实施。

第三条　本条例所称外汇，是指下列以外币表示的可以用作国际清偿的支付手段和资产：

（一）外币现钞，包括纸币、铸币。

（二）外币支付凭证或者支付工具，包括票据、银行存款凭证、银行卡等。

（三）外币有价证券，包括债券、股票等。

（四）特别提款权。

（五）其他外汇资产。

第四条　境内机构、境内个人的外汇收支或者外汇经营活动，以及境外机构、境外个人在境内的外汇收支或者外汇经营活动，适用本条例。

第五条　国家对经常性国际支付和转移不予限制。

第六条　国家实行国际收支统计申报制度。

国务院外汇管理部门应当对国际收支进行统计、监测，定期公布国际收支状况。

第七条　经营外汇业务的金融机构应当按照国务院外汇管理部门的规定为客户

开立外汇账户,并通过外汇账户办理外汇业务。

经营外汇业务的金融机构应当依法向外汇管理机关报送客户的外汇收支及账户变动情况。

第八条 中华人民共和国境内禁止外币流通,并不得以外币计价结算,但国家另有规定的除外。

第九条 境内机构、境内个人的外汇收入可以调回境内或者存放境外;调回境内或者存放境外的条件、期限等,由国务院外汇管理部门根据国际收支状况和外汇管理的需要作出规定。

第十条 国务院外汇管理部门依法持有、管理、经营国家外汇储备,遵循安全、流动、增值的原则。

第十一条 国际收支出现或者可能出现严重失衡,以及国民经济出现或者可能出现严重危机时,国家可以对国际收支采取必要的保障、控制等措施。

第二章 经常项目外汇管理

第十二条 经常项目外汇收支应当具有真实、合法的交易基础。经营结汇、售汇业务的金融机构应当按照国务院外汇管理部门的规定,对交易单证的真实性及其与外汇收支的一致性进行合理审查。

外汇管理机关有权对前款规定事项进行监督检查。

第十三条 经常项目外汇收入,可以按照国家有关规定保留或者卖给经营结汇、售汇业务的金融机构。

第十四条 经常项目外汇支出,应当按照国务院外汇管理部门关于付汇与购汇的管理规定,凭有效单证以自有外汇支付或者向经营结汇、售汇业务的金融机构购汇支付。

第十五条 携带、申报外币现钞出入境的限额,由国务院外汇管理部门规定。

第三章 资本项目外汇管理

第十六条 境外机构、境外个人在境内直接投资,经有关主管部门批准后,应当到外汇管理机关办理登记。

境外机构、境外个人在境内从事有价证券或者衍生产品发行、交易,应当遵守国家关于市场准入的规定,并按照国务院外汇管理部门的规定办理登记。

第十七条 境内机构、境内个人向境外直接投资或者从事境外有价证券、衍生产品发行、交易,应当按照国务院外汇管理部门的规定办理登记。国家规定需要事先经有关主管部门批准或者备案的,应当在外汇登记前办理批准或者备案手续。

第十八条 国家对外债实行规模管理。借用外债应当按照国家有关规定办理,并到外汇管理机关办理外债登记。

国务院外汇管理部门负责全国的外债统计与监测,并定期公布外债情况。

第十九条 提供对外担保,应当向外汇管理机关提出申请,由外汇管理机关根据申请人的资产负债等情况作出批准或者不批准的决定;国家规定其经营范围需经有关主管部门批准的,应当在向外汇管理机关提出申请前办理批准手续。申请人签订对外担保合同后,应当到外汇管理机关办理对外担保登记。

经国务院批准为使用外国政府或者国际金融组织贷款进行转贷提供对外担保的,不适用前款规定。

第二十条 银行业金融机构在经批准的经营范围内可以直接向境外提供商业贷款。其他境内机构向境外提供商业贷款,应当向外汇管理机关提出申请,外汇管理机关根据申请人的资产负债等情况作出批准或者不批准的决定;国家规定其经营范围需经有关主管部门批准的,应当在向外汇管理机关提出申请前办理批准手续。

向境外提供商业贷款,应当按照国务院外汇管理部门的规定办理登记。

第二十一条 资本项目外汇收入保留或者卖给经营结汇、售汇业务的金融机构,应当经外汇管理机关批准,但国家规定无需批准的除外。

第二十二条 资本项目外汇支出,应当按照国务院外汇管理部门关于付汇与购汇的管理规定,凭有效单证以自有外汇支付或者向经营结汇、售汇业务的金融机构购汇支付。国家规定应当经外汇管理机关批准的,应当在外汇支付前办理批准手续。

依法终止的外商投资企业,按照国家有关规定进行清算、纳税后,属于外方投资者所有的人民币,可以向经营结汇、售汇业务的金融机构购汇汇出。

第二十三条 资本项目外汇及结汇资金,应当按照有关主管部门及外汇管理机关批准的用途使用。外汇管理机关有权对资本项目外汇及结汇资金使用和账户变动情况进行监督检查。

第四章 金融机构外汇业务管理

第二十四条 金融机构经营或者终止经营结汇、售汇业务,应当经外汇管理机关批准;经营或者终止经营其他外汇业务,应当按照职责分工经外汇管理机关或者金融业监督管理机构批准。

第二十五条 外汇管理机关对金融机构外汇业务实行综合头寸管理,具体办法由国务院外汇管理部门制定。

第二十六条 金融机构的资本金、利润以及因本外币资产不匹配需要进行人民币与外币间转换的,应当经外汇管理机关批准。

第五章 人民币汇率和外汇市场管理

第二十七条 人民币汇率实行以市场供求为基础的、有管理的浮动汇率制度。

第二十八条 经营结汇、售汇业务的金融机构和符合国务院外汇管理部门规定条件的其他机构,可以按照国务院外汇管理部门的规定在银行间外汇市场进行外汇交易。

第二十九条 外汇市场交易应当遵循公开、公平、公正和诚实信用的原则。

第三十条 外汇市场交易的币种和形式由国务院外汇管理部门规定。

第三十一条 国务院外汇管理部门依法监督管理全国的外汇市场。

第三十二条 国务院外汇管理部门可以根据外汇市场的变化和货币政策的要求,

依法对外汇市场进行调节。

第六章 监督管理

第三十三条 外汇管理机关依法履行职责,有权采取下列措施。

(一)对经营外汇业务的金融机构进行现场检查。

(二)进入涉嫌外汇违法行为发生场所调查取证。

(三)询问有外汇收支或者外汇经营活动的机构和个人,要求其对与被调查外汇违法事件直接有关的事项作出说明。

(四)查阅、复制与被调查外汇违法事件直接有关的交易单证等资料。

(五)查阅、复制与被调查外汇违法事件的当事人和直接有关的单位、个人的财务会计资料及相关文件,对可能被转移、隐匿或者毁损的文件和资料,可以予以封存。

(六)经国务院外汇管理部门或者省级外汇管理机关负责人批准,查询被调查外汇违法事件的当事人和直接有关的单位、个人的账户,但个人储蓄存款账户除外。

(七)对有证据证明已经或者可能转移、隐匿违法资金等涉案财产或者隐匿、伪造、毁损重要证据的,可以申请人民法院冻结或者查封。

有关单位和个人应当配合外汇管理机关的监督检查,如实说明有关情况并提供有关文件、资料,不得拒绝、阻碍和隐瞒。

第三十四条 外汇管理机关依法进行监督检查或者调查,监督检查或者调查的人员不得少于 2 人,并应当出示证件。监督检查、调查的人员少于 2 人或者未出示证件的,被监督检查、调查的单位和个人有权拒绝。

第三十五条 有外汇经营活动的境内机构,应当按照国务院外汇管理部门的规定报送财务会计报告、统计报表等资料。

第三十六条 经营外汇业务的金融机构发现客户有外汇违法行为的,应当及时向外汇管理机关报告。

第三十七条 国务院外汇管理部门为履行外汇管理职责,可以从国务院有关部门、机构获取所必需的信息,国务院有关部门、机构应当提供。

国务院外汇管理部门应当向国务院有关部门、机构通报外汇管理工作情况。

第三十八条 任何单位和个人都有权举报外汇违法行为。

外汇管理机关应当为举报人保密,并按照规定对举报人或者协助查处外汇违法行为有功的单位和个人给予奖励。

第七章 法律责任

第三十九条 有违反规定将境内外汇转移境外,或者以欺骗手段将境内资本转移境外等逃汇行为的,由外汇管理机关责令限期调回外汇,处逃汇金额 30% 以下的罚款;情节严重的,处逃汇金额 30% 以上等值以下的罚款;构成犯罪的,依法追究刑事责任。

第四十条 有违反规定以外汇收付应当以人民币收付的款项,或者以虚假、无效的交易单证等向经营结汇、售汇业务的金融机构骗购外汇等非法套汇行为的,由外汇管理机关责令对非法套汇资金予以回兑，处非法套汇金额 30% 以下的罚款；情节严重的，处非法套汇金额 30% 以上等值以下的罚款；构成犯罪的，依法追究刑事责任。

第四十一条 违反规定将外汇汇入境内的，由外汇管理机关责令改正，处违法金额 30% 以下的罚款；情节严重的，处违法金额 30% 以上等值以下的罚款。

非法结汇的，由外汇管理机关责令对非法结汇资金予以回兑，处违法金额 30% 以下的罚款。

第四十二条 违反规定携带外汇出入境的，由外汇管理机关给予警告，可以处违法金额 20% 以下的罚款。法律、行政法规规定由海关予以处罚的，从其规定。

第四十三条 有擅自对外借款、在境外发行债券或者提供对外担保等违反外债管理行为的，由外汇管理机关给予警告，处违法金额 30% 以下的罚款。

第四十四条 违反规定，擅自改变外汇或者结汇资金用途的，由外汇管理机关责令改正，没收违法所得，处违法金额 30% 以下的罚款；情节严重的，处违法金额 30% 以上等值以下的罚款。

有违反规定以外币在境内计价结算或者划转外汇等非法使用外汇行为的，由外汇管理机关责令改正，给予警告，可以处违法金额 30% 以下的罚款。

第四十五条 私自买卖外汇、变相买卖外汇、倒买倒卖外汇或者非法介绍买卖外汇数额较大的，由外汇管理机关给予警告，没收违法所得，处违法金额 30% 以下的罚款；情节严重的，处违法金额 30% 以上等值以下的罚款；构成犯罪的，依法追究刑事责任。

第四十六条 未经批准擅自经营结汇、售汇业务的，由外汇管理机关责令改正，有违法所得的，没收违法所得，违法所得 50 万元以上的，并处违法所得 1 倍以上 5 倍以下的罚款；没有违法所得或者违法所得不足 50 万元的，处 50 万元以上 200 万元以下的罚款；情节严重的，由有关主管部门责令停业整顿或者吊销业务许可证；构成犯罪的，依法追究刑事责任。

未经批准经营结汇、售汇业务以外的其他外汇业务的，由外汇管理机关或者金融业监督管理机构依照前款规定予以处罚。

第四十七条 金融机构有下列情形之一的，由外汇管理机关责命令由外汇管理机关责令限期改正，没收违法所得，并处 20 万元以上 100 万元以下的罚款；情节严重或者逾期不改正的，由外汇管理机关责令停止经营相关业务。

（一）办理经常项目资金收付，未对交易单证的真实性及其与外汇收支的一致性进行合理审查的。

（二）违反规定办理资本项目资金收付的。

（三）违反规定办理结汇、售汇业务的。

（四）违反外汇业务综合头寸管理的。

（五）违反外汇市场交易管理的。

第四十八条 有下列情形之一的，由外汇管理机关责令改正，给予警告，对机构可处以 30 万元以下的罚款，对个人可处 5 万元以下的罚款。

（一）未按照规定进行国际收支统计申报的。

（二）未按照规定报送财务会计报告、统计报表等资料的。

（三）未按照规定提交有效单证或者提交的单证不真实的。

（四）违反外汇账户管理规定的。

（五）违反外汇登记管理规定的。

（六）拒绝、阻碍外汇管理机关依法进行监督检查或者调查的。

第四十九条 境内机构违反外汇管理规定的，除依照本条例给予处罚外，对直接负责的主管人员和其他直接责任人员，应当给予处分；对金融机构负有直接责任的董事、监事、高级管理人员和其他直接责任人员给予警告，处 5 万元以上 50 万元以下的罚款；构成犯罪的，依法追究刑事责任。

第五十条 外汇管理机关工作人员徇私舞弊、滥用职权、玩忽职守，构成犯罪的，依法追究刑事责任；尚不构成犯罪的，依法给予处分。

第五十一条 当事人对外汇管理机关作出的具体行政行为不服的，可以依法申请行政复议；对行政复议决定仍不服的，可以依法向人民法院提起行政诉讼。

第八章 附　则

第五十二条 本条例下列用语的含义：

（一）境内机构，是指中华人民共和国境内的国家机关、企业、事业单位、社会团体、部队等，外国驻华外交领事机构和国际组织驻华代表机构除外。

（二）境内个人，是指中国公民和在中华人民共和国境内连续居住满 1 年的外国人，外国驻华外交人员和国际组织驻华代表除外。

（三）经常项目，是指国际收支中涉及货物、服务、收益及经常转移的交易项目等。

（四）资本项目，是指国际收支中引起对外资产和负债水平发生变化的交易项目，包括资本转移、直接投资、证券投资、衍生产品及贷款等。

第五十三条 非金融机构经营结汇、售汇业务，应当由国务院外汇管理部门批准，具体管理办法由国务院外汇管理部门另行制定。

第五十四条 本条例自公布之日起施行。

附录 2

现行有效外汇管理主要法规目录

（截至 2013 年 7 月 31 日）

一、综　合

（一）基本法规

1. 中华人民共和国外汇管理条例　国务院令第 532 号

2. 结汇、售汇及付汇管理规定　银发〔1996〕210 号

3. 境内机构外币现钞收付管理暂行办法　汇管函字〔1996〕第 211 号

4. 境内外汇划转管理暂行规定　汇管函字〔1997〕第 250 号

5. 个人外汇管理办法　中国人民银行令〔2006〕第 3 号

6. 个人外汇管理办法实施细则　汇发〔2007〕1 号

7. 国家外汇管理局关于加强外汇业务管理有关问题的通知　汇发〔2010〕59 号

8. 国家外汇管理局关于进一步加强外汇业务管理有关问题的通知　汇发〔2011〕11 号

9. 国家外汇管理局关于印发《海关特殊监管区域外汇管理办法》的通知　汇发〔2013〕15 号

10. 国家外汇管理局关于加强外汇资金流入管理有关问题的通知　汇发〔2013〕20 号

（二）账户管理

1. 境内外汇账户管理规定　银发〔1997〕416 号

2. 境外外汇账户管理规定　汇政发字〔1997〕第 10 号

3. 国家外汇管理局关于对公外汇账户业务涉及有关外汇管理政策问题的批复　汇复〔2007〕398 号

4. 国家外汇管理局综合司关于驻华外交机构外汇业务有关问题的批复　汇综复〔2008〕53 号

5. 国家外汇管理局关于境外机构境内外汇账户管理有关问题的通知　汇发

〔2009〕29 号

（三）行政许可

1. 国家外汇管理局取消 26 项行政审批项目后有关事宜的公告　国家外汇管理局公告〔2003〕第 1 号

2. 国家外汇管理局取消 8 项行政审批项目后有关事宜公告　国家外汇管理局公告〔2004〕第 1 号

3. 国家外汇管理局关于实施外汇管理行政许可有关程序问题的通知　汇发〔2004〕68 号

4. 调整部分外汇管理政策　中国人民银行公告〔2006〕第 5 号

5. 国家外汇管理局综合司关于转发《国务院关于第四批取消和调整行政审批项目的决定》的通知　汇综发〔2007〕189 号

6. 国家外汇管理局行政许可办理程序　汇综发〔2008〕191 号

7. 国务院关于第五批取消和下放管理层级行政审批项目的决定　国发〔2010〕21 号

8. 国家外汇管理局行政许可项目表　汇发〔2010〕43 号

（四）其他

1. 国家外汇管理局来信来访制度　汇发〔1999〕346 号

2. 关于规范外汇业务重要凭证、审批核准、档案管理的指导意见　汇发〔2004〕1 号

3. 国家外汇管理局关于印发《国家外汇管理局政府信息公开指南》《国家外汇管理局政府信息公开目录》《国家外汇管理局依申请公开政府信息工作规程》的通知　汇发〔2008〕12 号

4. 国家外汇管理局法律咨询工作管理规定　汇综发〔2009〕106 号

5. 国家外汇管理局关于公布废止和失效的外汇管理规范性文件目录的通知　汇发〔2009〕19 号

6. 国家外汇管理局关于公布废止和失效的 25 件外汇管理规范性文件的通知　汇发〔2009〕36 号

7. 中国人民银行公告〔2009〕第 16 号

8. 国家外汇管理局关于公布废止和失效的 56 件外汇管理规范性文件目录的通知　汇发〔2009〕44 号

9. 国家外汇管理局关于公布废止和失效的 55 件外汇管理规范性文件的通知　汇发〔2009〕60 号

10. 国家外汇管理局关于公布废止和失效 24 件外汇管理规范性文件的通知　汇发〔2010〕16 号

11. 国家外汇管理局关于废止 52 件国际收支统计申报规范性文件的通知　汇发〔2010〕42 号

12. 国家外汇管理局综合司关于办理二氧化碳减排量等环境权益跨境交易有关外汇业务问题的通知　汇综发〔2010〕151 号

13. 国家统计局办公室关于同意外债统计监测等37项统计制度备案的函　国统办函〔2011〕46号

14. 国家外汇管理局综合司关于做好四川省雅安市抗震救灾工作外汇管理有关问题的通知　汇综发〔2013〕50号

二、经常项目外汇管理

（一）经常项目综合外汇管理

1. 国家外汇管理局关于免税商品外汇管理有关问题的通知　汇发〔2006〕16号

2. 国家外汇管理局关于调整经常项目外汇管理政策的通知　汇发〔2006〕19号

3. 经常项目外汇账户和境内居民个人购汇操作规程　汇综发〔2006〕32号

4. 国家外汇管理局关于境内机构自行保留经常项目外汇收入的通知　汇发〔2007〕49号

5. 国家外汇管理局综合司关于驻华使领馆经常项目外汇账户管理有关问题的通知　汇综发〔2007〕114号

6. 国家外汇管理局关于改进海关特殊监管区域经常项目外汇管理有关问题的通知　汇发〔2013〕22号

（二）货物贸易外汇管理

1. 对外贸易经济合作部 海关总署 国家外汇管理局关于印发《规范进出口代理业务的若干规定》的通知　外经贸政发〔1998〕第725号

2. 国家外汇管理局综合司关于商业银行办理黄金进出口收付汇有关问题的通知　汇综发〔2012〕85号

3. 国家外汇管理局 海关总署 国家税务总局关于货物贸易外汇管理制度改革的公告　国家外汇管理局公告〔2012〕年第1号

4. 国家外汇管理局关于印发货物贸易外汇管理法规有关问题的通知　汇发〔2012〕38号

5. 国家外汇管理局综合司关于做好货物贸易外汇管理应急工作有关问题的通知　汇综发〔2012〕123号

（三）边境贸易

边境贸易外汇管理办法　汇发〔2003〕113号

（四）个人经常项目外汇管理

1. 国家外汇管理局综合司关于规范银行个人结售汇业务操作的通知　汇综发〔2007〕90号

2. 国家外汇管理局综合司关于境外个人购汇管理有关问题的通知　汇综发〔2008〕159号

3. 国家外汇管理局关于进一步完善个人结售汇业务管理的通知　汇发〔2009〕56号

4. 个人结售汇管理信息系统应急预案　汇综发〔2008〕49号

5. 电子银行个人结售汇业务管理暂行办法　汇发〔2011〕10号

6. 国家外汇管理局关于银行开办电子渠道个人结售汇业务试行个人分拆结售汇“关注名单”管理的通知　汇发〔2011〕41 号

（五）外币现钞与外币计价管理

1. 国家外汇管理局 海关总署关于下发《银行调运外币现钞进出境管理规定》的通知　汇函〔1998〕65 号

2. 国家外汇管理局 海关总署关于银行调运澳门元现钞有关问题的通知　汇发〔1999〕204 号

3. 携带外币现钞出入境管理暂行办法　汇发〔2003〕102 号

4. 携带外币现钞出入境管理操作规程　汇发〔2004〕21 号

5. 国家外汇管理局综合司、海关总署办公厅关于调运卢布现钞进出境有关问题的通知　汇综发〔2004〕44 号

三、资本项目外汇管理

（一）资本项目综合

1. 中国人民银行、国家外汇管理局关于调整资本项下部分购汇管理措施的通知　银发〔2001〕304 号

2. 国家外汇管理局关于取消部分资本项目外汇管理行政审批后过渡政策措施的通知　汇发〔2003〕50 号

3. 国家外汇管理局关于下放部分资本项目外汇业务审批权限有关问题的通知　汇发〔2005〕63 号

4. 国家外汇管理局关于调整部分资本项目外汇业务审批权限的通知　汇发〔2009〕21 号

5. 国家外汇管理局关于调整部分资本项目外汇业务审批权限的通知　汇发〔2010〕29 号

6. 住房和城乡建设部 国家外汇管理局关于进一步规范境外机构和个人购房管理的通知　建房〔2010〕186 号

7. 国家外汇管理局综合司关于下发《国家外汇管理局关于加强外汇业务管理有关问题的通知》所涉资本项目业务操作指引的通知　汇综发〔2011〕29 号

8. 国家外汇管理局关于取消和调整部分资本项目外汇业务审核权限及管理措施的通知　汇发〔2011〕20 号

9. 国家外汇管理局关于进一步明确和规范部分资本项目外汇业务管理有关问题的通知　汇发〔2011〕45 号

10. 国家外汇管理局关于鼓励和引导民间投资健康发展有关外汇管理问题的通知　汇发〔2012〕33 号

11. 国家外汇管理局关于推广资本项目信息系统的通知　汇发〔2013〕17 号

（二）外商直接投资外汇管理

★ 基本法规

1. 利用外资改组国有企业暂行规定　国家经济贸易委员会、财政部、国家工商行

政管理总局、国家外汇管理局令〔2002〕第 42 号

2. 外商投资创业投资企业管理规定　对外贸易经济合作部、科学技术部、国家工商行政管理总局、国家税务总局、国家外汇管理局令〔2003〕第 2 号

3. 国家外汇管理局关于境内居民通过境外特殊目的公司融资及返程投资外汇管理有关问题的通知　汇发〔2005〕75 号

4. 外国投资者对上市公司战略投资管理办法　商务部、中国证券监督管理委员会、国家税务总局、国家工商行政管理总局、国家外汇管理局令〔2005〕第 28 号

5. 关于外国投资者并购境内企业的规定　商务部、国务院国有资产监督管理委员会、国家税务总局、国家工商行政管理总局、中国证券监督管理委员会、国家外汇管理局令〔2006〕第 10 号

6. 国家外汇管理局关于进一步改进和调整直接投资外汇管理政策的通知　汇发〔2012〕59 号

7. 国家外汇管理局关于印发《外国投资者境内直接投资外汇管理规定》及配套文件的通知　汇发〔2013〕21 号

★ 资本金管理

1. 国家外汇管理局综合司关于完善外商投资企业外汇资本金支付结汇管理有关业务操作问题的通知　汇综发〔2008〕142 号

2. 国家外汇管理局综合司关于完善外商投资企业外汇资本金支付结汇管理有关业务操作问题的补充通知　汇综发〔2011〕88 号

★ 登记

1. 财政部 国家外汇管理局关于进一步加强外商投资企业验资工作及健全外资外汇登记制度的通知　财会〔2002〕1017 号

2. 建设部 商务部 国家发展和改革委员会 中国人民银行 国家工商行政管理总局 国家外汇管理局关于规范房地产市场外资准入和管理的意见　建住房〔2006〕171 号

★ 年检

1. 财政部 国家外汇管理局关于加强外商投资企业外汇审计工作的通知　财外字〔1998〕607 号

2. 国家外汇管理局关于对外商投资企业实行联合年检实施方案的通知　对外贸易经济合作部 国家经济贸易委员会 财政部 海关总署 国家税务总局 国家工商行政管理局外经贸资发〔1998〕第 938 号

3. 国家外汇管理局、财政部关于调整外商投资企业外汇年检“外汇内容表”的通知　汇发〔2002〕124 号

★ 其他

1. 国家外汇管理局关于转发《国务院办公厅关于妥善处理现有保证外方投资固定回报项目有关问题的通知》的通知　汇发〔2002〕105 号

2. 国家外汇管理局 建设部关于规范房地产市场外汇管理有关问题的通知　汇发〔2006〕47 号

（三）境外投资外汇管理

1. 国家外汇管理局 对外贸易经济合作部关于援外项目外汇管理有关问题的通知 汇发〔1999〕251 号

2. 境外带料加工装配项目、援外项目外汇管理操作规程 汇发〔1999〕317 号

3. 国家外汇管理局关于境内企业境外放款外汇管理有关问题的通知 汇发〔2009〕24 号

4. 境内机构境外直接投资外汇管理规定 汇发〔2009〕30 号

5. 商务部 国家外汇管理局关于境外投资联合年检工作有关事项的通知 商合函〔2009〕60 号

6. 国家外汇管理局关于境内银行境外直接投资外汇管理有关问题的通知 汇发〔2010〕31 号

7. 国家外汇管理局综合司关于上海贝尔股份有限公司境外放款有关问题的批复 汇综复〔2010〕19 号

（四）境外融资及有价证券管理

★ 境外发债及上市

1. 境外进行项目融资管理暂行办法 计外资〔1997〕612 号

2. 国务院办公厅转发国家计委、人民银行关于进一步加强对外发债管理意见的通知 国办发〔2000〕23 号

3. 国家外汇管理局关于境内个人参与境外上市公司股权激励计划外汇管理有关问题的通知 汇发〔2012〕7 号

4. 国家外汇管理局关于境外上市外汇管理有关问题的通知 汇发〔2013〕5 号

★ 套期保值

1. 国有企业境外期货套期保值业务管理办法 证监发〔2001〕81 号

2. 国家外汇管理局关于国有企业境外期货套期保值业务外汇管理有关问题的通知 汇发〔2013〕25 号

★ 其他

1. 国家外汇管理局关于调整境内发行 B 股和境外上市股票外汇专用账户的开立和募股收入结汇审批权限的通知 汇发〔1999〕380 号

2. 中国人民银办公厅关于 A 股上市公司外资股东减持股份及分红所涉账户开立与外汇管理有关问题的通知 银办发〔2009〕178 号

3. 国家外汇管理局综合司关于境内个人投资 B 股购汇有关问题的批复 汇综复〔2011〕148 号

4. 国家外汇管理局关于重庆长安汽车股份有限公司回购 B 股股份购汇额度等外汇管理事项的批复 汇复〔2012〕21 号

（五）外债及对外担保管理

★ 贸易信贷

1. 中国人民银行关于商业银行办理信用证和保函业务有关问题的通知 银发〔2002〕124 号

★ 外汇贷款

1. 外汇(转)贷款登记管理办法　银发〔1989〕284 号

2. 国家外汇管理局关于实施国内外汇贷款外汇管理方式改革的通知　汇发〔2002〕125 号

3. 境内企业内部成员外汇资金集中运营管理规定　汇发〔2009〕49 号

4. 国家外汇管理局关于境内企业外汇质押人民币贷款政策有关问题的通知　汇发〔2011〕46 号

（六）个人资本项目外汇管理

★ 资产转移

1. 个人财产对外转移售付汇管理暂行办法　中国人民银行公告 2004 年第 16 号

2.《个人财产对外转移售付汇管理暂行办法》操作指引(试行)　汇发〔2004〕118 号

3. 国家外汇管理局 外交部 公安部 监察部 司法部关于实施《个人财产对外转移售付汇管理暂行办法》有关问题的通知　汇发〔2005〕9 号

4. 国家税务总局 国家外汇管理局关于个人财产对外转移提交税收证明或者完税凭证有关问题的通知　国税发〔2005〕13 号

★ 证券投资

1. 国家外汇管理局 中国证券监督管理委员会关于国内证券经营机构从事 B 股交易有关问题的通知　汇管函字〔1995〕第 140 号

2. 中国证券监督管理委员会 国家外汇管理局关于境内居民个人投资境内上市外资股若干问题的通知　证监发〔2001〕22 号

3. 国家外汇管理局关于贯彻实施《关于境内居民个人投资境内上市外资股若干问题的通知》中有关问题的通知　汇发〔2001〕26 号

4. 国家外汇管理局关于境内居民投资境内上市外资股有关问题的补充通知　汇发〔2001〕31 号

5. 国家外汇管理局关于贯彻实施《关于境内居民个人投资境内上市外资股若干问题的通知》中有关问题的补充通知　汇发〔2001〕32 号

6. 国家外汇管理局关于境内居民个人外汇存款投资 B 股市场有关问题的补充通知　汇发〔2001〕33 号

7. 国家外汇管理局关于境内个人投资者 B 股投资收益结汇有关问题的批复　汇复〔2007〕283 号

★ 外汇质押人民币贷款

1. 国家外汇管理局关于境内居民个人以外汇抵押人民币贷款政策问题的通知　汇发〔2003〕2 号

四、金融机构外汇业务监管

（一）基本法规

1. 国家外汇管理局关于下发《银行外汇业务管理规定》和《非银行金融机构外汇

业务管理规定》的补充规定的通知　附件:关于非银行金融机构外汇业务管理的相关规定　汇业函字〔1993〕第 83 号

2. 非银行金融机构外汇业务范围界定　汇管函字〔1996〕第 142 号

3. 国家外汇管理局外汇收支非现场监管工作制度(试行)　汇发〔2004〕22 号

4. 银行执行外汇管理规定情况考核办法　汇发〔2010〕38 号

5. 国家外汇管理局综合司关于印发《银行执行外汇管理规定情况考核内容及评分标准(2013 年)》的通知　汇综发〔2013〕21 号

(二)银行结售汇业务

★ 银行结售汇业务

1. 外资银行结汇、售汇及付汇业务实施细则　银发〔1996〕202 号

2. 外汇指定银行办理结汇、售汇业务管理暂行办法　中国人民银行令 2002 年第 4 号

3. 中国人民银行关于外资银行开立结售汇人民币现金专用账户有关问题的通知　银发〔2003〕180 号

4. 中国人民银行关于结售汇业务管理工作的通知　银发〔2004〕62 号

5. 中国人民银行关于结售汇人民币专用账户有关问题的通知　银发〔2005〕292 号

6. 国家外汇管理局关于境外黄金借贷和衍生产品交易业务外汇管理问题的批复　汇复〔2005〕253 号

7. 国家外汇管理局关于调整银行即期结售汇业务市场准入和退出管理方式的通知　汇发〔2007〕20 号

8. 国家外汇管理局综合司关于启用"银行结售汇业务管理专用章"的通知　汇综发〔2007〕97 号

9. 国家外汇管理局国际收支司关于银行即期结售汇业务市场准入和退出管理有关问题的批复　汇国发〔2007〕11 号

10. 国家外汇管理局关于完善银行自身结售汇业务管理有关问题的通知　汇发〔2011〕23 号

11. 国家外汇管理局关于银行贵金属业务汇率敞口外汇管理有关问题的通知　汇发〔2012〕8 号

★ 银行结售汇头寸管理

1. 国家外汇管理局关于银行结售汇综合头寸管理有关问题的通知　汇发〔2010〕56 号

2. 国家外汇管理局关于完善银行结售汇综合头寸管理有关问题的通知　汇发〔2012〕26 号

3. 国家外汇管理局综合司关于调整银行结售汇综合头寸统计报表及报送方式的通知　汇综发〔2012〕129 号

★ 银行结售汇报表

1. 银行结售汇统计制度 汇发〔2006〕42 号

2. 国家外汇管理局关于进一步规范银行结售汇统计管理有关问题的通知 汇发〔2008〕54 号

3. 国家外汇管理局综合司关于将人民币购售业务纳入结售汇统计有关问题的通知 汇综发〔2010〕99 号

4. 国家外汇管理局综合司关于调整银行结售汇统计报表及报送方式的通知 汇综发〔2012〕152 号

★ 结售汇相关产品管理

1. 外汇指定银行对客户远期结售汇业务和人民币与外币掉期业务备案操作指引 汇发〔2005〕70 号

2. 中国人民银行关于扩大外汇指定银行对客户远期结售汇业务和开办人民币与外币掉期业务有关问题的通知 银发〔2005〕201 号

3. 国家外汇管理局关于外汇指定银行对客户远期结售汇业务和人民币与外币掉期业务有关外汇管理问题的通知 汇发〔2006〕52 号

4. 中国人民银行关于政策性银行为合格境外机构办理人民币贷款业务和货币互换业务有关问题的通知 银发〔2007〕81 号

5. 国家外汇管理局关于合作办理远期结售汇业务有关问题的通知 汇发〔2010〕62 号

6. 国家外汇管理局关于外贸个体工商户个人外汇结算账户资金办理远期结售汇及人民币与外币掉期业务的批复 汇复〔2010〕197 号

7. 国家外汇管理局关于外汇指定银行对客户人民币外汇货币掉期业务有关外汇管理问题的通知 汇发〔2011〕3 号

8. 国家外汇管理局关于人民币对外汇期权交易有关问题的通知 汇发〔2011〕8 号

9. 国家外汇管理局关于银行办理人民币对外汇期权组合业务有关问题的通知 汇发〔2011〕43 号

五、人民币汇率与外汇市场

（一）汇价

1. 关于完善人民币汇率形成机制改革有关事宜 中国人民银行公告〔2005〕第 16 号

2. 中国人民银行关于银行间外汇市场交易汇价和外汇指定银行挂牌汇价管理有关事项的通知 银发〔2005〕183 号

3. 中国人民银行关于进一步改善银行间外汇市场交易汇价和外汇指定银行挂牌汇价管理的通知 银发〔2005〕250 号

4. 关于进一步完善银行间即期外汇市场、改进人民币汇率中间价形成方式有关事宜 中国人民银行公告〔2006〕第 1 号

5. 关于扩大银行间即期外汇市场人民币兑美元交易价浮动幅度　中国人民银行公告〔2007〕第 9 号

6. 中国人民银行关于银行间外汇市场交易汇价和外汇指定银行挂牌汇价管理有关问题的通知　银发〔2010〕325 号

7. 国家外汇管理局关于外汇指定银行停止报送挂牌汇价日报表的通知　汇发〔2012〕9 号

（二）外汇交易市场

1. 国家外汇管理局关于加强对外汇市场监管规范办公程序的通知　汇国函字〔1995〕第 009 号

2. 银行间外汇市场管理暂行规定　银发〔1996〕423 号

3. 国家外汇管理局关于中国外汇交易中心在银行间外汇市场开设欧元/人民币交易的批复　汇复〔2002〕14 号

4. 关于在香港办理个人人民币存款、兑换、银行卡和汇款业务的有关银行清算安排事宜　中国人民银行公告〔2003〕第 16 号

5. 国家外汇管理局关于银行间外汇市场开展双向交易的通知　汇发〔2003〕109 号

6. 国家外汇管理局关于在银行间外汇市场推出即期询价交易有关问题的通知　汇发〔2005〕87 号

7. 非金融企业和非银行金融机构申请银行间即期外汇市场会员资格实施细则（暂行）　汇发〔2005〕94 号

8. 中国人民银行关于加快发展外汇市场有关问题的通知　银发〔2005〕202 号

9. 国家外汇管理局关于境内外汇指定银行办理韩元挂牌兑换业务有关事项的通知　汇发〔2006〕45 号

10. 国家外汇管理局关于统一银行间外汇市场即期竞价交易和即期询价交易时间的通知　汇发〔2006〕50 号

11. 国家外汇管理局关于中国外汇交易中心在银行间外汇市场开设英镑对人民币交易的批复　汇复〔2006〕153 号

12. 中国人民银行关于在银行间外汇市场开办人民币外汇货币掉期业务有关问题的通知　银发〔2007〕287 号

13. 货币经纪公司外汇经纪业务管理暂行办法　汇发〔2008〕55 号

14. 中国人民银行 国家外汇管理局关于停办外币清算业务有关事宜的通知　银发〔2009〕137 号

15. 国家外汇管理局关于中国外汇交易中心在银行间外汇市场推出人民币对外汇期权交易的批复　汇复〔2011〕30 号

16. 国家外汇管理局关于调整银行间外汇市场部分业务管理的通知　汇发〔2012〕30 号

17. 国家外汇管理局关于修订《银行间外汇市场做市商指引》的通知　汇发〔2013〕13 号

六、国际收支与外汇统计

（一）国际收支统计

1．国际收支统计申报办法　中国人民银行行长令1995年第2号

2．国家外汇管理局 国家质量监督检验检疫总局关于在外汇业务工作中全面使用组织机构代码标识的通知　汇发〔2002〕24号

3．国际收支统计申报办法实施细则　汇发〔2003〕21号

4．国际收支统计申报中特殊机构代码赋码业务操作规程　汇发〔2003〕131号

5．国家外汇管理局国际收支司关于明确国际收支统计申报中特殊机构代码赋码有关事项的通知　汇国发〔2004〕5号

6．国家外汇管理局关于下发《境内银行涉外收付相关凭证管理规定》的通知　汇发〔2004〕45号

7．国家外汇管理局关于规范境内银行涉外收付相关凭证印制工作的通知　汇发〔2004〕65号

8．国家外汇管理局综合司关于境内银行涉外收付相关凭证备案工作有关事项的通知　汇综发〔2004〕140号

9．国家外汇管理局综合司关于调整境内银行涉外收付相关凭证内容的通知　汇综发〔2010〕50号

10．国家外汇管理局综合司关于停止报送汇兑业务统计申报表的通知　汇综发〔2010〕54号

11．国家外汇管理局综合司关于明确境内银行涉外收付凭证备案工作有关问题的通知　汇综发〔2012〕12号

12．国家外汇管理局关于启用境内银行涉外收付凭证及明确有关数据报送要求的通知　汇发〔2012〕42号

13．商务部 国家统计局 国家外汇管理局关于印发《对外直接投资统计制度》的通知　商合函〔2012〕1129号

（二）国际收支统计间接申报

1．国家外汇管理局综合司关于现钞结算的国际收支统计间接申报和核销问题的批复　汇综复〔2006〕106号

2．国家外汇管理局综合司关于外资银行改制有关国际收支统计申报事项的批复　汇综复〔2007〕40号

3．通过金融机构进行国际收支统计申报业务操作规程　汇发〔2010〕22号

4．国际收支网上申报系统操作规程　汇综发〔2010〕122号

5．国家外汇管理局国际收支司关于国际收支统计申报有关问题的批复　汇国复〔2010〕6号

6．国家外汇管理局国际收支司关于境外承包工程国际收支统计间接申报问题的批复　汇国复〔2010〕10号

7. 国际收支统计间接申报核查制度　汇发〔2011〕1 号

8. 国家外汇管理局关于进一步强化国际收支核查工作的通知　汇发〔2011〕47 号

9. 国家外汇管理局关于明确和调整国际收支申报有关事项的通知　汇发〔2011〕34 号

10. 国家外汇管理局关于做好调整境内银行涉外收付凭证及相关信息报送准备工作的通知　汇发〔2011〕49 号

附录 3

结汇、售汇及付汇管理规定

（中国人民银行 1996 年 6 月 20 日发布）

第一章　总　　则

第一条　为规范结汇、售汇及付汇行为，实现人民币在经常项目下可兑换，特制定本规定。

第二条　经营外汇业务的银行应当按照本规定和中国人民银行、国家外汇管理局批准的业务范围办理结汇、售汇、开立外汇账户及对外支付业务。

第三条　境内机构外汇收入，除国家另有规定外应当及时调回境内。

第四条　境内机构、居民个人、驻华机构及来华人员应当按照本规定办理结汇、购汇、开立外汇账户及对外支付。

第五条　境内机构和居民个人通过经营外汇业务的银行办理对外收支时，应当按照《国际收支统计申报办法》及有关规定办理国际收支统计申报。

第二章　经常项目下的结汇、售汇与付汇

第六条　除本规定第七条、第八条、第十条限定的范围和数量外，境内机构取得的下列外汇应当结汇：

（一）出口或者先支后收转口货物及其他交易行为收入的外汇。其中用跟单信用证/保函和跟单托收方式结算的贸易出口外汇可以凭有效商业单据结汇，用汇款方式结算的贸易出口外汇持出口收汇核销单结汇。

（二）境外贷款项下国际招标中标收入的外汇。

（三）海关监管下境内经营免税商品收入的外汇。

（四）交通运输（包括各种运输方式）及港口（含空港）、邮电（不包括国际汇兑款）、广告、咨询、展览、寄售、维修等行业及各类代理业务提供商品或者服务收入的外汇。

（五）行政、司法机关收入的各项外汇规费、罚没款等。

（六）土地使用权、著作权、商标权、专利权、非专利技术、商誉等无形资产转让收入的外汇，但上述无形资产属于个人所有的，可不结汇。

（七）境外投资企业汇回的外汇利润、对外经援项下收回的外汇和境外资产的外汇收入。

（八）对外索赔收入的外汇、退回的外汇保证金等。

（九）出租房地产和其他外汇资产收入的外汇。

（十）保险机构受理外汇保险所得外汇收入。

（十一）取得《经营外汇业务许可证》的金融机构经营外汇业务的净收入。

（十二）国外捐赠、资助及援助收入的外汇。

（十三）国家外汇管理局规定的其他应当结汇的外汇。

第七条 境内机构（不含外商投资企业）的下列外汇，可以向国家外汇管理局及其分支局（以下简称外汇局）申请，在经营外汇业务的银行开立外汇账户，按照规定办理结汇：

（一）经营境外承包工程、向境外提供劳务，技术合作及其他服务业务的公司、在上述业务项目进行过程中收到的业务往来外汇。

（二）从事代理对外或者境外业务的机构代收代付的外汇。

（三）暂收待付或者暂收待结项下的外汇，包括境外汇入的投标保证金、履约保证金、先收后支的转口贸易收汇、邮电部门办理国际汇兑业务的外汇汇兑款、一类旅行社收取的国外旅游机构预付的外汇、铁路部门办理境外保价运输业务收取的外汇、海关收取的外汇保证金、抵押金等。

（四）保险机构受理外汇保险、需向境外分保以及尚未结算的保费。

上述各项外汇的净收入，应当按照规定的时间全部卖给外汇指定银行。

第八条 捐赠、资助及援助合同规定用于境外支付的外汇，经外汇局批准后方可保留。

第九条 下列范围的外汇，可以保留：

（一）外国驻华使领馆、国际组织及其他境外法人驻华机构的外汇；

（二）居民个人及来华人员的外汇。

第十条 外商投资企业经常项目下外汇收入可在外汇局核定的最高金额以内保留外汇，超出部分应当卖给外汇指定银行，或者通过外汇调剂中心卖出。

第十一条 超过等值1万美元的现钞结汇，结汇人应当向外汇指定银行提供真实的身份证明和外汇来源证明，外汇指定银行予以结汇登记后报外汇局备案。

第十二条 本规定第七条、第八条、第九条、第十条允许开立外汇账户的境内机构和居民个人、驻华机构及来华人员，应当按照外汇账户管理的有关规定，到经营外汇业务的银行办理开户手续。

第十三条 境内机构下列贸易及非贸易经营性对外支付用汇，持与支付方式相应的有效商业单据和所列有效凭证从其外汇账户中支付或者到外汇指定银行兑付：

（一）用跟单信用证/保函方式结算的贸易进口，如需在开证时购汇，持进口合同、进口付汇核销单、开证申请书；如需在付汇时购汇，还应当提供信用证结算方式要求的有效商业单据。核销时必须凭正本进口货物报关单办理。

（二）用跟单托收方式结算的贸易进口，持进口合同、进口付汇核销单、进口付汇通知书及跟单托收结算方式要求的有效商业单据。核销时必须凭正本进口货物报关单办理。

（三）用汇款方式结算的贸易进口，持进口合同、进口付汇核销单、发票、正本进口货物报关单、正本运输单据，若提单上的"提货人"和报关单上的"经营单位"与进口合同中列明的买方名称不一致，还应当提供两者间的代理协议。

（四）进口项下不超过合同总金额的15%或者虽超过15%但未超过等值10万美元的预付货款，持进口合同、进口付汇核销单。

上述（一）项至（四）项下进口，实行进口配额管理或者特定产品进口管理的货物，还应当提供有关部门签发的许可证或者进口证明；进口实行自动登记制的货物，还应当提供填好的登记表格。

（五）进口项下的运输费、保险费，持进口合同、正本运输费收据和保险费收据。

（六）出口项下不超过合同总金额2%的暗佣（暗扣）和5%的明佣（明扣）或者虽超过上述比例但未超过等值1万美元的佣金，持出口合同或者佣金协议、结汇水单或者收账通知；出口项下的运输费、保险费，持出口合同、正本运输费收据和保险费收据。

（七）进口项下的尾款，持进口合同、进口付汇核销单、验货合格证明。

（八）进出口项下的资料费、技术费、信息费等从属费用，持进口合同或者出口合同、进口付汇核销单或者出口收汇核销单、发票或者收费单据及进口或者出口单位负责人签字的说明书。

（九）从保税区购买商品以及购买国外入境展览展品的用汇，持（一）项至（八）项规定的有效凭证和有效商业单据。

（十）专利权、著作权、商标、计算机软件等无形资产的进口，持进口合同或者协议。

（十一）出口项下对外退赔外汇，持结汇水单或者收账通知、索赔协议、理赔证明和已冲减出口收汇核销的证明。

（十二）境外承包工程所需的投标保证金持投标文件，履约保证金及垫付工程款项持合同。

第十四条 境内机构下列贸易及非贸易经营性对外支付，经营外汇业务的银行凭用户提供的支付清单先从其外汇账户中支付或者兑付，事后核查：

（一）经国务院批准的免税品公司按照规定范围经营免税商品的进口支付。

（二）民航、海运、铁道部门（机构）支付境外国际联运费、设备维修费、站场港口使用费、燃料供应费、保险费、非融资性租赁费及其他服务费用。

（三）民航、海运、铁道部门（机构）支付国际营运人员伙食、津贴补助。

（四）邮电部门支付国际邮政、电信业务费用。

第十五条 境内机构下列对外支付用汇，由外汇局审核其真实性后，从其外汇账户中支付或者到外汇指定银行兑付：

（一）超过本规定第十三条（四）规定比例和金额的预付货款。

（二）超过本规定第十三条（六）规定比例和金额的佣金。

（三）转口贸易项下先支后收的对外支付。

（四）偿还外债利息。

（五）超过等值1万美元的现钞提取。

第十六条 境内机构偿还境内中资金融机构外汇贷款利息，持《外汇（转）贷款登记证》、借贷合同及债权人的付息通知单，从其外汇账户中支付或者到外汇指定银行兑付。

第十七条 财政预算内的机关、事业单位和社会团体的非贸易非经营性用汇，按照《非贸易非经营性外汇财务管理暂行规定》办理。

第十八条 财政预算外的境内机构下列非经营性用汇，持所列有效凭证从其外汇账户中支付或者到外汇指定银行兑付：

（一）在境外举办展览、招商、培训及拍摄影视片等用汇，持合同、境外机构的支付通知书及主管部门批准文件。

（二）对外宣传费、对外援助费、对外捐赠外汇、国际组织会费、参加国际会议的注册费、报名费，持主管部门的批准文件及有关函件。

（三）在境外设立代表处或者办事机构的开办费和年度预算经费，持主管部门批准设立该机构的批准文件和经费预算书。

（四）国家教委国外考试协调机构支付境外的考试费，持对外合同和国外考试机构的账单或者结算通知书。

（五）在境外办理商标、版权注册、申请专利和法律、咨询服务等所需费用，持合同和发票。

（六）因公出国费用，持国家授权部门出国任务批件。

上述（一）至（六）项以外的非经营性用汇，由外汇局审核其真实性以后，从其外汇账户中支付或者到外汇指定银行兑付。

第十九条 居民个人的因私用汇，按照《境内居民因私兑换外汇办法》和《境内居民外汇存款汇出境外的规定》办理。

第二十条 居民个人移居出境后，下列合法人民币收益，持本人身份证明和所列有效凭证到外汇局授权的外汇指定银行兑付：

（一）人民币存款利息，持人民币存款利息清单。

（二）房产出租收入的租金，持房产租赁合同和房产出租管理部门的证明。

（三）其他资产的收益，持有关的证明材料和收益清单。

第二十一条 外商投资企业外方投资者依法纳税后的利润、红利的汇出，持董事会利润分配决议书，从其外汇账户中支付或者到外汇指定银行兑付。

外商投资企业中外籍、华侨、港澳台职工依法纳税后的人民币工资及其他正当收益，持证明材料到外汇指定银行兑付。

第二十二条 按照规定应当以外币支付的股息，依法纳税后持董事会利润分配决议书从其外汇账户中支付或者到外汇指定银行兑付。

第二十三条 驻华机构及来华人员的合法人民币收入，需汇出境外时，持证明材料和收费清单到外汇局授权的外汇指定银行兑付。

第二十四条 驻华机构及来华人员从境外携入或者在境内购买的自用物品、设备、用具等，出售后所得人民币款项，需汇出境外时，持工商登记证或者本人身份证明和出售凭证到外汇局授权的外汇指定银行兑付。

第二十五条 临时来华的外国人、华侨、港澳台同胞出境时未用完的人民币，可以凭本人护照、原兑换水单（有效期为6个月）兑回外汇，携出境外。

第三章 资本项目下的结汇、售汇与付汇

第二十六条 境内机构资本项目下的外汇应当在经营外汇业务的银行开立外汇账户。

第二十七条 境内机构下列范围内的外汇，未经外汇局批准，不得结汇：

（一）境外法人或自然人作为投资汇入的外汇。

（二）境外借款及发行外币债券、股票取得的外汇。

（三）经国家外汇管理局批准的其他资本项目下外汇收入。

除出口押汇外的国内外汇贷款和中资企业借入的国际商业贷款不得结汇。

第二十八条 境内机构向境外出售房地产及其他资产收入的外汇，除本规定第十条限定的数额外应当卖给外汇指定银行。

第二十九条 境内机构偿还境内中资金融机构外汇贷款本金，持《外汇（转）贷款登记证》、借贷合同及债权机构的还本通知单，从其外汇账户中支付或者到外汇指定银行兑付。

第三十条 境内机构资本项目下的下列用汇，持所列有效凭证向外汇局申请，凭外汇局的核准件从其外汇账户中支付或者到外汇指定银行兑付：

（一）偿还外债本金，持《外债登记证》、借贷合同及债权机构还本通知单。

（二）对外担保履约用汇，持担保合同、外汇局核发的《外汇担保登记证》及境外机构支付通知。

（三）境外投资资金的汇出，持国家主管部门的批准文件和投资合同。

（四）外商投资企业的中方投资者经批准需以外汇投入的注册资金，持国家主管部门的批准文件和合同。

第三十一条 外商投资企业的外汇资本金的增加、转让或者以其他方式处置，持董事会决议，经外汇局核准后，从其外汇账户中支付或者持外汇局核发的售汇通知单到外汇指定银行兑付；投资性外商投资企业外汇资本金在境内投资及外方所得利润在境内增资或者再投资持外汇局核准件办理。

第四章 结汇、售汇及付汇的监管

第三十二条 外商投资企业可以在外汇指定银行办理结汇和售汇，也可以在外汇调剂中心买卖外汇，其他境内机构、居民个人、驻华机构及来华人员只能在外汇指定银行办理结汇和售汇。

第三十三条 从外汇账户中对外支付时，经营外汇业务的银行应当根据规定的外

汇账户收支范围及本规定第二章、第三章相应的规定进行审核,办理支付。

第三十四条 外汇指定银行办理售汇和付汇后,应当在相应的有效凭证和有效商业单据上签章后留存备查。

第三十五条 外汇指定银行应当根据中国人民银行每日公布的人民币汇率中间价和规定的买卖差价幅度,确定对客户的外汇买卖价格,办理结汇和售汇业务。

第三十六条 从外汇账户中支付或者购汇支付,应当在有关结算方式或者合同规定的日期办理,不得提前对外付款;除用于还本付息的外汇和信用证/保函保证金外,不得提前购汇。

第三十七条 为使有远期支付合同或者偿债协议的用汇单位避免汇率风险,外汇指定银行可以按照有关规定为其办理人民币与外币的远期买卖及其他保值业务。

第三十八条 易货贸易项下进口,未经外汇局批准,不得购汇或者从外汇账户支付。

第三十九条 经营外汇业务的银行应当按照规定向外汇局报送结汇、售汇及付汇情况报表。

外汇指定银行应当建立结售汇内部监管制度,遇有结售汇异常情况,应当及时向国家外汇管理局当地分支局报告。

第四十条 境内机构应当在其注册地选择经营外汇业务的银行开立外汇账户、按照本规定办理结汇、购汇、付汇业务。境内机构在异地和境外开立外汇账户,应当向外汇局申请。

外商投资企业经常项下的外汇收入,经批准可以在注册地选择经营外汇业务的银行开立外汇结算账户。

第四十一条 经营外汇业务的银行和有结汇、购汇、付汇业务的境内机构,应当无条件接受外汇局的监督、检查,并出示、提供有关材料。对违反本规定的,外汇局可对其处以警告、没收违法所得、罚款的处罚;对违反本规定,情节严重的经营外汇业务的银行,外汇局可对其处以暂停结售汇业务的处罚。

第五章 附 则

第四十二条 本规定由国家外汇管理局负责解释。

第四十三条 本规定自1996年7月1日起施行。1994年3月26日发布的《结汇、售汇及付汇管理暂行规定》同时废止。其他规定与本规定相抵触的,以本规定为准。

附录4

国际汇兑常用英文词汇对照表

英　文	中文翻译
International Exchange	国际汇兑
Foreign Exchange	外汇
Foreign Exchange of Freedom	自由外汇
Convertible Currency	可自由兑换的货币
Foreign Exchange of Trade	贸易外汇
Foreign Exchange of Invisible Trade	非贸易外汇
Spot Foreign Exchange	即期外汇
Forward Exchange	远期外汇
Authority of Foreign Exchange	官方外汇
Private Foreign Exchange	私人外汇
Agent of Foreign Exchange	外汇经纪人
Bank of Foreign Exchange	外汇银行
Central Bank	中央银行
Retail Market	零售市场
Wholesale Market	批发市场
Over the Counter	柜台市场
Exchange Market	交易所市场
Foreign Exchange Market (Forex、FX 或 currency market)	外汇市场
Official Exchange Market	官方外汇市场
Free Foreign Exchange Market	自由外汇市场
Foreign Exchange Control	外汇管制
Balance of Payment, BOP	国际收支
Flow	流量
Stock	存量
Resident	居民
Balance of Payments Statement	国际收支平衡表
Debit	借方
Credit	贷方
Plus Items	正号项目
Minus Items	负号项目

续表

英　文	中文翻译
Current Account	经常项目
Goods	货物
Services	服务
Income	收益
Current Transfers	经常转移
Capital Account	资本账户
Financial Account	金融账户
Direct Investment	直接投资
Portfolio Investment	证券投资
Capital Reserve	资本储备
Account Balance	账面平衡
True Balance	真实平衡
Active Balance	主动平衡
Passive Balance	被动平衡
Autonomous Transaction	自主性交易
Accommodating Transaction	调节性交易
Sporadic Imbalance	偶发性失衡
Income Imbalance	收入性失衡
Cyclical Disequilibrium	周期性失衡
Structural Imbalance	结构性失衡
Monetary Disequilibrium	货币性失衡
International Reserves	国际储备
Gold Reserves	黄金储备
Foreign Exchange Reserves	外汇储备
Reserve Position in the Fund	储备头寸
General Drawing Rights	普通提款权
Special Drawing Rights, SDRs	特别提款权
Ministry of Commerce	商务部
Import and Export Quotas	进出口配额
License	许可证
Trade Remedies	贸易救济
State Administration of Foreign Exchange	国家外汇管理局
Verification of Remittance Inward by Export Verification of Remittance	出口收汇核销
Outward by Import	进口付汇核销单
Customs	海关
Customs Declaration	报关
Check	查验
Tax	征税
Release the Goods	放行
Credit Insurance Corporation	信保公司
Bank	银行

续表

英　文	中文翻译
Exchange Rate	外汇汇率
Direct Quotation	直接标价法
Giving Quotation	应付标价法
Indirect Quotation	间接标价法
Receiving Quotation	应收标价法
Buying Rate	买入汇率
Selling Rate	卖出汇率
Medial Rate	中间汇率
Telegraphic Transfer Rate, T/T Rate	电汇汇率
Mail Transfer Rate, M/T Rate	信汇汇率
Demand Draft Rate, D/D Rate	票汇汇率
Basic Rate	基础汇率
Cross Rate	套算汇率
Spot Exchange Rate	即期汇率
Forward Exchange Rate	远期汇率
Official Rate	官方汇率
Market Rate	市场汇率
Single Exchange Rate	单一汇率
Multiple Rate	多重汇率
Fixed Exchange Rate	固定汇率
Floating Exchange Rate	浮动汇率
Gold Point	黄金点
Foreign Currency Exchange	外币兑换
At Sight	即期支付
Nominal Rate	挂牌汇率
The Unlisted Exchange Rate	未挂牌汇率
Convertible Currency	可兑换的货币
At Premium	升水
At Discount	贴水
At Par	平价
Forward Margin	远期差价
Swap Rate	掉期率报价方式
Points Rate	点数汇率
Foreign Exchange Risk	外汇风险
Transaction Exposure	交易风险
Accounting Exposure	会计风险
Economic Exposure	经济风险
Foreign Exchange Bank	外汇银行
Foreign Exchange Broker	外汇经纪人
Customer	客户
Central Bank	中央银行
Spot Exchange Transaction	即期外汇业务
Complete a Business Transaction	交割
Enquire	询价

续表

英　文	中文翻译
Quotation	报价
Done	成交
Confirmation	确认
Two Way Quotation	双向报价方式
Quoting Party	报价者
Bid Rate	买入价格
Offer Rate	卖出价格
US Dollar Quotation	美元报价法
US Dollar Quotation or Dollar Terms	美元标价法
Arbitrage	套汇交易
Borrowing-Spot-Investing (BSI)	借款—现汇交易—投资法
Lead-Spot-Investing (LSI)	提早收付—即期合同—投资法
Forward Exchange Transaction	远期外汇交易
Buy Long	买空
Sell Short	卖空
Forward Contract	远期合同法
Outward Bills	出口押汇
Negotiation under Documentary Credit	信用证项下的出口押汇
Advance Against Documentary Collection	出口托收押汇
Discounting a Bill of Exchange	出口票据贴现
Packing Loan	打包贷款
Factoring	保理
Officially-Supported Export Credit,OSEC	官方支持的出口信贷
Long-term Export Credit	长期出口信贷
Supplier's Credit	卖方信贷
Buyer's Credit	买方信贷
Forfeiting	福费廷
International Monetary Fund, IMF	国际货币基金组织
Normal Credit	普通贷款
Ext Ended Facility	专门贷款
Compensatory & Contingenting Financing Facility(CCFF)	补偿与应急贷款
Buffer Stock Financing Facility, BSFF	缓冲库存贷款
World Bank	世界银行
International Finance Corporation ,IFC	国际金融公司
Capital Stock	股本
Discount Bank	贴现银行
Exchange Bank	汇兑银行
Requesting Bank	委托开证银行
Issuing Bank, Opening Bank	开证银行
Advising Bank, Notifying bank	通知银行
Negotiation Bank	议付银行
Confirming Bank	保兑银行
ADB	亚洲开发银行
AFDB	非洲开发银行
IADB	泛美开发银行

续表

英　文	中文翻译
EBRD	欧洲复兴开发银行
NIB	北欧投资银行
CDB	加勒比海开发银行
IDB	伊斯兰开发银行
Bill to purchase	出口结汇
Regular Settlement	定期结汇
Advance Against Documentary Collection	出口托收押汇
Optional Forward transactions	择期外汇交易
Foreign Exchange Swap	掉期外汇交易
Inward Bill Receivables	进口信用证押汇
Delivery Against Bank Guarantee	提货担保
Import Refinance	进口代付
Inflation	通货膨胀
Deflation	通货收缩
Devaluation	货币贬值
Revaluation	货币增值
International Balance of Payment	国际收支
Favorable Balance	顺差
Adverse Balance	逆差
Hard Currency	硬通货
Soft Currency	软通货
International Monetary System	国际货币制度
The Purchasing Power of Money	货币购买力
National Budget	国家预算
National Gross Product	国民生产总值
Public Bond	公债
Stock, Share	股票
Debenture	债券
Direct Exchange	直接(对角)套汇
Indirect Exchange	间接(三角)套汇
Cross Rate, Arbitrage rate	套汇汇率
Foreign Currency (exchange) Reserve	外汇储备
Foreign Exchange Fluctuation	外汇波动
Foreign Exchange Crisis	外汇危机
Discount	贴现
Discount Rate, Bank Rate	贴现率
Swaps	掉期

附录 5

世界主要国家(地区)货币名称

亚　洲	货币名称		标准符号
	中　文	英　文	
中国香港	港币	Hong Kong Dollar	HKD
中国澳门	澳门元	Macao Pataca	MOP
中国台湾	新台币	New Taiwan Dollar	TWD
中国	人民币元	Renminbi Yuan	CNY
朝鲜	朝鲜圆	Korea-North Won	KPW
韩国	韩元	South Korea Won	KRW
越南	越南盾	Vietnamese Dong	VND
日本	日元	Japanese Yen	JPY
老挝	基普	Laotian Kip	LAK
柬埔寨	瑞尔	Cambodian Riel	KHR
菲律宾	菲律宾比索	Philippine Peso	PHP
马来西亚	林吉特	Ringgit Malaysia	MYR
新加坡	新加坡元	Ssingapore Dollar	SGD
泰国	泰铢	Thai Baht (Thai Tical)	THB
缅甸	缅元	Burmese Kyat	BUK
斯里兰卡	斯里兰卡卢比	Sri Lanka Rupee	LKR
马尔代夫	马尔代夫卢比	Maldives Rupee	MVR
印度尼西亚	印尼卢比	Indonesian Rupiah	IDR
巴基斯坦	巴基斯坦卢比	Pakistan Rupee	PRK
印度	印度卢比	Indian Rupee	INR
尼泊尔	尼泊尔卢比	Nepalese Rupee	NPR
阿富汗	阿富汗尼	Afghani	AFA
伊朗	伊朗里亚尔	Iranian Rial	IRR
伊拉克	伊拉克第纳尔	Iraqi Dinar	IQD
叙利亚	叙利亚镑	Syrian Pound	SYP
黎巴嫩	黎巴嫩镑	Lebanese Pound	LBP
阿拉伯联合酋长国	阿联酋迪拉姆	Dirham	DHS

续表

亚 洲	货币名称		标准符号
	中 文	英 文	
约旦	约旦第纳尔	Jordanian Dinar	JOD
沙特阿拉伯	沙特里亚尔	Saudi Arabian Rial	SAR
科威特	科威特第纳尔	Kuwaiti Dinar	KWD
巴林	巴林第纳尔	Bahrain Dinar	BHD
卡塔尔	卡塔尔里亚尔	Qatar Rial	QAR
阿曼	阿曼里亚尔	Oman Rial	OMR
阿拉伯也门	也门里亚尔	Yemen Rial	YER
民主也门	也门第纳尔	Yemeni Dinar	YDD
土耳其	土耳其里拉	Turkish Pound (Turkish Lira)	TRL
塞浦路斯	塞浦路斯镑	Cyprus Pound	CYP
大洋洲	**货币名称**		**标准符号**
	中 文	**英 文**	
澳大利亚	澳大利亚元	Australian Dollar	AUD
新西兰	新西兰元	New Zealand Dollar	NZD
斐济	斐济元	Fiji Dollar	FJD
所罗门群岛	所罗门元	Solomon Dollar	SBD
欧 洲	**货币名称**		**标准符号**
	中 文	**英 文**	
欧洲货币联盟	欧元	Euro	EUR
冰岛	冰岛克朗	Icelandic Krona(复数:Kronur)	ISK
丹麦	丹麦克朗	Danish Krona(复数:Kronur)	DKK
挪威	挪威克朗	Norwegian Krone(复数:Kronur)	NOK
瑞典	瑞典克朗	Swedish Krona(复数:Kronur)	SEK
芬兰	芬兰马克	Finnish Markka (or Mark)	FIM
俄罗斯	卢布	Russian Ruble (or Rouble)	SUR
波兰	兹罗提	Polish Zloty	PLZ
捷克和斯洛伐克	捷克克朗	Czechish Koruna	CSK
匈牙利	福林	Hungarian Forint	HUF
德国	马克	Deutsche Mark	DEM
奥地利	奥地利先令	Austrian Schilling	ATS
瑞士	瑞士法郎	Swiss Franc	CHF
荷兰	荷兰盾	Dutch Guilder(or Florin)	NLG
比利时	比利时法郎	Belgian Franc	BEF
卢森堡	卢森堡法郎	Luxembourg Franc	LUF
英国	英镑	Pound, Sterling	GBP
爱尔兰	爱尔兰镑	Irish pound	IEP

续表

欧　洲	货币名称		标准符号
	中　文	英　文	
法国	法郎	French Franc	FRF
西班牙	比塞塔	Spanish Peseta	ESP
葡萄牙	埃斯库多	Portuguese Escudo	PTE**
意大利	里拉	Italian Lira	ITL
马耳他	欧元	Euro	EUR
南斯拉夫	南斯拉夫新第纳尔	Yugoslav Din	YUD
罗马尼亚	列伊	Romania Leu(复数:Leva)	ROL
保加利亚	列弗	Bulgarian Lev(复数:Lei)	BGL
阿尔巴尼亚	列克	Albanian Lek	ALL
希腊	德拉马克	Greek Drachma	GRD

美　洲	货币名称		标准符号
	中　文	英　文	
加拿大	加元	Canadian Dollar	CAD
美国	美元	U. S. Dollar	USD
墨西哥	墨西哥比索	Mexican Peso	MXP
危地马拉	格查尔	Quatemalan Quetzal	GTQ
萨尔瓦多	萨尔瓦多科朗	Salvadoran Colon	SVC
洪都拉斯	伦皮拉	Honduran Lempira	HNL
尼加拉瓜	科多巴	Nicaraguan Cordoba	NIC
哥斯达黎加	哥斯达黎加科朗	Costa Rican Colon	CRC
巴拿马	巴拿马巴波亚	Panamanian Balboa	PAB
古巴	古巴比索	Cuban Peso	CUP
巴哈马联邦	巴哈马元	Bahaman Dollar	BSD
牙买加	牙买加元	Jamaican Dollars	JMD
海地	古德	Haitian Gourde	HTG
多米尼加	多米尼加比索	Dominican Peso	DOP
特立尼达和多巴哥	特立尼达多巴哥元	Trinidad and Tobago Dollar	TTD
巴巴多斯	巴巴多斯元	Barbados Dollar	BBD
哥伦比亚	哥伦比亚比索	Colombian Peso	COP
委内瑞拉	委内瑞拉博利瓦	Venezuelan Bolivar	VEB
圭亚那	圭亚那元	Guyanan Dollar	GYD
苏里南	苏里南盾	Surinam Florin	SRG
秘鲁	新索尔	Peruvian Sol	PES
厄瓜多尔	苏克雷	Ecuadoran Sucre	ECS
巴西	巴西雷亚尔	Reais	BRL
玻利维亚	玻利维亚比索	Bolivian Peso	BOP
智利	智利比索	Chilean Peso	CLP
阿根廷	阿根廷比索	Argentine Peso	ARS
巴拉圭	巴拉圭瓜拉尼	Paraguayan Guarani	PYG

续表

非　洲	货币名称		标准符号
	中　文	英　文	
乌拉圭	乌拉圭新比索	New Uruguayan Peso	UYP
埃及	埃及镑	Egyptian Pound	EGP
利比亚	利比亚第纳尔	Libyan Dinar	LYD
苏丹	苏丹镑	Sudanese Pound	SDP
突尼斯	突尼斯第纳尔	Tunisian Dinar	TND
阿尔及利亚	阿尔及利亚第纳尔	Algerian Dinar	DZD
摩洛哥	摩洛哥迪拉姆	Moroccan Dirham	MAD
毛里塔尼亚	乌吉亚	Mauritania Ouguiya	MRO
塞内加尔	非共体法郎	African Financial Community Franc	XOF
上沃尔特	非共体法郎	African Financial Community Franc	XOF
科特迪瓦	非共体法郎	African Financial Community Franc	XOF
多哥	非共体法郎	African Financial Community Franc	XOF
贝宁	非共体法郎	African Financial Community Franc	XOF
尼泊尔	非共体法郎	African Financial Community Franc	XOF
冈比亚	法拉西	Gambian Dalasi	GMD
几内亚比绍	西非法郎	Colonies Francaises d'AFrique	FCFA
几内亚	几内亚西里	Guinean Syli	GNS
塞拉里昂	利昂	Sierra Leone Leone	SLL
利比里亚	利比里亚元	Liberian Dollar	LRD
加纳	塞地	Ghanaian Cedi	GHC
尼日利亚	奈拉	Nigerian Naira	NGN
喀麦隆	中非金融合作法郎	Central African Financial-Coop Franc	XAF
乍得	中非金融合作法郎	Central African Financial-Coop Franc	XAF
刚果	中非金融合作法郎	Central African Financial-Coop Franc	XAF
加蓬	中非金融合作法郎	Central African Financial-Coop Franc	XAF
中非	中非金融合作法郎	Central African Financial-Coop Franc	XAF
赤道几内亚	赤道几内亚埃奎勒	Equatorial Guinea Ekuele	GQE
南非	南非兰特	South African Rand	ZAR
吉布提	吉布提法郎	Djibouti Franc	DJF
索马里	索马里先令	Somali Shilling	SOS
肯尼亚	肯尼亚先令	Kenya Shilling	KES
乌干达	乌干达先令	Uganda Shilling	UGS
坦桑尼亚	坦桑尼亚先令	Tanzania Shilling	TZS
卢旺达	卢旺达法郎	Rwanda Franc	RWF

续表

非　洲	货币名称		标准符号
	中　文	英　文	
布隆迪	布隆迪法郎	Burnudi Franc	BIF
扎伊尔	扎伊尔	Zaire Rp Zaire	ZRZ
赞比亚	赞比亚克瓦查	Zambian Kwacha	ZMK
马达加斯加	马达加斯加阿里亚里	Malagasy Ariary	MGA
塞舌尔	塞舌尔卢比	Seychelles Rupee	SCR
毛里求斯	毛里求斯卢比	Mauritius Rupee	MUR
津巴布韦	津巴布韦元	Zimbabwe Dollar	ZWD
科摩罗	科摩罗法郎	Comoros Franc	KMF
安哥拉共和国	安哥拉宽扎	Angolan Kwanza	AOA

参 考 文 献

[1] 冷丽莲,李占云. 国际汇兑与结算[M]. 北京:首都经济贸易大学出版社,2011.
[2] 胡波. 国际汇兑与结算[M]. 北京:中国机械工业出版社,1999.
[3] 董乃全. 国际汇兑与结算[M]. 武汉:武汉理工大学出版社,2010.
[4] 黄璐. 国际汇兑实务[M]. 北京:首都经济贸易大学出版社,2011.
[5] 潘海红,黄光明. 国际汇兑实务[M]. 北京:对外经济贸易大学出版社,2011.
[6] 韩玉珍. 国际汇兑实务[M]. 北京:北京大学出版社,2005.
[7] 李志慧. 国际金融[M]. 大连:东北财经大学出版社,2005.
[8] 俞丹桦. 进口贸易实务[M]. 北京:中国商务出版社,2009.
[9] 庄乐梅. 出口商如何保障安全收汇[M]. 北京:中国海关出版社,2008.
[10] 周灌东. 国际金融与结算[M]. 北京:清华大学出版社,2008.
[11] 何添传. 进口贸易实务[M]. 北京:经济科学出版社,2013.
[12] 邸岚. 国际金融简明教程[M]. 北京:科学出版社,2004.
[13] 周红军. 福费廷[M]. 北京:中国海关出版社,2008.
[14] 王文兵,顾永才. 进口贸易操作 15 步[M]. 北京:首都经济贸易大学出版社,2006.
[15] 郭党怀. 国际贸易金融服务全程通[M]. 2 版. 北京:中国海关出版社,2012.
[16] 王婧. 国际结算操作[M]. 北京:高等教育出版社,2008.
[17] 金赛波. 中国信用证与贸易融资法律[M]. 北京:法律出版社,2005.
[18] 乔桂明. 外汇理论与交易实务[M]. 2 版. 苏州:苏州大学出版社,2010.
[19] 许南,李建军. 国际结算[M]. 北京:中国人民大学出版社,2013.

附赠

中华人民共和国
出境入境管理法

中国法制出版社

中华人民共和国出境入境管理法

（2012年6月30日第十一届全国人民代表大会常务委员会第二十七次会议通过）

目　　录

第一章　总　　则

第一条　为了规范出境入境管理，维护中华人民共和国的主权、安全和社会秩序，促进对外交往和对外开放，制定本法。

第二条　中国公民出境入境、外国人入境出境、外国人在中国境内停留居留的管理，以及交通运输工具出境入境的边防检查，适用本法。

第三条　国家保护中国公民出境入境合法权益。

在中国境内的外国人的合法权益受法律保护。在中国境内的外国人应当遵守中国法律，不得危害中国国家安全、损害社会公共利益、破坏社会公共秩序。

第四条　公安部、外交部按照各自职责负责有关出境入境事务的管理。

中华人民共和国驻外使馆、领馆或者外交部委托的其他驻外机构（以下称驻外签证机关）负责在境外签发外国人入境签证。出入境边防检查机关负责实施出境入境边防检查。县级以上地方人民政府公安机关及其出入境管理机构负责外国人停留居留管理。

公安部、外交部可以在各自职责范围内委托县级以上地方人民政府公安机关出入境管理机构、县级以上地方人民政府外事部门受理外国人入境、停留居留申请。

公安部、外交部在出境入境事务管理中，应当加强沟通配合，并与国务院有关部门密切合作，按照各自职责分工，依法行使职权，承担责任。

第五条 国家建立统一的出境入境管理信息平台，实现有关管理部门信息共享。

第六条 国家在对外开放的口岸设立出入境边防检查机关。

中国公民、外国人以及交通运输工具应当从对外开放的口岸出境入境，特殊情况下，可以从国务院或者国务院授权的部门批准的地点出境入境。出境入境人员和交通运输工具应当接受出境入境边防检查。

出入境边防检查机关负责对口岸限定区域实施管理。根据维护国家安全和出境入境管理秩序的需要，出入境边防检查机关可以对出境入境人员携带的物品实施边防检查。必要时，出入境边防检查机关可以对出境入境交通运输工具载运的货物实施边防检查，但是应当通知海关。

第七条 经国务院批准，公安部、外交部根据出境入境管理的需要，可以对留存出境入境人员的指纹等人体生物识别信息作出规定。

外国政府对中国公民签发签证、出境入境管理有特别规定的，中国政府可以根据情况采取相应的对等措施。

第八条 履行出境入境管理职责的部门和机构应当切实

采取措施，不断提升服务和管理水平，公正执法，便民高效，维护安全、便捷的出境入境秩序。

第二章　中国公民出境入境

第九条　中国公民出境入境，应当依法申请办理护照或者其他旅行证件。

中国公民前往其他国家或者地区，还需要取得前往国签证或者其他入境许可证明。但是，中国政府与其他国家政府签订互免签证协议或者公安部、外交部另有规定的除外。

中国公民以海员身份出境入境和在国外船舶上从事工作的，应当依法申请办理海员证。

第十条　中国公民往来内地与香港特别行政区、澳门特别行政区，中国公民往来大陆与台湾地区，应当依法申请办理通行证件，并遵守本法有关规定。具体管理办法由国务院规定。

第十一条　中国公民出境入境，应当向出入境边防检查机关交验本人的护照或者其他旅行证件等出境入境证件，履行规定的手续，经查验准许，方可出境入境。

具备条件的口岸，出入境边防检查机关应当为中国公民出境入境提供专用通道等便利措施。

第十二条　中国公民有下列情形之一的，不准出境：

（一）未持有效出境入境证件或者拒绝、逃避接受边防检查的；

（二）被判处刑罚尚未执行完毕或者属于刑事案件被告人、犯罪嫌疑人的；

（三）有未了结的民事案件，人民法院决定不准出境的；

（四）因妨害国（边）境管理受到刑事处罚或者因非法出境、非法居留、非法就业被其他国家或者地区遣返，未满不准出境规定年限的；

（五）可能危害国家安全和利益，国务院有关主管部门决定不准出境的；

（六）法律、行政法规规定不准出境的其他情形。

第十三条 定居国外的中国公民要求回国定居的，应当在入境前向中华人民共和国驻外使馆、领馆或者外交部委托的其他驻外机构提出申请，也可以由本人或者经由国内亲属向拟定居地的县级以上地方人民政府侨务部门提出申请。

第十四条 定居国外的中国公民在中国境内办理金融、教育、医疗、交通、电信、社会保险、财产登记等事务需要提供身份证明的，可以凭本人的护照证明其身份。

第三章 外国人入境出境

第一节 签 证

第十五条 外国人入境，应当向驻外签证机关申请办理签证，但是本法另有规定的除外。

第十六条 签证分为外交签证、礼遇签证、公务签证、普通签证。

对因外交、公务事由入境的外国人，签发外交、公务签证；对因身份特殊需要给予礼遇的外国人，签发礼遇签证。外交签证、礼遇签证、公务签证的签发范围和签发办法由外交部规定。

对因工作、学习、探亲、旅游、商务活动、人才引进等非外交、公务事由入境的外国人，签发相应类别的普通签证。普通签证的类别和签发办法由国务院规定。

第十七条 签证的登记项目包括：签证种类，持有人姓名、性别、出生日期、入境次数、入境有效期、停留期限，签发日期、地点，护照或者其他国际旅行证件号码等。

第十八条 外国人申请办理签证，应当向驻外签证机关提交本人的护照或者其他国际旅行证件，以及申请事由的相关材料，按照驻外签证机关的要求办理相关手续、接受面谈。

第十九条 外国人申请办理签证需要提供中国境内的单位或者个人出具的邀请函件的，申请人应当按照驻外签证机关的要求提供。出具邀请函件的单位或者个人应当对邀请内容的真实性负责。

第二十条 出于人道原因需要紧急入境，应邀入境从事紧急商务、工程抢修或者具有其他紧急入境需要并持有有关主管部门同意在口岸申办签证的证明材料的外国人，可以在国务院批准办理口岸签证业务的口岸，向公安部委托的口岸签证机关（以下简称口岸签证机关）申请办理口岸签证。

旅行社按照国家有关规定组织入境旅游的，可以向口岸签证机关申请办理团体旅游签证。

外国人向口岸签证机关申请办理签证，应当提交本人的护照或者其他国际旅行证件，以及申请事由的相关材料，按照口岸签证机关的要求办理相关手续，并从申请签证的口岸入境。

口岸签证机关签发的签证一次入境有效，签证注明的停留期限不得超过三十日。

第二十一条 外国人有下列情形之一的，不予签发签证：

（一）被处驱逐出境或者被决定遣送出境，未满不准入境规定年限的；

（二）患有严重精神障碍、传染性肺结核病或者有可能对公共卫生造成重大危害的其他传染病的；

（三）可能危害中国国家安全和利益、破坏社会公共秩序或者从事其他违法犯罪活动的；

（四）在申请签证过程中弄虚作假或者不能保障在中国境内期间所需费用的；

（五）不能提交签证机关要求提交的相关材料的；

（六）签证机关认为不宜签发签证的其他情形。

对不予签发签证的，签证机关可以不说明理由。

第二十二条 外国人有下列情形之一的，可以免办签证：

（一）根据中国政府与其他国家政府签订的互免签证协议，属于免办签证人员的；

（二）持有效的外国人居留证件的；

（三）持联程客票搭乘国际航行的航空器、船舶、列车从中国过境前往第三国或者地区，在中国境内停留不超过二十四小时且不离开口岸，或者在国务院批准的特定区域内停留不超过规定时限的；

（四）国务院规定的可以免办签证的其他情形。

第二十三条 有下列情形之一的外国人需要临时入境的，应当向出入境边防检查机关申请办理临时入境手续：

（一）外国船员及其随行家属登陆港口所在城市的；

（二）本法第二十二条第三项规定的人员需要离开口岸的；

（三）因不可抗力或者其他紧急原因需要临时入境的。

临时入境的期限不得超过十五日。

对申请办理临时入境手续的外国人，出入境边防检查机关可以要求外国人本人、载运其入境的交通运输工具的负责人或者交通运输工具出境入境业务代理单位提供必要的保证措施。

第二节　入境出境

第二十四条　外国人入境，应当向出入境边防检查机关交验本人的护照或者其他国际旅行证件、签证或者其他入境许可证明，履行规定的手续，经查验准许，方可入境。

第二十五条　外国人有下列情形之一的，不准入境：

（一）未持有效出境入境证件或者拒绝、逃避接受边防检查的；

（二）具有本法第二十一条第一款第一项至第四项规定情形的；

（三）入境后可能从事与签证种类不符的活动的；

（四）法律、行政法规规定不准入境的其他情形。

对不准入境的，出入境边防检查机关可以不说明理由。

第二十六条　对未被准许入境的外国人，出入境边防检查机关应当责令其返回；对拒不返回的，强制其返回。外国人等待返回期间，不得离开限定的区域。

第二十七条　外国人出境，应当向出入境边防检查机关交验本人的护照或者其他国际旅行证件等出境入境证件，履行规定的手续，经查验准许，方可出境。

第二十八条　外国人有下列情形之一的，不准出境：

（一）被判处刑罚尚未执行完毕或者属于刑事案件被告人、犯罪嫌疑人的，但是按照中国与外国签订的有关协议，移管被判刑人的除外；

（二）有未了结的民事案件，人民法院决定不准出境的；

（三）拖欠劳动者的劳动报酬，经国务院有关部门或者省、自治区、直辖市人民政府决定不准出境的；

（四）法律、行政法规规定不准出境的其他情形。

第四章　外国人停留居留

第一节　停留居留

第二十九条　外国人所持签证注明的停留期限不超过一百八十日的，持证人凭签证并按照签证注明的停留期限在中国境内停留。

需要延长签证停留期限的，应当在签证注明的停留期限届满七日前向停留地县级以上地方人民政府公安机关出入境管理机构申请，按照要求提交申请事由的相关材料。经审查，延期理由合理、充分的，准予延长停留期限；不予延长停留期限的，应当按期离境。

延长签证停留期限，累计不得超过签证原注明的停留期限。

第三十条 外国人所持签证注明入境后需要办理居留证件的，应当自入境之日起三十日内，向拟居留地县级以上地方人民政府公安机关出入境管理机构申请办理外国人居留证件。

申请办理外国人居留证件，应当提交本人的护照或者其他国际旅行证件，以及申请事由的相关材料，并留存指纹等人体生物识别信息。公安机关出入境管理机构应当自收到申请材料之日起十五日内进行审查并作出审查决定，根据居留事由签发相应类别和期限的外国人居留证件。

外国人工作类居留证件的有效期最短为九十日，最长为五年；非工作类居留证件的有效期最短为一百八十日，最长为五年。

第三十一条 外国人有下列情形之一的，不予签发外国人居留证件：

（一）所持签证类别属于不应办理外国人居留证件的；

（二）在申请过程中弄虚作假的；

（三）不能按照规定提供相关证明材料的；

（四）违反中国有关法律、行政法规，不适合在中国境内居留的；

（五）签发机关认为不宜签发外国人居留证件的其他情形。

符合国家规定的专门人才、投资者或者出于人道等原因确需由停留变更为居留的外国人，经设区的市级以上地方人民政府公安机关出入境管理机构批准可以办理外国人居留证件。

第三十二条　在中国境内居留的外国人申请延长居留期限的，应当在居留证件有效期限届满三十日前向居留地县级以上地方人民政府公安机关出入境管理机构提出申请，按照要求提交申请事由的相关材料。经审查，延期理由合理、充分的，准予延长居留期限；不予延长居留期限的，应当按期离境。

第三十三条　外国人居留证件的登记项目包括：持有人姓名、性别、出生日期、居留事由、居留期限，签发日期、地点，护照或者其他国际旅行证件号码等。

外国人居留证件登记事项发生变更的，持证件人应当自登记事项发生变更之日起十日内向居留地县级以上地方人民政府公安机关出入境管理机构申请办理变更。

第三十四条　免办签证入境的外国人需要超过免签期限在中国境内停留的，外国船员及其随行家属在中国境内停留需要离开港口所在城市，或者具有需要办理外国人停留证件其他情形的，应当按照规定办理外国人停留证件。

外国人停留证件的有效期最长为一百八十日。

第三十五条　外国人入境后，所持的普通签证、停留居留证件损毁、遗失、被盗抢或者有符合国家规定的事由需要换发、补发的，应当按照规定向停留居留地县级以上地方人民政府公安机关出入境管理机构提出申请。

第三十六条 公安机关出入境管理机构作出的不予办理普通签证延期、换发、补发，不予办理外国人停留居留证件、不予延长居留期限的决定为最终决定。

第三十七条 外国人在中国境内停留居留，不得从事与停留居留事由不相符的活动，并应当在规定的停留居留期限届满前离境。

第三十八条 年满十六周岁的外国人在中国境内停留居留，应当随身携带本人的护照或者其他国际旅行证件，或者外国人停留居留证件，接受公安机关的查验。

在中国境内居留的外国人，应当在规定的时间内到居留地县级以上地方人民政府公安机关交验外国人居留证件。

第三十九条 外国人在中国境内旅馆住宿的，旅馆应当按照旅馆业治安管理的有关规定为其办理住宿登记，并向所在地公安机关报送外国人住宿登记信息。

外国人在旅馆以外的其他住所居住或者住宿的，应当在入住后二十四小时内由本人或者留宿人，向居住地的公安机关办理登记。

第四十条 在中国境内出生的外国婴儿，其父母或者代理人应当在婴儿出生六十日内，持该婴儿的出生证明到父母停留居留地县级以上地方人民政府公安机关出入境管理机构为其办理停留或者居留登记。

外国人在中国境内死亡的，其家属、监护人或者代理人，应当按照规定，持该外国人的死亡证明向县级以上地方人民政府公安机关出入境管理机构申报，注销外国人停留居留证件。

第四十一条 外国人在中国境内工作，应当按照规定取得工作许可和工作类居留证件。任何单位和个人不得聘用未取得工作许可和工作类居留证件的外国人。

外国人在中国境内工作管理办法由国务院规定。

第四十二条 国务院人力资源社会保障主管部门、外国专家主管部门会同国务院有关部门根据经济社会发展需要和人力资源供求状况制定并定期调整外国人在中国境内工作指导目录。

国务院教育主管部门会同国务院有关部门建立外国留学生勤工助学管理制度，对外国留学生勤工助学的岗位范围和时限作出规定。

第四十三条 外国人有下列行为之一的，属于非法就业：

（一）未按照规定取得工作许可和工作类居留证件在中国境内工作的；

（二）超出工作许可限定范围在中国境内工作的；

（三）外国留学生违反勤工助学管理规定，超出规定的岗位范围或者时限在中国境内工作的。

第四十四条 根据维护国家安全、公共安全的需要，公安机关、国家安全机关可以限制外国人、外国机构在某些地区设立居住或者办公场所；对已经设立的，可以限期迁离。

未经批准，外国人不得进入限制外国人进入的区域。

第四十五条 聘用外国人工作或者招收外国留学生的单位，应当按照规定向所在地公安机关报告有关信息。

公民、法人或者其他组织发现外国人有非法入境、非法居留、非法就业情形的，应当及时向所在地公安机关报告。

第四十六条 申请难民地位的外国人，在难民地位甄别期间，可以凭公安机关签发的临时身份证明在中国境内停留；被认定为难民的外国人，可以凭公安机关签发的难民身份证件在中国境内停留居留。

第二节 永久居留

第四十七条 对中国经济社会发展作出突出贡献或者符合其他在中国境内永久居留条件的外国人，经本人申请和公安部批准，取得永久居留资格。

外国人在中国境内永久居留的审批管理办法由公安部、外交部会同国务院有关部门规定。

第四十八条 取得永久居留资格的外国人，凭永久居留证件在中国境内居留和工作，凭本人的护照和永久居留证件出境入境。

第四十九条 外国人有下列情形之一的，由公安部决定取消其在中国境内永久居留资格：

（一）对中国国家安全和利益造成危害的；

（二）被处驱逐出境的；

（三）弄虚作假骗取在中国境内永久居留资格的；

（四）在中国境内居留未达到规定时限的；

（五）不适宜在中国境内永久居留的其他情形。

第五章 交通运输工具出境入境边防检查

第五十条 出境入境交通运输工具离开、抵达口岸时，应当接受边防检查。对交通运输工具的入境边防检查，在其最先抵达的口岸进行；对交通运输工具的出境边防检查，在其最后离开的口岸进行。特殊情况下，可以在有关主管机关指定的地点进行。

出境的交通运输工具自出境检查后至出境前，入境的交通运输工具自入境后至入境检查前，未经出入境边防检查机关按照规定程序许可，不得上下人员、装卸货物或者物品。

第五十一条 交通运输工具负责人或者交通运输工具出境入境业务代理单位应当按照规定提前向出入境边防检查机关报告入境、出境的交通运输工具抵达、离开口岸的时间和停留地点，如实申报员工、旅客、货物或者物品等信息。

第五十二条 交通运输工具负责人、交通运输工具出境入境业务代理单位应当配合出境入境边防检查，发现违反本法规定行为的，应当立即报告并协助调查处理。

入境交通运输工具载运不准入境人员的，交通运输工具负责人应当负责载离。

第五十三条 出入境边防检查机关按照规定对处于下列情形之一的出境入境交通运输工具进行监护：

（一）出境的交通运输工具在出境边防检查开始后至出境前、入境的交通运输工具在入境后至入境边防检查完成前；

（二）外国船舶在中国内河航行期间；

（三）有必要进行监护的其他情形。

第五十四条 因装卸物品、维修作业、参观访问等事由需要上下外国船舶的人员，应当向出入境边防检查机关申请办理登轮证件。

中国船舶与外国船舶或者外国船舶之间需要搭靠作业的，应当由船长或者交通运输工具出境入境业务代理单位向出入境边防检查机关申请办理船舶搭靠手续。

第五十五条 外国船舶、航空器在中国境内应当按照规定的路线、航线行驶。

出境入境的船舶、航空器不得驶入对外开放口岸以外地区。因不可预见的紧急情况或者不可抗力驶入的，应当立即向就近的出入境边防检查机关或者当地公安机关报告，并接受监护和管理。

第五十六条 交通运输工具有下列情形之一的，不准出境入境；已经驶离口岸的，可以责令返回：

（一）离开、抵达口岸时，未经查验准许擅自出境入境的；

（二）未经批准擅自改变出境入境口岸的；

（三）涉嫌载有不准出境入境人员，需要查验核实的；

（四）涉嫌载有危害国家安全、利益和社会公共秩序的物品，需要查验核实的；

（五）拒绝接受出入境边防检查机关管理的其他情形。

前款所列情形消失后，出入境边防检查机关对有关交通运输工具应当立即放行。

第五十七条 从事交通运输工具出境入境业务代理的单位，应当向出入境边防检查机关备案。从事业务代理的人员，由所在单位向出入境边防检查机关办理备案手续。

第六章 调查和遣返

第五十八条 本章规定的当场盘问、继续盘问、拘留审查、限制活动范围、遣送出境措施，由县级以上地方人民政府公安机关或者出入境边防检查机关实施。

第五十九条 对涉嫌违反出境入境管理的人员，可以当场盘问；经当场盘问，有下列情形之一的，可以依法继续盘问：

（一）有非法出境入境嫌疑的；

（二）有协助他人非法出境入境嫌疑的；

（三）外国人有非法居留、非法就业嫌疑的；

（四）有危害国家安全和利益，破坏社会公共秩序或者从事其他违法犯罪活动嫌疑的。

当场盘问和继续盘问应当依据《中华人民共和国人民警察法》规定的程序进行。

县级以上地方人民政府公安机关或者出入境边防检查机关需要传唤涉嫌违反出境入境管理的人员的，依照《中华人民共和国治安管理处罚法》的有关规定执行。

第六十条　外国人有本法第五十九条第一款规定情形之一的，经当场盘问或者继续盘问后仍不能排除嫌疑，需要作进一步调查的，可以拘留审查。

实施拘留审查，应当出示拘留审查决定书，并在二十四小时内进行询问。发现不应当拘留审查的，应当立即解除拘留审查。

拘留审查的期限不得超过三十日；案情复杂的，经上一级地方人民政府公安机关或者出入境边防检查机关批准可以延长至六十日。对国籍、身份不明的外国人，拘留审查期限自查清其国籍、身份之日起计算。

第六十一条 外国人有下列情形之一的，不适用拘留审查，可以限制其活动范围：

（一）患有严重疾病的；

（二）怀孕或者哺乳自己不满一周岁婴儿的；

（三）未满十六周岁或者已满七十周岁的；

（四）不宜适用拘留审查的其他情形。

被限制活动范围的外国人，应当按照要求接受审查，未经公安机关批准，不得离开限定的区域。限制活动范围的期限不得超过六十日。对国籍、身份不明的外国人，限制活动范围期限自查清其国籍、身份之日起计算。

第六十二条 外国人有下列情形之一的，可以遣送出境：

（一）被处限期出境，未在规定期限内离境的；

（二）有不准入境情形的；

（三）非法居留、非法就业的；

（四）违反本法或者其他法律、行政法规需要遣送出境的。

其他境外人员有前款所列情形之一的，可以依法遣送出境。

被遣送出境的人员，自被遣送出境之日起一至五年内不准入境。

第六十三条 被拘留审查或者被决定遣送出境但不能立

即执行的人员，应当羁押在拘留所或者遣返场所。

第六十四条 外国人对依照本法规定对其实施的继续盘问、拘留审查、限制活动范围、遣送出境措施不服的，可以依法申请行政复议，该行政复议决定为最终决定。

其他境外人员对依照本法规定对其实施的遣送出境措施不服，申请行政复议的，适用前款规定。

第六十五条 对依法决定不准出境或者不准入境的人员，决定机关应当按照规定及时通知出入境边防检查机关；不准出境、入境情形消失的，决定机关应当及时撤销不准出境、入境决定，并通知出入境边防检查机关。

第六十六条 根据维护国家安全和出境入境管理秩序的需要，必要时，出入境边防检查机关可以对出境入境的人员进行人身检查。人身检查应当由两名与受检查人同性别的边防检查人员进行。

第六十七条 签证、外国人停留居留证件等出境入境证件发生损毁、遗失、被盗抢或者签发后发现持证人不符合签发条件等情形的，由签发机关宣布该出境入境证件作废。

伪造、变造、骗取或者被证件签发机关宣布作废的出境入境证件无效。

公安机关可以对前款规定的或被他人冒用的出境入境证件予以注销或者收缴。

第六十八条 对用于组织、运送、协助他人非法出境入境的交通运输工具，以及需要作为办案证据的物品，公安机关可以扣押。

对查获的违禁物品，涉及国家秘密的文件、资料以及用于实施违反出境入境管理活动的工具等，公安机关应当予以扣押，并依照相关法律、行政法规规定处理。

第六十九条 出境入境证件的真伪由签发机关、出入境边防检查机关或者公安机关出入境管理机构认定。

第七章 法律责任

第七十条 本章规定的行政处罚，除本章另有规定外，由县级以上地方人民政府公安机关或者出入境边防检查机关决定；其中警告或者五千元以下罚款，可以由县级以上地方人民政府公安机关出入境管理机构决定。

第七十一条 有下列行为之一的，处一千元以上五千元以下罚款；情节严重的，处五日以上十日以下拘留，可以并处二千元以上一万元以下罚款：

（一）持用伪造、变造、骗取的出境入境证件出境入境的；

（二）冒用他人出境入境证件出境入境的；

（三）逃避出境入境边防检查的；

（四）以其他方式非法出境入境的。

第七十二条 协助他人非法出境入境的，处二千元以上一万元以下罚款；情节严重的，处十日以上十五日以下拘留，并处五千元以上二万元以下罚款，有违法所得的，没收违法所得。

单位有前款行为的，处一万元以上五万元以下罚款，有违法所得的，没收违法所得，并对其直接负责的主管人员和其他直接责任人员依照前款规定予以处罚。

第七十三条 弄虚作假骗取签证、停留居留证件等出境入境证件的，处二千元以上五千元以下罚款；情节严重的，处十日以上十五日以下拘留，并处五千元以上二万元以下罚款。

单位有前款行为的，处一万元以上五万元以下罚款，并对其直接负责的主管人员和其他直接责任人员依照前款规定予以处罚。

第七十四条 违反本法规定，为外国人出具邀请函件或者其他申请材料的，处五千元以上一万元以下罚款，有违法所得的，没收违法所得，并责令其承担所邀请外国人的出境费用。

单位有前款行为的，处一万元以上五万元以下罚款，有违法所得的，没收违法所得，并责令其承担所邀请外国人的出境费用，对其直接负责的主管人员和其他直接责任人员依照前款规定予以处罚。

第七十五条 中国公民出境后非法前往其他国家或者地

区被遣返的，出入境边防检查机关应当收缴其出境入境证件，出境入境证件签发机关自其被遣返之日起六个月至三年以内不予签发出境入境证件。

第七十六条 有下列情形之一的，给予警告，可以并处二千元以下罚款：

（一）外国人拒不接受公安机关查验其出境入境证件的；

（二）外国人拒不交验居留证件的；

（三）未按照规定办理外国人出生登记、死亡申报的；

（四）外国人居留证件登记事项发生变更，未按照规定办理变更的；

（五）在中国境内的外国人冒用他人出境入境证件的；

（六）未按照本法第三十九条第二款规定办理登记的。

旅馆未按照规定办理外国人住宿登记的，依照《中华人民共和国治安管理处罚法》的有关规定予以处罚；未按照规定向公安机关报送外国人住宿登记信息的，给予警告；情节严重的，处一千元以上五千元以下罚款。

第七十七条 外国人未经批准，擅自进入限制外国人进入的区域，责令立即离开；情节严重的，处五日以上十日以下拘留。对外国人非法获取的文字记录、音像资料、电子数据和其他物品，予以收缴或者销毁，所用工具予以收缴。

外国人、外国机构违反本法规定，拒不执行公安机关、国家安全机关限期迁离决定的，给予警告并强制迁离；情节严重的，对有关责任人员处五日以上十五日以下拘留。

第七十八条 外国人非法居留的，给予警告；情节严重的，处每非法居留一日五百元，总额不超过一万元的罚款或者五日以上十五日以下拘留。

因监护人或者其他负有监护责任的人未尽到监护义务，致使未满十六周岁的外国人非法居留的，对监护人或者其他负有监护责任的人给予警告，可以并处一千元以下罚款。

第七十九条 容留、藏匿非法入境、非法居留的外国人，协助非法入境、非法居留的外国人逃避检查，或者为非法居留的外国人违法提供出境入境证件的，处二千元以上一万元以下罚款；情节严重的，处五日以上十五日以下拘留，并处五千元以上二万元以下罚款，有违法所得的，没收违法所得。

单位有前款行为的，处一万元以上五万元以下罚款，有违法所得的，没收违法所得，并对其直接负责的主管人员和其他直接责任人员依照前款规定予以处罚。

第八十条 外国人非法就业的，处五千元以上二万元以下罚款；情节严重的，处五日以上十五日以下拘留，并处五千元以上二万元以下罚款。

介绍外国人非法就业的，对个人处每非法介绍一人五千元，总额不超过五万元的罚款；对单位处每非法介绍一人五千元，总额不超过十万元的罚款；有违法所得的，没收违法所得。

非法聘用外国人的，处每非法聘用一人一万元，总额不超过十万元的罚款；有违法所得的，没收违法所得。

第八十一条 外国人从事与停留居留事由不相符的活动，或者有其他违反中国法律、法规规定，不适宜在中国境内继续停留居留情形的，可以处限期出境。

外国人违反本法规定，情节严重，尚不构成犯罪的，公安部可以处驱逐出境。公安部的处罚决定为最终决定。

被驱逐出境的外国人，自被驱逐出境之日起十年内不准入境。

第八十二条 有下列情形之一的，给予警告，可以并处二千元以下罚款：

（一）扰乱口岸限定区域管理秩序的；

（二）外国船员及其随行家属未办理临时入境手续登陆的；

（三）未办理登轮证件上下外国船舶的。

违反前款第一项规定，情节严重的，可以并处五日以上十日以下拘留。

第八十三条 交通运输工具有下列情形之一的，对其负责人处五千元以上五万元以下罚款：

（一）未经查验准许擅自出境入境或者未经批准擅自改

变出境入境口岸的；

（二）未按照规定如实申报员工、旅客、货物或者物品等信息，或者拒绝协助出境入境边防检查的；

（三）违反出境入境边防检查规定上下人员、装卸货物或者物品的。

出境入境交通运输工具载运不准出境入境人员出境入境的，处每载运一人五千元以上一万元以下罚款。交通运输工具负责人证明其已经采取合理预防措施的，可以减轻或者免予处罚。

第八十四条 交通运输工具有下列情形之一的，对其负责人处二千元以上二万元以下罚款：

（一）中国或者外国船舶未经批准擅自搭靠外国船舶的；

（二）外国船舶、航空器在中国境内未按照规定的路线、航线行驶的；

（三）出境入境的船舶、航空器违反规定驶入对外开放口岸以外地区的。

第八十五条 履行出境入境管理职责的工作人员，有下列行为之一的，依法给予处分：

（一）违反法律、行政法规，为不符合规定条件的外国人签发签证、外国人停留居留证件等出境入境证件的；

（二）违反法律、行政法规，审核验放不符合规定条件的人员或者交通运输工具出境入境的；

（三）泄露在出境入境管理工作中知悉的个人信息，侵害当事人合法权益的；

（四）不按照规定将依法收取的费用、收缴的罚款及没收的违法所得、非法财物上缴国库的；

（五）私分、侵占、挪用罚没、扣押的款物或者收取的费用的；

（六）滥用职权、玩忽职守、徇私舞弊，不依法履行法定职责的其他行为。

第八十六条 对违反出境入境管理行为处五百元以下罚款的，出入境边防检查机关可以当场作出处罚决定。

第八十七条 对违反出境入境管理行为处罚款的，被处罚人应当自收到处罚决定书之日起十五日内，到指定的银行缴纳罚款。被处罚人在所在地没有固定住所，不当场收缴罚款事后难以执行或者在口岸向指定银行缴纳罚款确有困难的，可以当场收缴。

第八十八条 违反本法规定，构成犯罪的，依法追究刑事责任。

第八章 附 则

第八十九条 本法下列用语的含义：

出境，是指由中国内地前往其他国家或者地区，由中国内地前往香港特别行政区、澳门特别行政区，由中国大陆前往台湾地区。

入境，是指由其他国家或者地区进入中国内地，由香港特别行政区、澳门特别行政区进入中国内地，由台湾地区进入中国大陆。

外国人，是指不具有中国国籍的人。

第九十条 经国务院批准，同毗邻国家接壤的省、自治区可以根据中国与有关国家签订的边界管理协定制定地方性法规、地方政府规章，对两国边境接壤地区的居民往来作出规定。

第九十一条 外国驻中国的外交代表机构、领事机构成员以及享有特权和豁免的其他外国人，其入境出境及停留居留管理，其他法律另有规定的，依照其规定。

第九十二条 外国人申请办理签证、外国人停留居留证件等出境入境证件或者申请办理证件延期、变更的，应当按照规定缴纳签证费、证件费。

第九十三条 本法自 2013 年 7 月 1 日起施行。《中华人民共和国外国人入境出境管理法》和《中华人民共和国公民出境入境管理法》同时废止。